Claudia Moroni / Helga Lippert

Die Biblischen Plagen

Zorn Gottes oder Rache der Natur

Claudia Moroni / Helga Lippert

Die Biblischen Plagen
Zorn Gottes oder Rache der Natur

Wissenschaftler lösen ein altes Rätsel

Mit 25 Abbildungen auf Tafeln

Piper
München Zürich

Mehr über unsere Autoren und Bücher:
www.piper.de

Mix
Produktgruppe aus vorbildlich bewirtschafteten
Wäldern und anderen kontrollierten Herkünften
www.fsc.org Zert.-Nr. GFA-COC-001262
© 1996 Forest Stewardship Council
FSC

ISBN 978-3-492-05266-5

Satz: seitenweise, Tübingen
Druck und Bindung: Pustet, Regensburg
Printed in Germany

»Die Wissenschaft ohne Religion ist lahm,
die Religion ohne Wissenschaft ist blind.«

ALBERT EINSTEIN

Für Heinrich, der mir mit konstruktiver Kritik, klugem Rat und aufmunternden Worten über manche Hürde hinweggeholfen hat. C. M.

Für Sterni, meine Mutter Irene und meine Geschwister, die mir alles bedeuten. H. L.

Inhalt

Vorwort

Solange ich mich erinnern kann, war ich der festen Überzeugung, die Botschaft der Bibel sei ganz einfach zu verstehen: Das »Buch der Bücher« ist als einzigartiges Glaubensbekenntnis gedacht für die heute knapp zwei Milliarden Christen rund um den Globus. Eine Art religiöses Handbuch, das in allen Lebenslagen – auch in weltlichen Belangen – als ultimativer Ratgeber dient. Besonders haften geblieben sind mir vor allem prägnante Kapitel wie die Erschaffung der Erde, die Zehn Gebote, Jesu Bergpredigt oder die Johannes-Offenbarung. Aber auch die vielen Wundergeschichten haben mich immer fasziniert, weil sie davon zeugen, dass der himmlische Herrscher jederzeit hilfreich in das irdische Geschehen eingreifen kann – eine beruhigende Vorstellung! Das Neue Testament fand ich allerdings viel zugänglicher als das Alte Testament, das mit schaurigen Geschichten von Brudermord, Menschenopfern und harten Bestrafungen durch Gott aufwartet. Darüber hinaus kommen im Alten Testament fremdartige Namen von Personen und Örtlichkeiten vor, die mir lange absolut nichts sagten. Ich hielt die Figuren und Plätze für frei erfunden, die Schilderungen für pure Fiktion ohne realen Hintergrund. Erst die jahrelange Beschäftigung mit der Archäologie und ihren vielfältigen Unterdisziplinen ebnete mir den Weg zu einem umfassenderen Verständnis der uralten Schrift.

Nicht zuletzt durch den Bestseller »Und die Bibel hat doch Recht« von Werner Keller weiß inzwischen ein Millionenpublikum, dass das Alte Testament außer der Verheißung auf den Messias auch handfeste Hinweise auf die frühe Geschichte der Israeliten enthält. Die Erkenntnis basiert auf der Arbeit von Generationen renommierter Bibelarchäologen und Historikern. Seit der Mitte des 19. Jahrhunderts haben internationale Forschungsteams jeden Stein in Palästina, Mesopotamien, auf dem Sinai und in Ägypten umgedreht. Dabei legten die Wissenschaftler die Ruinen zahlreicher biblischer Stätten wie Pithom, Megiddo, Ramses oder den Turm zu Babel frei, entdeckten Inschriften und Darstellungen und entschlüsselten Zigtausende Keilschrifttafeln sowie Papyri. Mit ihrer Arbeit rückten sie die Erzählungen des Alten Testaments in ein neues, aber ebenso verheißungsvolles Licht. Denn allmählich erhielten die Texte neben der religiösen zusätzlich eine historische Dimension, selbst wenn noch längst nicht alle Lücken hinreichend geschlossen sind. Doch die bislang geöffneten Fenster in die Vergangenheit bringen real existierende Menschen im Alten Vorderen Orient zum Vorschein, die trotz großer Widrigkeiten zu einer Gemeinschaft zusammenwuchsen und im tiefen Glauben an einen Gott namens Jahwe ihre völkische Identität fanden. Die Bibel berichtet, wie der himmlische Retter die Bühne des Weltgeschehens betrat, die Israeliten vom ägyptischen Joch befreite, den Weg in die Freiheit wies und ihnen eine Verfassung gab. Zudem versprach er seinen Anhängern Kanaan als zukünftige Heimat. Und das Ganze geschah vermutlich vor mehr als dreitausend Jahren – zu einer Zeit, als die Großmächte im Zweistromland und am Nil abwechselnd die Vorherrschaft über das kleine Land Kanaan ausübten.

Selbst wenn die Glaubensbezeugung im Vordergrund steht, die einzelnen Schilderungen eher als Legenden oder propagandistische Hofchronik interpretiert werden, so liegt doch vielen Erzählungen des Alten Testaments ein historischer Kern zugrunde. Dafür sprechen schon allein die zahlreichen geographischen Angaben sowie die präzisen Informationen über klimatische Bedingungen, örtliche Gegebenheiten, gesellschaftliche Strukturen und kulturelle Zusammenhänge, die Gelehrte aufzeigen konnten. Sie sind wie Puzzlesteine, die – richtig zusammengesetzt – ein facettenreiches Bild der biblischen Welt entstehen lassen. Am Beispiel der Zehn Plagen, die Jahwe über Ägypten schickt, versucht das vorliegende Buch eine wissenschaftliche Rekonstruktion der damaligen Ereignisse im Land am Nil, abseits von theologischen Betrachtungen. Dabei werden äußerst spannende Theorien vorgestellt, die deutlich machen, mit welch hoher Sachkenntnis die Autoren der Fünf Bücher Moses die verheerenden Naturkatastrophen beschrieben. Auch das Rätsel um die Tötung der Erstgeburt scheint endlich geklärt. Zudem findet der Leser die jüngsten Erkenntnisse zum viel diskutierten Exodus, zur sagenhaften Route durch die Wüste, zum Manna-Wunder oder zu den Thesen über die Stammesgeschichte der frühen Israeliten. Das illustre Götterpantheon Ägyptens als Gegenspieler von Jahwe taucht ebenso aus dem Dunkel der Vergangenheit auf wie die prominenten Persönlichkeiten des Alten Testaments beleuchtet werden, die im Drama rund um das Plagenszenario eine wichtige Rolle spielen. Einige Fragen bleiben offen, das liegt in der Natur der Sache. Dennoch hat sich das Unterfangen gelohnt, denn jetzt verstehe ich die lebendige Geschichte des Volkes Israel, das sich einst zu Jahwe bekannte und seither – trotz schwerer Schicksalsschläge – an diesem Glauben festhält.

Claudia Moroni

Am Ende stand der Exodus

Das Alte Testament präsentiert eine Fülle an wundersamen Begebenheiten, Sprüchen, Liedern, Prophezeiungen, Gesetzen, philosophischen Gedanken und mehr oder weniger historischen Ereignissen. Doch kaum eine Geschichte des Alten Testaments wirkt so nachhaltig im Gedächtnis der Menschheit wie die Schilderung der »Zehn Plagen«.

Kein Wunder, denn die Story hat es in sich. Innerhalb von einem knappen Jahr bricht über Ägypten eine Welle von Katastrophen herein, die Gott als grausames Zeichen seiner Allmacht heraufbeschwört. Selbst im Vergleich zum 21. Jahrhundert mit seinen weltweiten Mega-Desastern überbieten die Biblischen Plagen alles bisher da Gewesene. Verunreinigungen, Verwüstungen, Seuchen und Tod – jede Plage erreicht ein beispielloses Ausmaß und trifft die Menschen im Land am Nil härter als die vorherige. In fünf Kapiteln von insgesamt vierzig zeichnet das 2. Buch Moses (Ex. 7–12) ein dichtes Horrorszenario, das die Grundfesten des Pharaonenreiches bis ins Mark erschüttert. Am Ende der spektakulären Schau sollte der Exodus das Schicksal der Israeliten mit einem Schlag verändern.

Das Motiv für den göttlichen Rachefeldzug wurzelt in einem Bündnis, das Gott Jahrhunderte zuvor mit Abraham einging. Damals versprach ihm Jahwe, wie der Weltenlenker in der hebräischen Urfassung immer wieder genannt wird, aus seinen Nachkommen werde ein großes Volk erwachsen. Es erhielte eine Heimat, die »von dem Strom Ägyptens bis an den großen Strom Euphrat« reiche. Dieses Gelübde erneuert der himmlische Vater gegenüber den Erzvätern Isaak und Jakob, den das Alte Testament als Begründer der Israeliten würdigt. Gott erinnert sich an seine Zusicherung, als er hört, das auserwählte Volk fristet in Ägypten ein unwürdiges Dasein als Sklaven. Er will die Exilanten aus ihrer Fron befreien und in das verheißene Land führen, »darin Milch und Honig fließt«. Der Retter weiß aber, dass sein Vorhaben dem Willen des Pharao entgegensteht und dass er nur mit Wundern den Auszug der Gemeinschaft herbeiführen kann.

Der bevorstehende Konflikt, so steht es in der hebräischen Schrift, wird noch verschärft, denn Gott verhärtet das Herz des Pharao. Der unerbittliche Regent ist neu auf dem Thron. Dass Israeliten und Ägypter einst friedlich nebeneinander lebten, wie die Bibel berichtet, davon besitzt er keine Kenntnis. Denn das liegt lange vor seiner Zeit. Der Machthaber sieht nur, dass sich die Immigranten immer weiter vermehren, »so dass von ihnen das Land voll war«. Da der Herrscher fürchtet, die Fremden könnten sich im Kriegsfall mit dem Feind verbünden, bürdet er ihnen Schwerstarbeit auf. Unter dem Joch bauen sie die Städte »Pithom und Ramses«, fertigen Tonwaren und Lehmziegel im Akkord und schuften tagaus tagein auf den Feldern.

Doch damit nicht genug: Um die wachsende Bevölkerungszahl der Einwanderer einzudämmen, befiehlt er ihren Hebammen, alle männlichen Säuglinge sofort nach der Geburt zu töten. Nur die Töchter sollen verschont bleiben. Die Geburtshelferinnen aber weigern sich. Daher setzt der Herrscher seine Untertanen auf die unschuldigen Kinder an. Im Nil sollen sie ihr nasses Grab finden. Dem ägyptischen Glauben nach verhindert der Tod eines Stammhalters das Fortbestehen der Familienlinie und führt zur Schwächung des Staates. Ist das Königshaus vom Tod eines Thronfolgers betroffen, dann droht sogar ein Machtwechsel, der das ganze Reich ins Chaos stürzen kann. Aus Sicht des Pharao ist die Tötung der israelitischen Söhne demnach eine wirksame Maßnahme, die Zuwanderer allmählich auszurotten. Für Gott hingegen bleibt nur eine Möglichkeit: Er muss die Nachfahren Abrahams, Isaaks und Jakobs außer Landes bringen. Allerdings braucht der Allmächtige für die erfolgreiche Umsetzung des Exodus einen geeigneten Anführer. Er findet ihn in Moses, dem Mann aus Ägypten.

Moses – Der Prophet Gottes

Moses' biblische Vita ist weltberühmt. Schon sein Name verrät das Schicksal, das ihn bereits in den ersten Lebensmonaten ereilt. Er ist derjenige, »der aus dem Wasser gezogen wird« – so erklärt die Geburtserzählung den Namen. Seine Eltern stammen aus dem Hause Levi und leben im Pharaonenreich, als der Junge das Licht der Welt erblickt. Da Moses in Lebensgefahr schwebt, packt seine Mutter den Knaben in einen kleinen Korb und setzt ihn im Schilf am Nilufer aus. Seine Schwester Mirjam beobachtet das Geschehen, als plötzlich die Tochter des Pharao auftaucht. Sie sucht nach einer geeigneten Stelle, um im Fluss ein Bad zu nehmen. Dabei entdeckt sie den weinenden Säugling und erkennt, dass es sich um ein israelitisches Kind handelt. Die Schwester bietet der Adligen Hilfe an und erhält den Auftrag, eine geeignete Amme aufzutreiben. So bringt das kluge Mädchen die Mutter wieder mit ihrem Kind zusammen. Erst als der Kleine alt genug ist, nimmt ihn die ägyptische Prinzessin als Sohn an und gibt ihm den Namen Moses.

Eines Tages tötet Moses einen ägyptischen Sklaventreiber, der auf einen Israeliten einprügelt. Nach der Tat muss er vor der Rache des Pharao fliehen. Es verschlägt ihn nach Midian, einen Landstrich auf der Arabischen Halbinsel, den Forscher östlich des Golfs von Akaba lokalisieren. Auch dort zeigt Moses, welche Qualitäten er als zukünftiger »Arm Gottes« mitbringt. An einem Brunnen verhilft er den sieben Töchtern des Priesters von Midian zu ihrem Recht, als fremde Hirten sie und ihre Herde von der Tränke vertreiben wollen. Zum Dank erhält Moses eines der Mädchen zur Frau. Sie gebiert ihm ein Kind.

Rund vier Jahrzehnte soll Moses in seiner neuen Heimat als Schafhirte zugebracht haben. Dort hört er zum ersten Mal von einem Gott namens »Jahwe«. Doch während der gesamten Zeit fühlt er sich als Fremder, wie die Bibel schreibt. In Ägypten steht inzwischen ein erneuter Amtswechsel an, der amtierende Pharao ist gestorben. Sein Nachfolger verschärft den Druck auf die Israeliten. Und wieder dringt ihr Wehklagen an Gottes Ohr. Er beschließt einzugreifen. In diesem Moment schlägt Moses' große Stunde.

Als der gute Mann die Tiere seines Schwiegervaters am Berg Horeb weiden lässt, erscheint ihm in einem brennenden Dornbusch der Engel des Herrn. Moses tritt näher, um zu überprüfen, warum das Feuer dem trockenen Wüstengewächs nichts anhaben kann. Da spricht Gott zu ihm, er sei auserwählt, die Israeliten aus dem Land am Nil in das fruchtbare »Gebiet der Kanaaniter, Hetiter, Amoriter, Perisiter, Hiwiter und Jebusiter« zu führen – in jene Region, die er schon Abraham versprochen habe und in dem sie einst Fremde waren. Der Berufene will wissen, was er seinen Stammesbrüdern sagen soll, wenn sie fragen, wer ihn schickt. Die Antwort lautet: »So sollst du zu den Israeliten sagen: ›Ich werde sein‹, der hat mich zu euch gesandt. Der Herr, der Gott eurer Väter ... Das ist mein Name auf ewig, mit dem man mich anrufen soll von Geschlecht zu Geschlecht.« (Ex. 14–15) Die theologische Botschaft hinter den Worten liegt klar auf der Hand: Die Israeliten sollen in Zukunft nur einen einzigen Gott verehren. Eine Glaubenswende steht bevor, eingeleitet vom Schöpfer, in die Tat umgesetzt mit Hilfe eines auserwählten Menschen.

Moses zeigt sich verunsichert, ob er die anspruchsvolle Aufgabe meistern kann. Aber Jahwe ermutigt ihn und vollbringt zwei weitere Wunder. Voller Symbolkraft ist der Stab, der sich wie durch Zauberhand in eine Schlange und wieder zurück verwandelt. Mit ihm ist der Hebräer fortan in der Lage, überirdische Zeichen zu setzen. Auch die Verwandlung seiner Hand, die plötzlich kurzfristig weiß wie Schnee wird, bekräftigt Moses' neue Rolle. Die richtigen Worte erhält er direkt von oben, so das Abkommen. Sein älterer Bruder Aaron soll als Sprecher fungieren, denn im Unterschied zu Moses gilt er als geschickter Redner. Gottes große Geste erhebt Moses vor dem Pharao zum »Gott auf Erden« und Aaron zu seinem Propheten. (Ex. 7, 1) Die Allianz ist geschlossen.

Mit Frau und Kind macht sich Moses also auf den Weg zurück nach Ägypten, um die Freilassung des Volkes Israel, Gottes »erstgeborenem Sohn«, einzufordern. Willigt der Pharao nicht ein, soll sein erster männlicher Erbe sterben. Unterwegs in einer Herberge passiert ein denkwürdiger Zwischenfall: Der Herr versucht, Moses zu ermorden. Erst als seine Frau Zippora ihrem gemeinsamen Sohn Gerschom die Vorhaut beschneidet, lässt er ab. Die Szene ist eine der dunkelsten und merkwürdigsten Passagen der

Bibel. (Ex. 4, 24–26) Kurz darauf stößt Aaron zu der kleinen Gruppe. Im Nilland angekommen, suchen die beiden Helden die Ältesten der Israeliten auf und überbringen die frohe Nachricht. In Anbetracht der mosaischen Wunder lässt sich die Gemeinschaft rasch überzeugen, vor allem, weil die Aufseher des Herrschers immer härter durchgreifen. Inzwischen ist die Zahl der Israeliten im Land so rasant gestiegen, dass sie weit in der Überzahl sind. Doch dem Pharao gelingt es, die Fremdarbeiter mit weiteren Repressalien zu zermürben. Schon bald zeigen sie sich wieder kleinmütig und beschimpfen ihre Retter, sie seien Schuld an dem Elend.

Die Situation scheint ausweglos, doch Gott verheißt noch einmal ihre Befreiung aus der Fron: »Ich will euch annehmen zu meinem Volk und will euer Gott sein, dass ihr's erfahren sollt, dass ich der HERR bin, euer Gott, der euch wegführt von den Lasten, die euch die Ägypter auflegen, und euch bringt in das Land, um dessentwillen ich meine Hand zum Schwur erhoben habe …« Für die Rettung sollen die Hebräer, wie das Alte Testament die Israeliten auch bezeichnet, in der Wüste ein Opfer darbringen – als sichtbares Glaubensbekenntnis an Gott.

Die Heilige Schrift berichtet, Moses sei achtzig Jahre alt, sein Bruder Aaron dreiundachtzig, als die beiden vor den Pharao traten. Im Bibeltext sind die einzelnen Clans mit ihren Nachkommen namentlich genannt. Wie viele Menschen aber tatsächlich in Ägypten lebten und dem Ruf in die Ferne folgten, bleibt bis heute ein heiß umstrittenes Forschungsthema. Die Volkszählung vor dem Exodus, wie sie das 4. Buch Moses überliefert, geht von 603550 waffenfähigen Männern im Alter von über zwanzig Jahren aus, hinzu kommen Alte, Frauen und Kinder.

Eine astronomische Ziffer, die kritische Wissenschaftler entweder als schlichten Übersetzungsfehler oder propagandistische Überhöhung der Bibel bewerten.

Nicht minder fabelhaft klingt die Szene vom Stabwunder. Sie bildet den Auftakt für das göttliche Katastrophenszenario: Aaron wirft den geweihten Stock auf die Erde, der wie vorgesehen zur Schlange wird. Davon unbeeindruckt ruft der Pharao seine Weisen und Zauberer herbei, die es den Brüdern gleich tun. Aarons Schlange jedoch verschlingt die der Gegenspieler. Dennoch lässt sich der ägyptische König nicht erweichen, er lässt das Volk nicht ziehen. Die Strafe folgt prompt. Schon für den nächsten Tag kündigt Jahwe das erste Unheil an.

Die Zehn Plagen – Was die Bibel schreibt

Der Herr spricht zu Moses: »Sage Aaron: Nimm deinen Stab und recke deine Hand aus über die Wasser in Ägypten, über ihre Ströme und Kanäle und Sümpfe und über alle Wasserstellen, dass sie zu Blut werden, und es sei Blut in ganz Ägyptenland, selbst in den hölzernen und steinernen Gefäßen.«

Moses und Aaron gehorchen. Im Beisein des Pharao verfärbt sich der Nil, die Fische im Fluss sterben, und der Strom fängt an zu stinken. Sieben Tage währt das Elend, während die Bevölkerung verzweifelt nach unverdorbenen Quellen gräbt. Die Magier des Regenten tauchen ein zweites Mal auf und präsentieren ihren eigenen Blutzauber. Der Pharao bleibt weiterhin verstockt.

Da spricht der Herr zu Moses, er solle dem ägyptischen Herrscher sagen: »Wenn du dich aber weigerst, siehe, so will ich dein ganzes Gebiet mit Fröschen plagen, dass der Nil von Fröschen wimmeln soll. Die sollen herauf kriechen und in dein Haus kommen, in deine Schlafkammer, auf dein Bett, auch in die Häuser deiner Großen und deines Volks, in deine Backöfen und in deine Backtröge; ja, die Frösche sollen auf dich selbst und auf dein Volk und auf alle deine Großen kriechen.« Aaron führt das Wunder aus, die Magier setzen ihres dagegen. Die Plage macht dem König schwer zu schaffen. Er verspricht den Auszug der Hebräer, wenn Gott das Übel abwende. Am nächsten Tag verenden die Tiere bis auf diejenigen im Nil. Überall im Reich liegen Massen toter, stinkender Kadaver. Der Pharao aber hält sich nicht an das Ehrenwort.

So reckt Aaron zum dritten Mal die Hand mit seinem Stab aus und schlägt in den Staub der Erde: »Und es kamen Mücken und setzten sich an die Menschen und an das Vieh; aller Staub der Erde ward zu Mücken in ganz Ägyptenland.« Beim Stechmücken-Zauber versagen schließlich die Künste der Hofmagier. Dem Pharao erklären sie, ihre Unterlegenheit sei ein Fingerzeig des fremden Gottes. Doch der Gebieter ignoriert die Warnung der weisen Männer.

Tags darauf spricht Moses zum Pharao im Namen des Herrn: »Lass mein Volk ziehen, dass es mir diene; wenn nicht, siehe, so will ich Stechfliegen kommen lassen über dich, deine Großen, dein Volk und dein Haus, dass die Häuser der Ägypter und das Land, auf dem sie wohnen, voller Stechfliegen werden sollen. An dem Lande Goschen aber, wo sich mein Volk aufhält, will ich an dem Tage etwas Besonderes tun, dass dort keine Stechfliegen seien, damit du innewerdest, dass ich der HERR bin, inmitten dieses Landes, und ich will einen Unterschied machen zwischen meinem und deinem Volk.«

Die Ungeziefer-Plage ist so verheerend, dass der Pharao den hebräischen Unterhändlern vorschlägt, ihrem Gott in Ägypten zu opfern. Das aber lehnt Moses ab, da er fürchtet, die Einheimischen könnten sie steinigen. Schließlich willigt der Regent unter der Bedingung ein, dass die

Stechfliegen weichen. Vierundzwanzig Stunden später ist der Spuk vorbei.

Die fünfte Plage kommt über das Land am Nil, weil der Pharao die Israeliten wieder täuscht. Schon am anderen Morgen spricht der Herr durch Moses: »Wenn du dich weigerst und sie weiter aufhältst, siehe, so wird die Hand des HERRN kommen über dein Vieh auf dem Felde, über die Pferde, Esel, Kamele, Rinder und Schafe, mit sehr schwerer Pest.« Alles Vieh der Ägypter stirbt, nur die Herden der Israeliten bleiben von der Seuche verschont. Der Monarch aber beharrt auf seinem Nein.

Auf die Pest folgen die Blattern, die Moses und Aaron herbeizaubern sollen: »Und sie nahmen Ruß aus dem Ofen und traten vor den Pharao, und Mose warf den Ruß gen Himmel. Da brachen auf böse Blattern an den Menschen und am Vieh, so dass die Zauberer nicht vor Mose treten konnten wegen der bösen Blattern, denn es waren an den Zauberern ebenso böse Blattern wie an allen Ägyptern.« Die Strafen Gottes nehmen an Schärfe zu. Sind erst einmal die Magier außer Gefecht gesetzt, ihre Verwundbarkeit offensichtlich, so steht es auch mit dem Schutz des Throninhabers und seiner Macht nicht zum Besten. Daran besteht kein Zweifel. Und trotzdem öffnet der Pharao sein Herz nicht für das Begehren des Volkes Israel.

Der Hagel-Plage geht eine massive Einschüchterung voran. Jahwe droht dem Herrscher, dass er sämtliche Plagen auf einmal über ihn selbst, seine Großen und sein Volk schicke, damit er einsehe, dass nur ein einziger wahrhaftiger Gott existiere. Darüber hinaus macht er deutlich, dass er ihn schon längst hätte vernichten können. Doch an ihm wolle er seine Kraft demonstrieren und erreichen, dass der Name des Herrn überall im Land bekannt würde. Um seiner Rede Nachdruck zu verleihen, schickt Gott – wieder im Abstand eines Tages – die siebte Katastrophe über Ägypten: »Da streckte Mose seinen Stab gen Himmel, und der HERR ließ donnern und hageln, und Feuer schoss auf die Erde nieder. So ließ der HERR Hagel fallen über Ägyptenland, und Blitze zuckten dazwischen, und der Hagel war so schwer, wie er noch nie in ganz Ägyptenland gewesen war, seitdem die Leute dort wohnen.« Die Naturkatastrophe zerschlägt alles, was auf dem Feld ist – Mensch und Tier, Pflanzen und Bäume gleichermaßen. Dazu gehören auch der blühende Flachs und die ausgereifte Gerste. Nur der Weizen und das Korn sind nicht zerstört, weil ihr Samen noch unter der Erde schlummert. Von den Menschen überleben nur diejenigen, die den Worten Gottes Glauben schenkten und sich in die Häuser geflüchtet hatten. Da endlich gesteht der Pharao seine Schuld ein und erneuert seinen Schwur. Das Unwetter verzieht sich wie gewünscht. Es regnet nicht einmal mehr. Dennoch lässt der Staatsmann das Volk Israel nicht ziehen.

Die Wesire bedrängen ihren Herrscher, die Leute endlich frei zu geben, bevor das Reich untergehe. Aber dazu kann er sich nicht entschließen. Lediglich die wehrfähigen Männer will er gehen lassen. Die Jungen und Alten mit Söhnen und Töchtern, aber auch die Schafe und Rinder sollen bleiben. Daraufhin schickt Jahwe die achte Plage über die Ägypter: »Mose streckte seinen Stab über Ägypten, und der HERR trieb einen Ostwind ins Land, den ganzen Tag und die ganze Nacht. Und am Morgen führte der Ostwind die Heuschrecken herbei. Und sie kamen über ganz Ägyptenland und ließen sich nieder überall in

Ägypten, so viele, wie nie zuvor gewesen sind noch hinfort sein werden. Denn sie bedeckten den Erdboden so dicht, dass er ganz dunkel wurde. Und sie fraßen alles, was im Lande wuchs, und alle Früchte auf den Bäumen, die der Hagel übriggelassen hatte, und ließen nichts Grünes übrig an den Bäumen und auf dem Felde in ganz Ägyptenland.« Auf Flehen des Pharao lässt Gott erneut Gnade vor Recht ergehen und wirft mit einem starken Westwind sämtliche Heuschrecken ins Schilfmeer. Dann verstockt er das Herz seines Gegenspielers.

Kurz darauf tritt Moses zum neunten Mal in Aktion. Im Namen des Herrn streckt er den Arm gen Himmel: »Da ward eine so dicke Finsternis in ganz Ägyptenland drei Tage lang, dass niemand den andern sah noch weggehen konnte von dem Ort, wo er gerade war, drei Tage lang. Aber bei allen Israeliten war es licht in ihren Wohnungen.«

Um die Not so schnell wie möglich abzuwenden, bietet der Pharao an, dass alle das Land verlassen dürfen. Ihre Rinder und Schafe jedoch will er behalten. Moses lehnt die Offerte ab, denn ohne Opfertiere können die Israeliten ihren neuen Gott nicht wie vereinbart ehren. Wütend droht der ägyptische Herrscher, den Anführer der Israeliten zu töten, sollte er es wagen, ihm noch einmal unter die Augen zu treten.

Die letzte Katastrophe bringt die Wende in der Geschichte um die Zukunft der Exilanten in Ägypten. Die Bibel erzählt den Höhepunkt des göttlichen Dramas gewissermaßen in drei Phasen. Die erste beinhaltet die Ankündigung: Einerseits verkündet Gott Moses, dass die letzte Plage bevorsteht und die Hebräer anschließend aus dem Land vertrieben werden. Im Vorfeld soll sich jeder einzelne von seinem Nachbarn »silbernes und goldenes Geschmeide« geben lassen. Um das Gewünschte zu erhalten, »verschafft Gott dem Volk Gunst bei den Ägyptern«, wie es heißt. Anschließend verkündet Moses dem Pharao: »So spricht der HERR: Um Mitternacht will ich durch Ägyptenland gehen, und alle Erstgeburt in Ägyptenland soll sterben, vom ersten Sohn des Pharao an, der auf seinem Thron sitzt, bis zum ersten Sohn der Magd, die hinter ihrer Mühle hockt, und alle Erstgeburt unter dem Vieh. Und es wird ein großes Geschrei sein in ganz Ägyptenland, wie nie zuvor gewesen ist noch werden wird; aber gegen ganz Israel soll nicht ein Hund mucken, weder gegen Mensch noch Vieh, auf dass ihr erkennt, dass der HERR einen Unterschied macht zwischen Ägypten und Israel. Dann werden zu mir herabkommen alle diese deine Großen und mir zu Füßen fallen und sagen: Zieh aus, du und alles Volk, das dir nachgeht. Und daraufhin werde ich ausziehen.« Wie nicht anders zu erwarten, verhärtet Gott das Herz des Pharao aber, auf dass er noch weitere Zeichen setzen muss.

Die wesentlichen Eckpfeiler für die zukünftige Verfassung der Glaubensgemeinschaft formuliert Gott in seiner zweiten Ansprache an Moses und Aaron. Zunächst ruft er eine neue Zeitrechnung aus. Der Monat, in dem die zehnte Plage eintrifft, wird für das auserwählte Volk fortan zum ersten Monat im Jahr. Dann führt der Allmächtige einen Gedenktag ein – das sogenannte Passahfest (Ex. 12). Es folgt nicht nur einem bestimmten Ablauf, sondern auch strengen Regeln der Vorbereitung. Sie sollen den Israeliten und ihren Nachkommen als »ewige Ordnung« dienen, wo immer sie auch siedeln: Sieben Tage lang dürfen die Gläubigen nur ungesäuertes Brot zu sich nehmen.

Jeder Sauerteig muss aus den Häusern entfernt werden. Bei Zuwiderhandlung droht dem Abtrünnigen der Tod. Der erste und siebte Tag stehen unter dem Zeichen der »heiligen Versammlung«. Damit einher geht ein Arbeitsverbot. Am zehnten Tag des ersten Monats des Jahres soll jeder Hausvater für sich und seine Familie ein Lamm auswählen. Ist die Familie zu klein, dann haben sich so viele Nachbarn ein Tier zu teilen, dass sie es aufessen können. Das Lamm soll männlich und nicht älter als ein Jahr sein und kann von einer Ziege oder einem Schaf stammen. In einem gemeinsamen Schlachtfest, anberaumt für den vierzehnten Tag des ersten Monats, sollen die Tiere im Ganzen über dem Feuer gebraten und mit ungesäuertem Brot sowie bitteren Kräutern im Inneren des Hauses gegessen werden. Kein Ausländer darf davon kosten, Fremde oder Sklaven nur dann, wenn »alles, was männlich«, beschnitten ist. Selbst die Kleiderordnung für diese Zeremonie ist genau vorgegeben: Gürtel über den Gewändern, Schuhe an den Füßen und den Stab in der Hand – als Zeichen ihres Aufbruchs aus Ägypten. Was vom rituellen Mahl übrig bleibt, müssen die Israeliten am nächsten Morgen im Feuer verbrennen. Mit dem Blut der geschlachteten Böcke aber sollen die Menschen Pfosten und Türsturz ihrer Häuser bestreichen, damit sie, wie von ihrem Beschützer vorgesehen, von der todbringenden Plage verschont bleiben. Das letzte Gebot schreibt vor, dass die Hebräer auch nach der durchwachten Nacht zu Ehren ihres Gottes noch weitere sieben Tage ungesäuertes Brot verzehren. Wer sich nicht daran hält, »der soll ausgerottet werden aus der Gemeinde Israel, es sei ein Fremdling oder Einheimischer des Landes.«

Um Mitternacht schließlich, so berichtet die Bibel,

macht sich Jahwe auf den Weg zu der Tat, die er als »Strafgericht über alle Götter der Ägypter« angekündigt hat. Er tötet »alle Erstgeburt in Ägyptenland vom ersten Sohn des Pharao an, der auf seinem Thron saß, bis zum ersten Sohn des Gefangenen im Gefängnis und alle Erstgeburt des Viehs.« Überall im Land am Nil bricht großes Geschrei los. Umgehend lässt der Pharao Moses und Aaron zu sich rufen und schickt das Volk Israel mitsamt Hab und Gut fort. Wie verheißen, gewinnt Jahwe das »Duell am Nil«. Der gottgleiche Pharao aber bittet um den Segen des himmlischen Siegers.

Außerordentlich plastisch beschreibt das 2. Buch Moses, wie die Menschen den rohen Teig in Backschüsseln auf ihren Schultern wegtragen. Sie nehmen auch das silberne und goldene Geschmeide mit. Am fünfzehnten Tag des ersten Monats der neuen Zeitrechnung, nach vierhundertdreißig langen Jahren, beginnen die Hebräer ihren Auszug aus Ägypten, dem mächtigsten Reich der damals bekannten Welt. Der Treck Gottes macht sich von der Stadt Ramses aus auf die Route nach Sukkot. Stattliche sechshunderttausend Mann zu Fuß, Frauen und Kinder nicht mitgezählt. Auch »viel fremdes Volk« soll dabei gewesen sein, als die Schar unter der Führung des Allmächtigen ihren Schicksalsweg antritt: »So zogen sie aus von Sukkot und lagerten sich in Etam am Rande der Wüste. Und der HERR zog vor ihnen her, am Tage in einer Wolkensäule, um sie den rechten Weg zu führen, und bei Nacht in einer Feuersäule, um ihnen zu leuchten, damit sie Tag und Nacht wandern konnten. Niemals wich die Wolkensäule von dem Volk bei Tage noch die Feuersäule bei Nacht.« (Ex. 13, 20–22)

Die Fünf Bücher Moses – Religiöser Mythos oder Geschichtsbuch?

Spätestens seit der Aufklärung in Europa Mitte des 18. Jahrhunderts streiten sich Gelehrte um die »richtige Lesart« des Alten Testaments. Die einen verstehen das Werk ausdrücklich als »Heilige Schrift«, die Gottes Wort und heilbringendes Wirken für die Menschheit in den Mittelpunkt stellt. Sie deuten die Überlieferung als Offenbarung göttlicher Gesetze und Weisheiten an das auserwählte Volk Israel und durch die Juden an die ganze Welt. In einer nicht näher bezeichneten Zukunft, so die Botschaft, werden alle Erdenbürger ausschließlich den einzig Wahrhaftigen verehren. Den Beginn des Ein-Gott-Glaubens als universale Religion markieren dabei die Berichte des Pentateuch, der Fünf Bücher Moses. Sie umfassen die griechisch-lateinischen Titel Genesis, Exodus, Levitikus, Numeri und Deuteronomium. Unter der Bezeichnung Thora bildet die von Gott offenbarte Weisung noch heute die verbindliche Grundlage der jüdischen Religion.

In der Gemeinschaft fest verankert ist die Vorstellung, Moses habe die Gesetzestexte, die der Herr ihm am Berg Horeb verkündete, eigenhändig niedergeschrieben. Sie sind Zeichen des unwiderruflichen Bündniswillens Jahwes mit dem »heiligen Volk«. Die Allianz gründe auf Gottes unerschütterlicher Treue und umfassender Liebe, die stärker sei als Versagen, Schuld und das Böse auf Erden. Im Gegenzug dienen ihm die Israeliten und befolgen die angeordneten Gebote. Dass der Gerechte »sein Volk« auch durch Leid und Elend führte, war eine notwendige Maßnahme, um den Menschen seine Allmacht glaubwürdig vor Augen zu führen. Erst der Beweis seiner absoluten Herrschaft über die Welt, wie besonders in den Zehn Plagen demonstriert, ließ die Gemeinschaft an den neuen Gott glauben. So gilt der anschließende Auszug als Sinnbild für ihre Lossagung von der Sklaverei der Sünden – auch wenn der Weg zum Ein-Gott-Glauben voller Rückschläge und Widrigkeiten war.

Die Vertreter der religiösen Auslegung – unabhängig von ihrer Zugehörigkeit zum jüdischen oder christlichen Glauben – akzeptieren das Alte Testament als »Autorität Gottes«. Ob die Personen des Alten Testaments tatsächlich gelebt, die einzelnen Geschichten wie beschrieben stattgefunden haben oder die zeitlichen und geographischen Angaben Tatsachen entsprechen, spielt bei dieser Betrachtung eine untergeordnete Rolle. Widersprüche, Irrtümer oder ethische Bedenken, wie sie Bibelkritiker unterschiedlicher Fachdisziplinen und Epochen immer wieder aufgezeigt haben, werden mit der späten Verschriftung der Texte durch mehrere priesterliche Schreiber, weltanschaulichen Verfälschungen sowie Übersetzungsfehlern erklärt. Aber selbst wenn manche Passagen des Alten Testaments unglaubwürdig oder unzuverlässig erscheinen: Was zählt, ist die theologische Botschaft.

Viele kritische Bibelforscher hingegen betrachten den Pentateuch als einzigartiges Quellenbuch, um die Entwicklung Israels vom Polytheismus zum Monotheismus religionsgeschichtlich zu erfassen. Sie erkennen die Einzigartigkeit auch darin, dass das Volk Israel wie kaum ein anderes Volk im Alten Vorderen Orient der Nachwelt eine so umfangreiche Überlieferung an Volkserzählung, Hymnen und propagandistischer Hofchronik hinterlassen hat. Besonders in den Fünf Büchern Moses und dem Buch Josua spiegelt sich die Geschichte der Israeliten von ihrem Ursprung als nomadisierende Stämme über die stürmische Zeit des Zusammenfindens bis hin zur Etablierung als völkische Einheit im Land Kanaan. Beschrieben wird diese Entwicklung als Zeit der Proto-Israeliten. Nach Meinung der Wissenschaftler beinhaltet der Pentateuch die Gründungslegende des Volkes Israel, der ein historischer Kern zugrunde liegt. Das Augenmerk liegt auf der Suche nach sozialen, politischen und wirtschaftlichen Fakten, die sie von den tendenziös-religiösen Zutaten trennen. Für die Rekonstruktion der Geschichte in einem größeren nationalen Rahmen studieren sie zudem außerbiblische Quellen aus dem Alten Orient ebenso wie archäologische, geologische oder klimatische Befunde. Dabei gehen die Gelehrten nicht davon aus, dass Moses als Autor der Thora verantwortlich zeichnet. Manche bezweifeln sogar, dass er überhaupt gelebt hat. Wenn doch, spricht nicht zuletzt gegen seine Urheberschaft, dass von ihm ausschließlich in der dritten Person berichtet wird, vor allem aber die ausführliche Beschreibung seines Todes sowie die Erwähnung von Gesetzen, die nachweislich erst in späterer Zeit entstanden. Ebenso wenig glauben Theologen an einen einzigen Formulierungsvorgang der fünf Bücher. Zu unterschiedlich präsentierten sich die Ergebnisse ihrer literatur- und sprachwissenschaftlichen

Untersuchungen. Sie fanden ungleiche Versionen der Schöpfungsgeschichte, der Sintflut, der Erzväter, des Exodus und der Gesetzgebung. Zwar vertraten auch Bibelkritiker die Auffassung, die Berichte seien erst viele Generationen nach den jeweiligen Ereignissen formuliert worden. Allerdings sehen sie die Ursache der Ungereimtheiten in der langen mündlichen Überlieferung, die letztlich zu Überhöhungen, zusätzlichen Erklärungen und Zensuren führten. Was sich heute wie ein organisches Gesamtwerk liest, ist demnach das Ergebnis zahlreicher Ein- und Umarbeitungen von Einzelschriften unterschiedlicher Autoren und Quellen aus unterschiedlichen Jahrhunderten.

Die Grunderzählung der Fünf Bücher Moses

Der Pentateuch, das griechische Wort für »Fünfgefäß«, schildert die Geschichte von der Erschaffung der Erde bis hin zum Ableben von Moses unmittelbar vor dem Einzug der Israeliten in Kanaan. Thematisch umfasst er drei große Einheiten: Das Buch Genesis (Schöpfung) beinhaltet die Urgeschichte mit der Entstehung der Erde, dem Sündenfall durch Adam und Eva, Noahs Rettung vor der Sintflut, dem Turmbau zu Babel sowie den Erzvätern Abraham, Isaak und Jakob, der den Beinamen Israel erhält. In den letzten Kapiteln erzählt das 1. Buch Moses von Jakobs Sohn Joseph, der als Sklave nach Ägypten gelangt und dort als Wesir des Pharao Karriere macht. Und nicht nur das: Er gründet eine Familie, blickt auf eine große Zahl von Nachfahren und verheißt seinen elf Brüdern den Auszug aus Ägypten unter Gottes Führung. Die Forschung geht nahezu einheitlich davon aus, dass der Schöpfungsmythos am Anfang der Bibel als letzter Baustein in den Pentateuch gelangte. Die Schilderung, so die Gelehrten, sei das Resultat früher Theorien über die Entstehung der Erde, niedergeschrieben von Priestern oder Propheten. Die Aufnahme der Geschichte in den

Pentateuch war notwendig, um die Glaubwürdigkeit des göttlichen Wirkens zu untermauern. Demzufolge musste der Himmelsvater ein Paradies entstehen lassen, damit er es den Israeliten als neue Heimat in Aussicht stellen konnte. Seinem Wesen nach ist das Buch Genesis eine Mischung aus lehrhaften Erzählungen und Berichten über persönliche Frömmigkeit und Familienkult. Gespeist aus »historischen Erinnerungen« staatenloser Nomaden fanden die Texte irgendwann den Weg in die Endfassung der Thora.

Der zweite Themenkomplex umschließt die Bücher Exodus (Auszug), Levitikus (Levitische Gesetzgebung) und Numeri (Zählung der Israeliten). Der weit gespannte Erzählbogen überliefert die eigentliche »Heilsgeschichte« des Volkes Israel. Das 2. Buch Moses beginnt mit der Nennung der Söhne Israels in Ägypten, fährt fort mit ihrer Rettung inklusive der Wüstenwanderung, schildert die Übergabe der Zehn Gebote am Berg Sinai (an anderer Stelle des Pentateuch auch als Berg Horeb bezeichnet), die Herstellung der Bundeslade, des Schaubrottisches und des siebenarmigen Leuchters (Menora), die anschließende Glaubenskrise, lobt die Erneuerung des Bundes und schließlich den Bau des ersten Heiligtums zu Ehren des neuen Gottes.

Weniger bekannt ist das 3. Buch Moses, das aber als Fundus israelitischer Sozial- und Kultgesetze von unschätzbarem Wert ist. Es weist eine detaillierte Aufzählung von Bräuchen auf, die zum Teil zumindest in Grundzügen ihre Gültigkeit in die Moderne hinüber gerettet haben. Beschrieben werden Regeln für diverse Opferzeremonien sowie rituelle Reinheitsvorschriften. Auch die Einführung des Priesterdienstes mit Aaron und seinen

Söhnen als ersten Vertretern stammt aus der Frühzeit der Geschichte Israels. Der Ausdruck »jemandem die Leviten lesen« beruft sich ebenfalls auf jenes Buch – er leitet sich aus den Anweisungen zur heiligen Lebensweise im Alltag und im Gottesdienst ab. In Kapitel 26 mahnt Gott die Menschen mit drastischen Worten, die Gebote zu befolgen und den rechten Weg nicht zu verlassen. Den Höhepunkt der Anordnungen aber stellt die Ausrufung der jährlichen Feier zur Sündenvergebung aller Israeliten dar. Als Jom Kippur ist das Ereignis noch immer fester Bestandteil des jüdischen Festkalenders.

Im 4. Buch Moses mischen sich Gesetzgebungen und Statistiken mit der Fortsetzung der wechselvollen »Heilsgeschichte« Israels. Insgesamt zwei Mal lässt Jahwe eine Volkszählung durchführen – ein Mal vor der Wanderung durch die Wüste, ein weiteres Mal vierzig Jahre später vor dem Einzug ins »gelobte Land«. Obwohl nur Männer ab zwanzig in die Zählung aufgenommen wurden, spricht der Text von über sechshunderttausend Männern aus zwölf Stämmen. Die Leviten, zunächst als Träger und Hüter des Zeltheiligtums auserkoren, warten noch einmal mit rund dreiundzwanzigtausend Mann auf. Ein imposanter Siedlertreck, unterteilt in Lager und ausgestattet mit einer festgesetzten Marschordnung. Jeder Einzelne erhält eine Aufgabe, selbst wenn sie nur lautet, Jahwe Opfergaben darzubringen. Und wieder hält Gott einen neuen Katalog an Verhaltensregeln bereit: Er fordert den Schutz vor Infektionen, gebietet den Ausschluss von Aussätzigen aus der Gemeinschaft, droht mit Ahndung bei Ehebruch und anderen Sünden, führt Steinigung als Strafe ein, erweitert Rechte und Pflichten der Priester, ordnet spezielle Opfervorschriften für das Land Kanaan an, regelt das Erbrecht und erlaubt Frauen, das Gelübde abzulegen. Die meisten Bibelkundler sind davon überzeugt, dass die Gesetzestexte zwar zumeist aus älteren Überlieferungen stammen, aber erst später von Priestern in umgearbeiteter Form dem Gesamtwerk zugefügt wurden.

In alten Quellen verwurzelt sind auch die Erzählungen über das weitere Schicksal der Israeliten mit ihren Sprechern Moses und Aaron. Vor dem Verlassen des Sinai steht zunächst die Einweihung des Zeltheiligtums auf dem Programm. In der neu geschaffenen Heimstatt thronte der unsichtbare Gott. Das Buch Numeri berichtet auch, wie Jahwe dem Volk ständig als Wolken- oder Feuersäule gegenwärtig ist – ganz gleich, ob der Tross lagert oder umherzieht. Trotzdem fühlt sich das Volk, so erzählt es die Bibel, von Gott nicht gut versorgt. Es hungert nach Fleisch und dem reichen Speisenangebot in Ägypten, das Manna – das himmlische Brot – schmeckt ihnen nicht mehr. Auf das Wehklagen reagiert der Herr mit furchtbarem Zorn: Erst übersät er das Land mit unglaublichen Mengen an Wachteln, dann lässt er viele Israeliten daran sterben. Und düster geht es weiter: Kundschafter schwärmen vom Lager Kadesch nach Kanaan aus. Nach ihrer Rückkehr rühmen die Männer das fruchtbare Gebiet, fürchten sich aber vor den »riesenhaften Leuten« dort. Voller Angst vor der Zukunft richtet die Menge ihren Ärger gegen Moses und Aaron, will sie sogar steinigen.

Da reicht es Jahwe, dem Gott Israels. Bis auf Kaleb, Josua und ihre Nachfahren soll niemand – auch Moses und Aaron nicht – das Land betreten, das er einst ihren Vätern versprach. Vierzig Jahre sollen die Stämme in der Wüste verbleiben, als Strafe für ihre Zweifel an Gottes starker Hand.

Als der Treck endlich weiterzieht, gerät er unweit von Horma in ein Scharmützel gegen kanaanitische Krieger. Es kommt zu einem erneuten Aufruhr, der mit dem Tod der Unruhestifter endet und Aaron in seiner Führung als Hohepriester der Israeliten bestätigt. Stück für Stück offenbaren die Texte die Route der umherirrenden Truppe; Orte, die selbst Kennern der Materie lange Rätsel aufgaben. Aus heutiger Sicht klingen die Namen wie aus einer anderen Welt. Und dennoch haben sie eine Bedeutung, denn überall finden schwerwiegende Ereignisse statt. In der Wüste Zin muss Moses seine Schwester Mirjam begraben. Die Edomiter südlich des Toten Meeres verwehren den Israeliten den Durchzug, weshalb sie gezwungen sind, einen anderen Weg einzuschlagen. Am Berg Hor stirbt Aaron, der Stamm der Leviten steigt auf zur Priesterkaste. Im Ostjordanland erobern die Auswanderer eine Reihe von Siedlungen, bevor sie im Land der Moabiter »gegenüber von Jericho« auftauchen. In der Nähe von Schittim dienen die Israeliten fremden Götzen und treiben Unzucht. Ein Vergehen, das nicht ohne göttliche Strafe bleibt, am Ende aber zu einer großen Versöhnung führt. Dennoch setzt der Weltenlenker ein Zeichen für die Zeit nach Moses' Tod. Auf dem Berg Abarim bestellt er Josua für das zukünftige Amt des Anführers. Wenig später zerstört und plündert das »auserwählte Volk« in einem beispiellosen Feldzug zahlreiche Stätten der Midianiter. Die Beute legen die Männer am Zeltheiligtum nieder.

Darauf folgen die Erzählungen über die Verteilung des Ostjordanlandes an zwei Stammväter aus der jungen Generation, die Festsetzung der Landesgrenzen nach der Eroberung Kanaans und die Aufzählung sämtlicher

Lagerplätze während der Wüstenwanderung. Als oberster Befehlshaber für den bevorstehenden Kriegszug wird Josua eingesetzt. Das Buch Numeri bietet nicht nur die Plattform für ein spektakuläres Historiendrama, wie es Hollywood nicht besser hätte inszenieren können, sondern liefert vor allem entscheidende Informationen über die Gemeinschaft nach dem Exodus.

Die dritte thematische Einheit des Pentateuch bildet das 5. Buch Moses, das Deuteronomium, zu Deutsch »Zweites Gesetz«. Genauer müsste die Übersetzung »die Wiederholung des Gesetzes« lauten, denn im Hinblick auf Gebote und Anweisungen gibt es im 5. Buch Moses nur wenig Neues zu entdecken. Letztlich wird Bekanntes mehr oder weniger variiert beziehungsweise kommentiert, sodass einige Theologen die entsprechenden Passagen sogar als erste Bibelauslegung der Geschichte betrachten. Auch in Sprache und religiöser Botschaft nimmt das Werk eine Sonderposition ein. Der Befund sorgte für die These von einer eigenständigen Autorenschule, die im Umkreis des Jerusalemer Tempels zu lokalisieren sei und auf das Jahr 622 vor Christus verweise. Die Behauptung gründet auf dem 22. Kapitel des 2. Buchs der Könige. Dort steht: Der Hohepriester Hilkia, der unter König Josia seinen Dienst verrichtet, entdeckt bei Umbauarbeiten im Tempel der Ewigen Stadt ein Gesetzesbuch, das er dem Herrscher vorliest. Der Fund wird im Text ausdrücklich als authentisch bezeichnet. Bibelkundlern zufolge könnte es sich bei der erwähnten Schrift um die Urfassung des Deuteronomium handeln. Und zwar deshalb, weil das 5. Buch Moses Bezug auf den Tempel von Jerusalem nimmt. Im 12. Kapitel ist die Festlegung eines einzigen zentralen Kultortes im verheißenen Land dokumentiert mit konkreten Anweisungen für den Priesterdienst und die Finanzierung des Tempels. Um der Forderung Nachdruck zu verleihen, spart Jahwe nicht mit Drohungen, sollten die Israeliten die Gebote nicht einhalten oder fremde Götzen verehren. Der Jerusalemer Tempel als Manifestation des biblischen Monotheismus gilt unter Wissenschaftlern als unverrückbare Erkenntnis. Entstanden ist er unter König Josia, der Ende des 7. Jahrhunderts vor Christus die religiöse Reform entscheidend vorantrieb. Er ließ alle Kultstätten außerhalb des Jerusalemer Zentralheiligtums zerstören und stärkte die Rolle der Priesterschaft. Dazu passt die Herausgabe einer Gesetzesschrift, die von der Tradition des Volkes Israel berichtet und die alltäglichen und religiösen Belange unter der Regierung eines Königs regelt. Vor diesem Hintergrund ließen sich auch die Wiederholungen und Zusatzkapitel von Vorschriften erklären, die das Deuteronomium maßgeblich kennzeichnen. Eingebettet sind sie in die großen Reden von Moses an die Israeliten am Anfang und Ende der Schrift. In der Ebene von Moab blickt er mahnend auf die vierzig Jahre der Wüstenwanderung zurück. Nochmals verliest der betagte Anführer die Zehn Gebote (Dekalog) und fordert absoluten Gehorsam ein. In Liebe soll sich die völkische Gemeinschaft zu ihrem Glauben an Jahwe bekennen. Verflucht und aus dem Land vertrieben seien diejenigen, die den Geboten nicht folgen. Schließlich habe Gott sie zum höchsten aller Völker gemacht, die er geschaffen hat. Als geschichtliches Credo ist das Bündnis mit dem Allmächtigen in die Fachliteratur eingegangen.

Mit dem Pakt erhalten die Auswanderer sogar das Recht, die Götzen sowie die Bewohner Kanaans auszurotten. Eine Vermischung mit den Einheimischen ist strengstens untersagt, die Israeliten sollen unter sich bleiben. Den Abschluss des Deuteronomium bildet das legendäre Moses-Lied, das die in den Fünf Büchern Moses geschilderten Ereignisse versartig zusammenfasst und Jahwe als Staatsgott preist. Ein letztes Mal richtet sich Moses an die Stämme Israels und segnet sie. Dann steigt er aus der Ebene hinauf auf den Berg Nebo. Von dort blickt der göttliche Prophet, wie er am Ende des letzten Kapitels genannt wird, auf das gelobte Land, das er nicht mehr betreten wird. Denn er gehört zu der sündigen Generation der Auswanderer aus Ägypten. Im Alter von hundertzwanzig Jahren stirbt Moses. Sein Nachfolger heißt Josua. Von Moses' Grab fehlt bis heute jede Spur – ganz so, wie es die Bibel vorausgesehen hat.

Das Alte Testament – Literatur in Patchwork

Von der Erschaffung der Erde bis hin zum Einzug ins Heilige Land Kanaan – die biblische Geschichte der Israeliten gleicht einem Feuerwerk aus Schicksalsschlägen, Drohungen, Strafen, Verboten, Kriegen und Gesetzen. Nur an wenigen Stellen gibt es Versöhnung, humanverträgliche Lösungen oder wenigstens schlichte Alltagsgeschichten. Der Pentateuch, eigentlich das gesamte Alte Testament, strotzt nur so von dramatischen Berichten, er ist eine unvergleichliche Machtdemonstration Gottes. Der Himmlische kommt einem Herrscher gleich, der sein Volk mit harter Hand führt. Kein Wunder, dass viele ihn mehr fürchten als lieben. Fest steht: Dem modernen Zeitgeist entspricht sein zorniges Image nicht. Viele Psychologen und Pädagogen halten die Schriftensammlung sogar für ungeeignet für Jugendliche. Als erbauliche Lektüre empfiehlt sich das Alte Testament sicher nicht, und dennoch hat es wie kein anderes Buch das religiöse und gesellschaftliche Leben der westlichen Welt beeinflusst.

Zu verstehen ist der Pentateuch erst, wenn man grundsätzlich akzeptiert, dass er von gläubigen Menschen mit der Absicht formuliert wurde, die religionsgeschichtliche Entwicklung des Judentums als Glaubenszeugnis darzustellen – und zwar aus der Rückschau, viele Jahrhunderte später. Dafür ist es notwendig, den historischen Kontext jener Epoche zu betrachten, der die heutige Fassung prägt. Das heißt, die Fünf Bücher Moses wollen im Spannungsfeld der Großmächte Ägypten, Assyrien und Babylonien gelesen werden. Auch darf nicht vergessen werden: Die biblische Geschichtsschreibung erzählt aus der religiösen Perspektive. Mit dieser Erkenntnis verliert das Werk an theologischem Schrecken.

Bibelwissenschaftler bemühen sich seit Jahrhunderten herauszufinden, wer das Alte Testament geschrieben hat und vor allem wann. Nach einem einzigen Autor zu suchen, ist sinnlos. Das Buch der Bücher stammt aus vielen Federn. In den letzten sechshundertfünfzig Jahren Bibelforschung kristallisierte sich aber heraus, dass die Fünf Bücher Moses aus vier unterschiedlichen Quellendokumenten zu einer fortlaufenden Erzählung komponiert wurden. Die erste Quelle bezeichneten die Gelehrten mit dem Buchstaben »J«, weil der Text für Gott durchgängig den Namen »Jahwe« benutzt. Das zweite Dokument erhielt die Bezeichnung »E«, weil Gott dort nach der hebräischen Variante »El« beziehungsweise »Elohim« heißt. Die dritte Quelle, die sich ausschließlich auf das Deuteronomium bezieht, wurde als »D« gekennzeichnet. Die vierte, längste Einheit behandelt vor allem Gesetze und Belange der Priester. Sie erhielt daher die Initiale »P«. Danach suchten die Bibelkundler in den Fünf Büchern Moses nach sprachwissenschaftlichen und inhaltlichen Hinweisen auf die unterschiedlichen Quellen. Und sie wurden fündig. Im 1., 2. und 4. Buch Moses stießen sie auf Schilderungen, die sowohl aus den Quellen »J«, »E« und »P« stammen. Das 3. Buch Moses mit den Religionsvorschriften lebt nur von der »P«-Quelle, das 5. Buch Moses bis auf wenige Zeilen fast ausschließlich von »D«.

Bereits im 19. Jahrhundert gelang es, die zeitliche Reihenfolge herauszuschälen. Die Beiträge »J« und »E« gehören vermutlich zu den ältesten Versionen der Bibel. Sie entstanden, als Palästina in die beiden Reiche Israel und Juda zerfallen war und ihre Könige im Konkurrenzkampf lagen. Maßgeblichen Anteil an der Teilung hatte der legendäre König Salomon, der von Jerusalem aus regierte und die Bewohner des nördlichen Territoriums ständig benachteiligte. Er forderte von ihnen mehr Steuern als von den Judäern und trat zwanzig Städte aus jenem Gebiet an den phönizischen Herrscher ab als Gegenleistung für geliefertes Zedernholz und 120 Talente Gold. Auch schützte er den nördlichen Abschnitt nicht gegen die Bedrohung durch die Syrer. Als er 926 vor Christus starb, bestieg sein Sohn Rehabeam den Thron. Unter dessen Regierung spaltete sich das Reich endgültig in zwei Lager. Jerusalem wurde zum Sitz des Königs von Juda, in Sichem übernahm Jerobeam die Führerschaft. Fortan gab es im Norden eigene Feiertage, eigene religiöse Zentren und eine eigene Priesterschaft. Selbst die Sockel für den Thron Gottes sahen anders aus. Jerobeam ließ dafür zwei »Goldene Kälber« anfertigen, statt Cherubim wie in Juda. Das Kalbsymbol, in der korrekten Übersetzung eigentlich ein Stiersymbol, verweist auf den syrisch-kanaanäischen Schöpfergott »El«, der einst mit Abraham aus Mesopotamien kam und als Sippengott der hebräischen Halbnomaden einen festen Platz erhielt.

Die Quellen »J« und »E« ähneln oder ergänzen sich an vielen Stellen. Die Wissenschaftler stellten aber auch markante Differenzen fest. So in der Darstellung Jahwes, der in der »J«-Quelle menschliche Züge aufweist. Er zeigt Bekümmertheit, will Rache und sorgt für Versöhnung. Die Schrift gleicht sogar einer politischen Propaganda. Der Text schmäht die Entstehung des Bruderreichs Israel. Die Bewohner hätten dabei ein Blutbad angerichtet. Zudem beinhaltet die Fassung den Rechtsanspruch des Stammes Juda, als einzige ein eigenständiges Territorium zu besitzen. Beherrscht werden soll es stets von einem König aus dem Hause Davids. Der legendäre Herrscher regierte Juda von etwa 1004 bis 965 vor Christus. Auch taucht der Name von König Rehabeam immer wieder auf, während die »E«-Quelle diesen überhaupt nicht erwähnt. Viele Beispiele mehr ließen sich anhand der alttestamentarischen Schrift aufzeigen. Sie weisen alle in eine Richtung. Der »J«-Text erzählt aus der Sicht der Judäer und betont jene historischen Ereignisse besonders, die ihr eigenes Reich betrafen. Gott, der Herr, wie Jahwe in der Lutherischen Übersetzung heißt, steht dabei unangefochten als himmlischer Retter des Volkes da. Moses' Beteiligung am Gelingen des Exodus wird nicht weiter ausgeschmückt, ganz im Unterschied zu Quelle »E«.

Aufgrund der historischen Anspielungen und der religiösen Anschauungen datiert die jüngere Forschung den »J«-Text in der Regel zwischen 848 und 722 vor Christus – in den Zeitraum zwischen dem Amtseintritt des judäischen Königs Joram und dem Jahr, in dem die assyrischen Besatzer das Nordreich Israel zerstörten.

Die Datierung berücksichtigt das wechselvolle Auf und Ab zwischen den Herrschern, ihren Priestern und der

Bedrohung von außen – vor allem durch die Aramäer und die Assyrer. Als das Reich Israel untergeht, erstarkt die Region im Süden. Zahlreiche Flüchtlinge überlaufen die Städte, vor allem Jerusalem verzeichnet einen hohen Bevölkerungsanstieg. Mühsam haben Spezialisten herausgearbeitet, dass die »J«-Schrift in Juda, vielleicht sogar in der Hauptstadt selbst, geschrieben wurde. Der Text könnte als Hofchronik oder als Polemik gegen den Stammesverbund im Norden bezeichnet werden. Weiterhin offen bleibt allerdings die Frage nach der Autorenschaft der »J«-Erzählung. Die Antwort darauf liegt irgendwo im Dunkel der Geschichte – für die moderne Wissenschaft unerreichbar.

Auch bei der Untersuchung der »E«-Quelle stoßen die Forscher an Grenzen. Nur wenige Fakten lassen sich resümieren: Der Verfasser scheint aus Israel zu stammen. Vielleicht gehörte er sogar dem Stamm Levi an, aus dem der biblischen Geschichte zufolge die höchste Priesterkaste hervorging. Ein Teil der Sippe könnte in Ägypten versklavt gewesen sein, dafür sprechen einige Namen wie nicht zuletzt der von Moses. Gelehrte sehen darin eine Begründung, warum die Knechtschaft im Pharaonenreich, die Schilderungen über Moses und die Zehn Plagen hauptsächlich von der »E«-Quelle gespeist sind. Da die Leviten über kein eigenes Gebiet verfügten, lebten sie in den Regionen der anderen zwölf Stämme. Auch in das Nordreich zog es die weisen Männer. Genauer gesagt nach Silo, dort wo einst der syrisch-palästinische Stiergott »El« verehrt wurde. Unter dem Propheten Samuel, der mutmaßlich im 11. Jahrhundert vor Christus lebte, war der Ort das religiöse Zentrum von Auswanderern aus Ägypten und Standort der Bundeslade.

Eine waghalsige, aber spannende Hypothese lautet: Ein oder mehrere israelitische Leviten haben ihre eigene Version der Geschichte erstellt, in der »El« als Reichsgott und Weltenschöpfer die Geschicke lenkt, sozusagen als Gegendarstellung zur »J«-Schrift aus Juda. Da die Namen beider Gottheiten und die damit verbundenen religiösen Gesinnungen aber seit Jahrhunderten in aller Munde waren und beide Reiche unter den Königen Saul, David und Salomon auf eine gemeinsame Vergangenheit blickten, gab es nur eine Möglichkeit: Beide Versionen mussten bestehen bleiben. So gelangten die »E«- und »J«-Quellen gemeinschaftlich in die Fünf Bücher Moses. Da eine genauere zeitliche Einordnung bislang nicht glückte, gilt auch für »E« ein grob abgesteckter Rahmen zwischen 926 und 722 vor Christus. Die Jahreszahlen markieren zwei schicksalhafte Ereignisse: die eine die Plünderung des Jerusalemer Tempels durch Pharao Scheschonk, wie ägyptische Inschriften vermelden, die andere den großen assyrischen Feldzug unter König Salmanassar V., der mit der Deportation der israelitischen Oberschicht endete.

»D« bezieht sich auf die mittlere Epoche der religionsgeschichtlichen Entwicklung in Jerusalem. Die Quelle dokumentiert die Zeit nach der Zerstörung des Nordreichs um 722 vor Christus. Damals herrschte in der Gemeinschaft die Sehnsucht vor, als wiedervereinter, unabhängiger Staat mit König, Militär und Priestertum zur völkischen Identität zurückzufinden. Die Quelle gibt das politische Programm eines Machtapparats wieder, der die Bevölkerung in allen Bereichen überwacht, um sich als nationale Einheit von den Großmächten Ägypten, Assyrien und Babylonien abzugrenzen. Aber auch die Fehlleistungen eigener Herrscher sollten angeprangert werden – vor allem die Tolerierung heidnischer Gottheiten. Zur neuen Vorgabe gehörten der zentrale Tempel in Jerusalem, die Zerstörung jeder anderen Weihestätte und das Verbot des Götzendienstes. Doch erst König Josia gelang das Kunststück – zumindest für wenige Jahrzehnte. In seiner Ära, um 622 vor Christus, soll die erste Fassung des Deuteronomium entstanden sein – als Ausdruck der Hoffnung auf eine dauerhafte Zukunft. Mit seinem Tod um 609 vor Christus jedoch geriet das Reich Juda erst einmal wieder unter die Knute der Ägypter, die mit den Assyrern Bündnispolitik betrieben. In den Jahren 597 und 587 vor Christus stürmten die Babylonier unter König Nebukadnezar die Heilige Stadt und legten den Tempel in Schutt und Asche. Den Regenten ließ er blenden, seinen Bruder und Vorgänger Jojachin hatte er schon zehn Jahre zuvor entthront und in die Metropole Babylon gebracht. Tausende traten als Gefangene den Weg in die Residenzstadt am Euphrat an, andere flohen nach Ägypten, ein Teil der Bevölkerung blieb im Elend zurück. Die Eroberung Jerusalems bedeutete das Ende des Königreichs Juda.

Das 5. Buch Moses hält viele verschlüsselte Hinweise auf die Geschichte des Volkes Israel bereit. Deswegen gehört es seit langem zu den beliebten Forschungsobjekten von Bibelkundlern. Einer der prominentesten Gelehrten auf der Suche nach der historischen Wahrheit war Martin Noth. Er formte den Begriff »Deuteronomistisches Geschichtswerk«, zu dem er nicht nur das 5. Buch Moses, sondern auch die Bücher Josua, Richter, das 1. und 2. Buch Samuel sowie das 1. und 2. Buch der Könige zählt. Mit seiner Feststellung, die sieben Schriften schildern die historische und religiöse Entwicklung der Israeliten seit Moses bis hin zur Zerstörung des Königreichs Juda, setzte Noth Mitte des 20. Jahrhunderts einen Markstein in der Erforschung der alttestamentarischen Welt. Der Theologe vertrat sogar die Ansicht, das Geschichtswerk habe ein einziger Lektor erstellt. Dieser bediente sich älterer Quellen und schuf eine Neukomposition der Geschichte Israels auf der Grundlage der mosaischen Gesetze. Dazu gehören die Treue zu Jahwe, der göttliche Bund mit Moses, der auf alle Könige aus dem Hause David übergeht, die Zentralisierung der Religion im Tempel zu Jerusalem und sämtliche Vorschriften für die auserwählte Gemeinschaft. Jedes geschichtliche Großereignis interpretierte der anonyme Redaktor im Hinblick auf Gott als oberste Institution und nach dem Muster von Untreue, Niederlage, Buße und Vergeltung der Israeliten. Die Datierung für das gigantische Unterfangen setzt der Wissenschaftler in die Regierungszeit Josias, des letzten Herrschers aus der Dynastie der Daviden, zwischen 639 und 609 vor Christus.

Die erste Ausgabe des Deuteronomium sollte nicht die letzte Version bleiben. Nach dem Untergang des Königreichs Juda entstand eine zweite Fassung der »D«-Quelle – sozusagen aus pessimistischer Sicht. Juda war entvölkert, Ex-König Jojachin, der Prophet Hesekiel, die einflussreiche Oberschicht sowie Schmiede, Schlosser und andere qualifizierte Fachkräfte lebten in babylonischer Gefangenschaft. Lediglich die »geringen Leute unter den Bürgern des Landes blieben zurück«, wie es im 2. Buch der Könige heißt. Von 597 bis 587 vor Christus wurden rund 4600 Menschen nach Mesopotamien zwangsumgesiedelt. Damit war der Traum des Volkes Israel vom »ewigen Königreich« ein für alle Mal geplatzt.

Im fernen Land am Euphrat erging es den Exilanten zwar nicht schlecht – zumindest besser als den Bewohnern in der alten Heimat. Die Verschleppten lebten in Babylon als »Halbfreie«, durften einen Ältestenrat wählen und ihre feierlichen Zeremonien ausüben. Auch bauten sie Häuser, hatten ihr Auskommen, manche gründeten sogar Familien und setzten Kinder in die Welt. Trotzdem waren die Israeliten stets Fremde in einer multikulturellen Stadt, in der Menschen aus aller Herren Länder zusammentrafen. Diese sprachen nicht nur eine andere Sprache, sie dienten vielen Göttern, pflegten andere Traditionen und dachten anders.

Die Gefahr, durch Anpassung die eigene Identität zu verlieren, war also stets gegenwärtig. Vorstellbar, dass die Priester mit allen Mitteln die eigene Kultur und Sprache hochhalten wollten. Sie besannen sich auf ihre alten Überlieferungen, deuteten sie neu und grenzten sich schärfer ab, um einer Überfremdung entgegenzuwirken. Allerdings haben Quellenkundler herausgefunden, dass einige Passagen im 5. Buch Moses mit assyrischen Überlieferungen übereinstimmen. Das bedeutet nichts anderes, als dass fremdes Kulturgut in das Werk mit eingeflossen ist. Über die Frage der Datierung hingegen herrscht in der Fachwelt Konsens: Die meisten Forscher glauben, die Schreiber erstellten die neue Variante im babylonischen Exil oder kurz danach. Dabei ergänzten sie die Schrift um Passagen, die den Untergang und die Vertreibung der Israeliten aus dem eigenen Land vorhersagen. Die Erklärung für das düstere Schicksal liefern die Autoren gleich mit: In ihrer Geschichte gab es zu viele Herrscher, die Dinge taten, die »Jahwe übel gefielen«. Die einzige Garantie zu überleben, so lassen sie durchblicken, liegt in der Einhaltung des

Bündnisses mit Gott. Ganz gleich, wo die Gemeinschaft lebt oder wer sie beherrscht, die Tradition der Israeliten darf nicht in Vergessenheit geraten.

Tatsächlich blickten die Menschen in eine ungewisse Zukunft. Ihr verheißenes Land war annektiert, die Weihestätten niedergerissen, der König entmachtet, die Israeliten zerstreut. Das Volk steckte in der Krise. Nach siebenunddreißig Jahren entlässt Nebukadnezar König Jojachin aus dem goldenen Käfig Babylon. Um 561 vor Christus soll der judäische Herrscher in die Heimat zurückgekehrt sein. Was ihn in Jerusalem erwartete oder was dann weiter geschah, darüber schweigen die Quellen weitgehend. Dennoch wird das Datum seiner Heimkehr mit der Zweitausgabe des Deuteronomium gleichgesetzt. Denn das Ereignis markiert einen weiteren entscheidenden Wendepunkt in der Historie des auserwählten Volkes Gottes. Es stand vor der schwierigen Aufgabe, sich als Volk neu zu behaupten. Das Geschichtswerk war dafür ein unerlässliches Hilfsmittel. Es bewies seine Existenz als nationale Einheit, bewahrte seine religiöse Identität und konnte an die Nachfahren weiter gegeben werden.

Die »P«-Quelle schließlich steht für die letzte Entwicklungsstufe der israelitischen Historie. Sie markiert die Phase der Restauration. Seit 587 vor Christus existiert das Volk Israel praktisch nur noch als Religionsgemeinschaft. Es gibt kein eigenständiges Staatengefüge mehr, viele Israeliten leben in der Diaspora, der Rest versteht sich als ethnische Minderheit im eigenen Land. Zwar kehren in den kommenden Jahrzehnten immer wieder Flüchtlinge in die einstige Heimat zurück. Doch über die genauen Zahlen herrscht Uneinigkeit. Ein Großteil soll eingetroffen sein, nachdem die Perser die Babylonier um

538 vor Christus besiegten und sich unter anderem auch Juda als Provinz einverleibten. Damals begann der Wiederaufbau mit einer starken Priesterschaft an der Spitze. Bereits 516 vor Christus weihen die Gläubigen einen neuen Tempel ein, führen ausschließlich dort ihre Zeremonien durch und halten sich auch sonst an die mosaischen Gesetze. Sie hoffen, so die Schuld ihrer Sünden abzutragen. Denn die Zerstörung ihres Reiches und die spätere Vertreibung sahen die Menschen noch immer als göttliche Strafe für ihr fehlerhaftes Verhalten. Erst um 458 vor Christus kehrte ein Priester namens Esra aus dem babylonischen Exil zurück. Er soll die Judäer in Jerusalem am Laubhüttenfest zusammengerufen und ihnen die Fünf Bücher Moses, die Thora, vorgelesen haben. Das Ereignis gilt unter Gelehrten als Erneuerung des Bündnisses zwischen Jahwe und »seinem Volk«.

Über die Datierung der priesterlichen Quelle debattiert die Wissenschaft seit über 170 Jahren. Die Schrift gehört zu den umfangreichsten Überlieferungen der Thora. Neben vielen Doubletten zu »J« und »E« präsentiert sie eine eigene Schöpfungsgeschichte im Buch Genesis und einen umfassenden Gesetzestext, der dreißig Kapitel im 2. und 4. Buch Moses ausmacht sowie das gesamte 3. Buch umfasst. Wenn auch in jüngerer Zeit versucht wurde, die priesterliche Schrift vor das babylonische Exil zu datieren, so dominiert doch noch immer die These der sogenannten Julius Wellhausen-Schule die einschlägige Literatur. Demnach kann das Skript nur in der Ära des Zweiten Tempels gefertigt worden sein. Die Beweisführung klingt logisch, akzeptiert man die beiden Grundvoraussetzungen. Erstens: Die Gesetzestexte der »P«-Schrift sind jünger als alle anderen, da sie sonst nirgends wieder auftauchen. Zweitens: Mit der in »P« über zweihundert Mal erwähnten »Stiftshütte« ist die geweihte Stätte gemeint. Die Bezeichnung ist als Symbol des Jahwe-Glaubens zu verstehen, denn dort thront Gott. An diesem zentralen Ort findet die Umsetzung des Glaubens statt, dort sind die Opfer darzubringen, dort erfahren die Menschen die göttliche Gnade für ihre Vergehen.

Nach Wellhausen setzt die »P«-Quelle den Tempel voraus, sie fordert nicht die Errichtung eines zentralen Heiligtums. Der Tempel existiert demnach bereits. Darüber hinaus hält er es für belegt, dass sich der Autor der jüngsten Quelle an Ideen von Hesekiel orientierte, die der Prophet im babylonischen Exil niederschrieb. Hesekiel hielt die levitischen Priester nicht mehr für würdig genug und forderte ihren Ausschluss. Als rechtmäßige Tempeldiener kamen für ihn nur aaronitische Priester in Frage. Sie seien die Nachfahren von Aaron, dem ersten Hohepriester der Israeliten. Die »P«-Erzählung entspricht dieser Haltung und den historischen Tatsachen. Denn nach der Rückkehr ins Heilige Land kamen die aaronitischen Priester an die Macht. Sie durften sogar die Todesstrafe verhängen. Die vielen Vorschriften in der »P«-Quelle sichern die Notwendigkeit ihres Amtes, die Rückbesinnung auf Aaron ist eine Legitimation ihrer unantastbaren Führerschaft. Für Wellhausen und seine Anhänger besteht kein Zweifel: Der Autor ist in diesem Umfeld zu suchen.

Vier Quellen, unterschiedliche Zeitfenster in die Vergangenheit der biblischen Welt – das Alte Testament ist Literatur in Patchwork. Die Tüftelarbeit der Forscher lieferte aber noch eine weitere bahnbrechende Erkenntnis: Es gab mindestens noch eine zusätzliche Person, die ihre

Finger im Spiel hatte. Ein oder mehrere Endredaktoren, die die Überlieferungen in die Hand nahmen, sie zerlegten und so kunstvoll miteinander verwoben, dass es Jahrhunderte dauerte, bis ihre Arbeitsspuren entdeckt wurden.

Der Code für den Namen des Endredaktors lautet »R«. In einer dramaturgischen Glanzleistung und mit großem Sachverstand schmiedete »R« aus den drei Quellen »J«, »E« und »P« eine schlüssige Sammlung aus Erzählungen, Sagen, Mysterien und Gesetzen. Nur das 5. Buch Moses ließ er unberührt. »R« fügte es lediglich als Schlusspunkt hinzu, ohne ein einziges Wort zu verändern. Mit der Zusammenstellung und dem redaktionellen Feinschliff schuf der anonyme Schreiber die heute gültige Thora, die Fünf Bücher Moses. Seine hebräische Endfassung bildet die Basis für unzählige Übersetzungen seit dem 2. Jahrhundert vor Christus bis in die Moderne und rund um den Globus. Seit über 2000 Jahren wird seine Version als Glaubenszeugnis des Volkes Israel in die ganze Welt getragen.

Vielleicht hieß der anonyme Redaktor Esra, wie der Theologe Richard Elliott Friedmann behauptet. Dieser Priester, der sich als direkter Nachfahre Aarons verstand, sei 458 vor Christus von Babylon wieder nach Jerusalem zurückgekehrt. Im Gepäck führte er zwei Dokumente mit. Eines davon soll die »Thora Moses« gewesen sein, das andere eine Befugnis des persischen Kaisers Artaxerxes, »das Gesetz Gottes, das unter deiner Hand ist« zu lehren und durchzusetzen. Vielleicht war sich Esra seiner verantwortungsvollen Aufgabe bewusst, sah die Schwierigkeiten der unterschiedlichen Interessenslager. Vielleicht entschied er sich deshalb, die vier Quellen so miteinander zu vereinen, dass sie ein schlüssiges Bild ergeben, ohne dabei eine Version auszuklammern. Schon möglich, dass die Endfassung des Pentateuch als Kompromiss an die unterschiedlichen Gruppierungen innerhalb der israelitisch-jüdäischen Gesellschaft zu werten ist. Fest steht jedenfalls: Keine der fünf Fassungen kann als historisches Dokument der frühen Phase Israels betrachtet werden.

Die schriftliche Fixierung erfolgte vielmehr aus der Erinnerung erlebter Ereignisse, aus Glaubensvorstellungen und vor dem Hintergrund der zeitgeschichtlichen und geographischen Umwelt. Zwischen der Niederschrift des Pentateuch und der Ära der Proto-Israeliten lagen viele Generationen – genug Zeit, um Vieles zu vergessen oder literarisch zu erhöhen. Als Innenschau einer Staatswerdung aber verheißt das Werk profunde Einblicke in die Gedankenwelt des Alten Vorderen Orients.

Die Götzen Ägyptens

Im Fokus der Wissenschaft dringt Licht in die wechselvolle Geschichte des Volkes Israel. Dennoch erhellen die wenigen, verlässlich historischen Passagen im Alten Testament nur etwa 365 Jahre – die Phase von 926 bis 561 vor Christus. Über die Zeit davor verweigert das Heilige Buch die Selbstauskunft weitgehend. Ohne die Zuhilfenahme außerbiblischer Quellen und die Arbeit von Archäologen blieben die Ereignisse in Ägypten und die daran beteiligten Personen wie eine Erzählung aus 1001 Nacht – märchenhaft verschleiert. Manche Wissenschaftler verweisen die Existenz der Erzväter, der Propheten Moses und Samuel sowie der Könige Saul, David und Salomon sogar ausnahmslos ins Reich der Phantasie. Unumstritten hingegen ist die Auffassung, dass die kometenhafte Karriere Jahwes, der sich im Lauf der Jahrhunderte erfolgreich gegen die zahlreichen Gottheiten der Großmächte Syrien, Mesopotamien und Ägypten behauptete, den roten Faden bestimmt. Wie gegenwärtig das mächtige Reich der Pharaonen in den Köpfen der hebräischen Stämme ist, beweist nicht zuletzt das furchterregende Szenario der Plagen.

Eine Theorie lautet daher: Der himmlische Angriff ist die Abrechnung Jahwes mit den mächtigen Wesenheiten des ägyptischen Pantheon. Anstelle der unsichtbaren Gegner steht symbolisch der Pharao. Als Jahwes Stellvertreter fungiert Moses, den der Pantokrator »zum Gott gesetzt hat für den Pharao« (Ex. 7, 1); eine hierarchische Gleichstellung, um dem ägyptischen Regenten auf Augenhöhe begegnen zu können. Dem Selbstverständnis nach war der Pharao mit seinem Amtseintritt der irdische Bruder des Horus und demnach ein Abkömmling der göttlichen Schöpferfamilie. Als solcher besaß er nicht nur übermenschliche Fähigkeiten, sondern auch dieselben Rechte wie seine Verwandten in der anderen Seinssphäre. Er allein übernahm die Rolle des Mittlers zwischen Diesseits und Jenseits. Alles, was geschah, erfolgte in seinem Namen und Auftrag, auch die Handlungen der Hohepriester und Magier. In der Bibel konnte der Herrscher namenlos bleiben, weil er lediglich die ägyptische Glaubensvorstellung versinnbildlichte. Und die war den Proto-Israeliten nicht nur über Jahrhunderte bekannt, einige von ihnen haben die Religion sogar übernommen, wie das Alte Testament zu berichten weiß. Noch Jahrzehnte nach der Überquerung des Jordans und der Landnahme Palästinas mahnt Josua seine Brüder: »Und tut die Götter weg, denen eure Väter jenseits des Stroms und in Ägypten gedient haben, und dient dem HERRN.« Die Ansprache von Moses' Nachfolger lässt deutlich durchblicken, dass der Allmächtige niemand anderen neben sich duldete. Mit starkem Kaliber ging er gegen seine Konkurrenten vom Nil vor. Jahwe hat mit Kanonen auf Spatzen geschossen, sagen einige Ägyptologen. Denn vom einfachen Fellachen bis hin zum Pharao tolerierte die Bevölkerung

Ägyptens jeden andersartigen Kult. Fremdvölker durften ihre eigenen Götter mit ins Land nehmen und dort verehren, manchmal gab es sogar gegenseitige Anpassungen. Der ägyptische Glaube erhob nicht den Anspruch, eine Weltreligion zu sein, anders als sich Jahwe sein Vermächtnis an die Menschheit vorstellte.

Das Reich der Pharaonen gilt als Musterbeispiel für Polytheismus im Alten Vorderen Orient. Sein Pantheon übertrifft sogar den noch älteren Götterhimmel von Mesopotamien, der Wiege der Zivilisation. Die Religion ist der Schlüssel zum Verständnis der ägyptischen Kultur. Um jede Gottheit rankt sich eine mythische Geschichte, sie ist geglaubte Wirklichkeit. Rund 1500 der jenseitigen Wesen sind mit Namen bekannt, ebenso viele könnten noch hinzukommen. Die bunt gemischte Truppe von Göttinnen und Göttern, die entweder in Tier- oder Menschengestalt, häufig auch als Mischwesen in Aktion traten, regelte maßgeblich den Alltag der Menschen damals. Für Leben und Tod, Fruchtbarkeit und Erotik, Schutz und Heil gab es mindestens einen zuständigen Vertreter aus der Riege der Überirdischen. Die meisten aber waren Meister im Multitasking, übernahmen mehrere Zuständigkeiten und veränderten ihren Charakter sowie ihre Namen je nach Bedarf. In der Spätzeit existierte sogar für jede Stunde ein eigener Gott.

Die meisten jenseitigen Wesen standen den Menschen wohlwollend gegenüber. Doch garantiert war ihre Gunst nie. Allein regelmäßige Zeremonien und angemessene Opfergaben konnten Ägyptens Götter gnädig stimmen. Ihr ambivalenter Charakter, der die gesamte Palette von Gut bis Böse wie selbstverständlich umfasste, machte sie unberechenbar. Je nach Region oder Herrscher wandelten sie Wesen oder Aufgaben, und selbst Außenseiter konnten plötzlich höchste Ehrung erfahren. Dabei war es durchaus üblich, dass zwei bis drei große Gottheiten miteinander verschmolzen, um weitere Qualitäten hinzuzugewinnen. Der unsichtbare Reichsgott Amun, ursprünglich Gott des Windes und des Odems, vereinte sich mit Re, dem Sonnengott, und dem falkenköpfigen Horus, dem göttlichen Sohn von Isis und Osiris, zu Amun-Re. In dieser Symbiose avancierte er Anfang des 3. Jahrtausends vor Christus zum obersten Richter und Gebieter der Weltordnung. Der starke Gegner und sein riesiges Gefolge in Gestalt des ägyptischen Herrschers und seiner Untertanen gerieten schließlich ins Visier des plötzlich auftauchenden Wüstengottes Jahwe. Es brauchte nur einen irdischen Anlass, den himmlischen Kriegsschauplatz zu eröffnen. Und der war mit der Knechtschaft der Hebräer durch die ägyptischen Fronvögte schnell gefunden.

Die revolutionäre Idee von einem alleinigen Gott entspringt nicht erst den Köpfen der Proto-Israeliten. Es war ein Pharao, der als erster nur noch einem einzigen Gott huldigte. Er gilt als der eigentliche Schöpfer des Monotheismus. Pharao Amenophis IV., besser bekannt als Echnaton, der charismatische Gatte der schönen Nofretete. Er regierte von 1364 bis 1347 vor Christus. Echnaton und seine Familie beteten ausschließlich den Sonnengott Aton an. Ihn setzte der Regent an die Stelle der gesamten ägyptischen Götterwelt. Im berühmten Sonnenhymnus singt er sogar ein Loblied auf die Schöpfungskraft der Sonne. Er soll, so einige Gelehrte, Psalm 104 in der Bibel als Vorbild gedient haben.

Auf dem rechten Nilufer in Mittelägypten gründete Echnaton die neue Hauptstadt Amarna, den Lichtort des

Aton, und ließ alle anderen Götternamen ausmeißeln. Die Priester sprachen sich vehement gegen die neue Glaubensrichtung aus und beschimpften sie als Ketzerei. Nach Echnatons Tod fand die Bevölkerung rasch wieder zum Polytheismus zurück. Die Anhänger des Pharao wurden verfolgt, alle Erinnerungen an ihn so umfassend wie möglich getilgt. Eine These besagt, Moses gehörte zum Umkreis der Gläubigen. Er floh vor dem Zugriff der Häscher zu den Midianitern, wo er sich als Schafhirte versteckte. Jahre später sei er in seiner Heimat aufgetaucht, habe den verbotenen Glauben verkündet und die Israeliten zum Auszug bewogen. Selbst wenn Moses den Namen »Aton« durch »Jahwe« ersetzte – von seiner Existenz hörte er zum ersten Mal in Midian – erklärt die Theorie aber nicht, warum keine einzige ägyptische Schrift den unerschrockenen Rebellen und seine Taten erwähnt.

Eine anonyme Sonnenscheibe anzubeten, entsprach nicht den Vorstellungen der Menschen im Pharaonenreich. Sie brauchten lebendig wirkende Götter mit individuellen Charaktereigenschaften und einer spannenden Entstehungslegende. Überhaupt bestimmte das mythische Denken jeden Lebensbereich der ägyptischen Bevölkerung. Im Entwickeln der sagenumwobenen Geschichten zeigten die Schreiber der frühen Herrscher ihre wahre Meisterschaft. Seit dem 3. Jahrtausend vor Christus entstand eine Fülle an Mythen. Sie bilden die Basis aller religiösen Texte, die jemals verfasst wurden. Dies trifft im Besonderen für die literarischen Hinterlassenschaften aus Palästina zu, die als frühe Quellen in die Erzählungen des Alten Testaments einflossen. Die Großmacht Ägypten war nicht nur ein enger Nachbar des Reiches, sondern beherrschte das Gebiet über viele Jahrhunderte.

Das Werden der Welt stellten sich die Ägypter unterschiedlich vor. Der Nil als Lebensader des Landes stand dabei stets im Mittelpunkt der jeweiligen Idee. Sie gründet in der uralten Erkenntnis des Menschen, dass Pflanzen, Mensch und Tier ohne Süßwasser nicht existieren können. Deshalb beeinflussten sprudelnde Quellen oder der Lauf eines Flusses seit jeher die Wahl umherziehender Nomaden, an einem bestimmten Platz eine Siedlung zu gründen. Dies gilt auch für Ägypten. Jeden Frühling trat der Nil über die Ufer und überschwemmte das gesamte Delta. Die einzigartige Naturschau läutete zugleich den Beginn des neuen Jahreszyklus ein und regelte den Kalender der Einheimischen für Aussaat, Bewässerungsmaßnahmen und Ernte. Der Beobachtung, wie das abfließende Wasser allmählich das Land wieder freigab, entsprang der Mythos vom Urozean. Aus ihm tauchte der Urhügel auf, vom Windgott Amun aus feinen Sandkörnern geformt. Das Gebilde barg den Sonnengott Re, der daraus hervorkroch und im Anschluss die Elemente des Lebens schuf. Dabei prägten drei große Legenden das Bild von der Schöpfung der Erde. Sie waren mit den wichtigen Kultzentren Ägyptens eng verbunden. In der Lehre von Heliopolis, dem ältesten Mythos, stand der selbst erstandene Sonnengott Atum, am Anfang der Dinge. Er brachte Schu, den Gott der Luft, und Tefnut, die Göttin der Feuchtigkeit, hervor. Das Paar gebar Geb, die Erde, und Nut, den Himmel. Die Geschwister wiederum zeugten vier Kinder: Isis und Osiris, Seth und Nephtys, die das fruchtbare Nildelta und die angrenzende Wüste repräsentierten. Als »Neunheit« bildeten die überirdischen Wesen einen geschlossenen Machtkreis, der über die Menschheit herrschte. Anders der Mythos von Hermopolis, der acht Urgötter kannte. Jeweils ein Paar symbolisierte ein Element des Entstehungsaktes: Wasser, Himmel, Finsternis und Luft. Gemeinsam galten sie als Eltern des Sonnengottes Re, der als Lichtquelle die Schöpfung durchführte. Die Theologie von Memphis propagierte Ptah, den Beschützer der Handwerker und Baumeister, als Weltenschöpfer. Er zeugte nicht nur sich selbst, sondern auch seinen Sohn Atum sowie alle anderen Mitglieder des Pantheon. Ptah gelang jedoch etwas völlig Neues: Er schuf den blauen Planeten – mit allem, was dazu gehört – allein durch die Kraft seines Wortes: »Sein Herz entwickelte die Gedanken, seine Zunge sprach sie aus. So entstand die Welt. Ptah schuf Kultstätten für die einzelnen Gottheiten, entwickelte ein allgemein gültiges moralisches Wertesystem und gliederte Ägypten in Bezirke. So schuf er eine politische Ordnung, die über Generationen Bestand hatte.«

Vor nichts fürchteten sich die Ägypter mehr als vor Izfet, dem heillosen Chaos. Hielt Izfet Einzug, so war das Reich dem Untergang geweiht. Allein Ma'at, die positive Weltordnung, sorgte für die notwendige Balance des Daseins in Frieden und Wohlstand. Ein Sorglospaket sowohl für das Leben vor dem Tod als auch danach. Ma'at verkörperte den geordneten Lauf der Gestirne, sicherte die jährliche Nilüberschwemmung und damit eine üppige Ernte. Und sie stand für Recht und Wahrheit unter den Menschen. Ma'at bildete demnach die existenzielle Basis der Bewohner Ägyptens. Selbst vor dem Eintritt ins Totenreich übernimmt die Gottheit eine Schlüsselrolle. Sie wägt die Seele des Verstorbenen und entscheidet, ob sie rein genug ist, um in die Anderswelt aufzusteigen. Die Aufrechterhaltung von Ma'at stand folgerichtig ganz oben auf der Prioritätenliste eines Pharao. Als »Jahwe« die Plagen ins Land schickte, mussten die Ägypter dies als ernst zu nehmenden Angriff auf ihre Weltordnung ansehen. Alte Prophetien hatten das Volk immer wieder gewarnt, was passiert, wenn ein König versagt und Ma'at bedroht ist. Der Fall schien eingetreten zu sein, als unbeschreibliche Naturkatastrophen das Land erschütterten.

Berühmt sind die düsteren Vorhersagen, die der ägyptische Chronist Ipuwer um 1674 vor Christus aufschrieb. Unter der Bezeichnung »Papyrus Leiden 334« hütet das Reichsmuseum van Oudheden im niederländischen Leiden eine Abschrift des kostbaren Dokuments. Ipuwer, über den sonst nicht viel bekannt ist, beklagt den Zerfall des einst blühenden Mittleren Reiches: »Fremdländische Bogenschützen sind nach Ägypten gekommen. Siehe, einige wenige, die die Tradition ignorieren, beraubten das Land des Königtums.« Seit den Eroberungszügen der Hyksos Mitte des 17. Jahrhunderts vor Christus litt das Volk unter der zunehmenden Fremdherrschaft. Die Eindringlinge, die vermutlich aus dem Alten Vorderen Orient aufbrachen, eroberten den gesamten Norden Ägyptens, besetzten die Stadt Auaris und kontrollierten schon bald ein riesiges Gebiet einschließlich der alten Reichshauptstadt Memphis. Über hundert Jahre war das Land am Nil in zwei Staaten gespalten. Im fruchtbaren Unterägypten mit direktem Zugang zum Mittelmeer regierten die Hyksos-Könige, Oberägypten mit Theben als Zentrum unterstand weiterhin dem Pharao. Doch anders als vielleicht erwartet, lebten die beiden Reiche lange Zeit weitgehend in Frieden miteinander, tauschten Güter aus und tolerierten die unterschiedlichen Kulte. Erst ab 1556 vor

Christus erhoben sich die Herrscher Oberägyptens und wehrten sich gegen die Fremdländer, zunächst mehr oder weniger erfolglos. Schließlich gelang es Ahmose I. um 1532 vor Christus, die Hyksos nach Palästina zurückzudrängen und dort niederzuschlagen.

Gott gegen Götter – Duell am Nil

Ipuwer beweinte aber nicht nur die politische Situation, sondern beschrieb ebenso eine Reihe von Plagen, die der gefürchtete Gott Raschef den Untertanen aufbürdete: »Hapi, der Gott der Nilüberschwemmung, brachte zwar die Überschwemmung herauf, aber niemand pflügt für ihn ... Der Fluss wurde in Blut verwandelt. Wenn die Menschen aus ihm trinken, dann schwinden sie dahin. Pest geht durch das Land. Wahrlich, Tore, Säulen und Wände sind verbrannt ... und Oberägypten ist zur leeren Wüste geworden. Wahrlich der Menschen sind wenig, und der seinen Bruder in die Erde bringt, ist allgegenwärtig. Wahrlich, Wüste ist durch die Welt hin ausgebreitet, die Gaue sind zerstört.«

Die inhaltliche Übereinstimmung zwischen den Schilderungen Ipuwers und den Beschreibungen im Buch Exodus kennt die Wissenschaft schon lange. Einige Forscher halten die ägyptische Variante für das literarische Vorbild der biblischen Fassung. Für einige Theologen ist der Papyrus gar der eindeutige Beweis für die Richtigkeit der biblischen Darstellung. Die Schreiber der Quelle »J« könnten die Klagen des Ipuwer durchaus gekannt haben. Sie waren damals so etwas wie ein »Bestseller«, der auch über die Grenzen des Reiches Menschen in Bann zog. Angeblich war Ipuwer Augenzeuge der Naturkatastrophen, die seine Heimat ins Chaos stürzten. Beweise dafür gibt es nicht. Er könnte die Geschichte ebenso auch »abgekupfert« haben. Vor ihm beschrieb schon ein gewisser Neferti ähnliche Vorkommnisse, die Ägypten Anfang des 2. Jahrtausends angeblich aufrüttelten. Ob die Natur verrückt spielte oder ob die Autoren eine Strafmaßnahme ihrer ägyptischen Gottheiten beschreiben wollten, darüber gibt es zahlreiche Abhandlungen. Vor allem Paläo-Klimatologen in Zusammenarbeit mit Geologen und Archäologen haben es sich auf die Fahne geschrieben, naturwissenschaftliche Erklärungen zu finden. Die Verfasser der »J«-Quelle jedenfalls münzten die Geschichte um in einen Kampf zwischen Jahwe und dem gottgleichen Pharao. So zumindest deuten viele Religionsgelehrte das Jahrtausendereignis.

Die erste Plage »Wasser wird zu Blut« versinnbildlicht demzufolge den Angriff auf Gott Hapi, den Schutzherrn der Nilüberschwemmung. Auf Darstellungen erscheint er als fülliger Mann mit Bart und üppigen, herabhängenden Brüsten. Jedes Frühjahr brachte er eine Flut hervor und bescherte den umliegenden Äckern ausreichend Wasser. Zog sich die Überschwemmung allmählich zurück, hinterließ sie fruchtbare Erde. Weizen, Obst, Gemüse und Baumwolle wuchsen und gediehen entlang der Ufer – Jahr für Jahr. Darüber hinaus spendete der Strom das kostbare Nass für das ausgeklügelte Bewässerungssystem der Bauern. In blumigen Worten preist der berühmte Nilhymnus die Lebensader des Landes, die das Pharaonenreich über 1550 Kilometer durchquert: »Fließe Hapi!

Man opfert dir, man schlachtet die Rinder, und bringt dir große Opfer dar…« Die Menschen wussten, was der schillernde Fluss für ihr Überleben bedeutete. Blieben die Nilflut und die üppige Ernte jedoch aus, so war der ewige Kreislauf der Natur empfindlich gestört. Chaos drohte, sich breit zu machen. Für den gottgleichen Herrscher nicht nur der ökologische Supergau, sondern vor allem eine existenzielle Bedrohung seiner Autorität als irdischer Hüter von Ma'at, der Weltordnung, und als Garant für den Wohlstand der Untertanen.

Als äußeres Zeichen seiner herausragenden Stellung im Staat trägt der Pharao – neben Krone mit Uräusschlange und Geißel – den königlichen Krummstab. Das ehrwürdige Attribut, das auch zum Ornat einiger bedeutsamer Gottheiten gehört, wurzelt in der Zeit der Viehzüchter-Nomaden. Mit einem Stock wurden die Herden angetrieben oder das Weglaufen der Tiere verhindert. Dem ägyptischen Glauben nach verliehen die Götter den Hirtenstab dem Regenten bei seiner Thronbesteigung. Damit erhoben sie ihn zum allmächtigen Beschützer seines Volkes. Das Herrschaftssymbol durfte bei keinem offiziellen Auftritt fehlen, auch nicht bei den Begegnungen mit Moses. Der Prophet Gottes führte ebenfalls einen Hirtenstab mit sich. Seit der Übergabe durch Jahwe am brennenden Dornbusch zieht sich das wundersame Gerät wie ein roter Faden durch die biblische Geschichte. Moses vollbringt damit ein Wunder nach dem anderen. Die Magier des Pharao übertrifft er im Schlangenzauber, sein Reptil tötet sogar die heiligen Tiere der Ägypter. Neun von zehn Plagen löste der Hebräer mit dem Stab in ausgestreckter Hand aus. In höchster Not teilte er so das Meer, um das auserwählte Volk vor den aufziehenden Verfolgern zu retten. Und schließlich fertigte Moses mitten in der Wüste eine eherne Schlange, die er auf seinen geheimnisvollen Stock steckte. Zuvor hatte Jahwe den murrenden Israeliten Tausende von giftigen Schlangen geschickt, viele wurden verletzt oder starben. Jeder Verwundete aber, der diesen Schlangenstab anschaute, blieb am Leben. Schlange und Stab in Verbindung miteinander entwickeln demnach Heilkräfte, die Jahwe als »Arzt Israels« (Ex. 15, 26) aktiviert. Im Äskulap-Stab der Mediziner hat das uralte Symbol bis heute überdauert. Ein Schlangenstab stand auch einst im Tempel von Jerusalem, vermutlich als Erinnerung an jenes dramatische Ereignis. Die Israeliten brachten dem Kultgegenstand sogar Weihrauchopfer dar, bis König Hiskia (728–697 vor Christus) ihn zerstören ließ. Er hielt die Anbetungen für Götzendienst. 1972 entdeckte der renommierte Archäologe Beno Rothenberg im alten Minenzentrum Timna eine kupferne Schlange mit vergoldetem Kopf. Das zwölf Zentimeter lange Objekt lag in der Nische eines verfallenen ägyptischen Tempels, den israelitische Nomaden später als Zeltheiligtum nutzten.

Der Fund der »ehernen Schlange« gilt einigen Forschern als Indiz für den geschichtlichen Hintergrund der Bibelerzählung. Historisch daran ist sicher, dass die Schlange sowohl in der ägyptischen Religion als auch im Jahwe-Kult eine bedeutsame Rolle einnahm. Das Kriechtier mit dem ambivalenten Wesen galt den Pharaonen einerseits als Zeichen für Erneuerung und ewiges Leben, andererseits aber auch für Zerstörung und dunkle Mächte. Seit dem 2. Jahrtausend vor Christus wurden besonders weibliche Gottheiten mit dem Reptil in Verbindung gebracht. Als Attribut des Pharao verwies die Uräusschlange nicht nur auf seine Unsterblichkeit, sondern auch auf die magischen Fähigkeiten der Regenten. Eine Begabung, auf die sich sonst nur noch die weisen Männer des Landes verstanden. Sie waren in der Lage, die unheimlichen Kräfte der Schlange ins Gute zu wenden, die giftigen Bisse zu heilen und die Tiere zu beherrschen. Ihnen gelang auch die Verwandlung von Stöcken in Schlangen – zumindest mit einer bestimmten Kobra-Art, wie Wissenschaftler herausfanden. Bei der Berührung an einer bestimmten Stelle am Hals verfallen die Tiere in einen Starrezustand, der nach einiger Zeit wieder nachlässt. Wegen des Schlangenzaubers wurde immer wieder vermutet, Moses sei selbst ein Magier gewesen. Die geheimnisvolle Kunst könnte er bei seinem Schwiegervater in Midian erlernt haben. Jethro war Priester der dort lebenden Nomaden und machte den Flüchtling aus Ägypten mit dem Brauch der »ehernen Schlange« vertraut. Dort erfuhr Moses auch von einem neuen Gott namens »Jahwe«, den die Midianiter verehrten. In der Bibelerzählung stehen sich Pharao und Moses gegenüber, beide mit den höchsten Insignien der Macht ausgestattet. Die Überlegenheit des Mannes, der sich anschickte, die Israeliten zu befreien, muss an den Grundfesten der pharaonischen Allmacht gerüttelt haben. Um nicht den Respekt seiner Untertanen zu verlieren, konnte der Regent dem Gegner nur mit entschiedener Härte beziehungsweise »mit verstocktem Herz« entgegentreten. Doch die Selbstsicherheit des Königs schwand zunehmend, je härter die Katastrophen ausfielen.

Auch mit der Froschplage greift Jahwe eine der wichtigsten Gottheiten an. Gemeint ist Heket, die Gefährtin des Schöpfers Chnum und Tochter des Re. Meistens wurde sie als Frau mit Froschkopf dargestellt. Dem ägyptischen Glauben nach hauchte sie ungeborenen Kindern kurz vor der Geburt den Odem des Lebens ein und half bei der Entbindung. Sie war demnach so etwas wie eine göttliche Hebamme. In ihren Zuständigkeitsbereich fiel auch die Kontrolle über die Frösche, damit diese sich nicht übermäßig vermehrten. Zu Hekets mobiler Einsatztruppe zählten die Nilkrokodile. Die weltweit berühmten Wirbeltiere waren ihrem Schutz unterstellt und sorgten mit regelmäßigen Froschmahlzeiten für die notwendige Balance in der Natur.

Die nächste Katastrophe brachte Milliarden von Stechmücken hervor, geboren aus dem Staub der Erde. Wie ein dicker Teppich legten sich die Insekten über das weite Land. Einen Gott der Stechmücken kennen die Ägypter nicht. Dennoch glauben renommierte Bibelforscher, der geflügelte Chepre komme als Opfer der Attacke in Betracht. Symbolisch steht er für den täglichen Sonnenaufgang, in Dreigestalt mit Harachte und Re sogar für die Auferstehung des Menschen. Als Attribut führt Chepre stets den heiligen Skarabäus mit sich. Der Käfer verweist auf einen Wesenszug, der ihn mit dem mythischen Wesen verbindet. Chepre bedeutet so viel wie »der von selbst entstand«. Auch dem Skarabäus wird nachgesagt, dass seine Jungen ohne Zeugungsakt entstehen. Doch da die einzige Verbindung zwischen Chepre und den biblischen Mücken in ihrer Fähigkeit der Selbsterschaffung besteht, bringen Gelehrte auch immer wieder andere ägyptische Urgottheiten ins Spiel. Wahrscheinlicher ist der bedeutende Erdgott Geb, Gemahl der Himmelsgöttin Nut, Vater von Isis, Osiris und Seth. Er schenkte den Menschen Bodenschätze, bewirkte Erdbeben und ließ Getreide und Pflanzen wachsen. Er gehörte zum Clan der Fruchtbarkeitsgötter, die sich ausnahmslos großer Beliebtheit erfreuten. Der Legende nach war der Pharao der »Erbe des Geb« und erhielt damit das Recht, auf dem »Thron des Geb« zu sitzen. Die Verwüstung seines Territoriums durch die Mückenplage könnte Ziel des göttlichen Plans gewesen sein.

Wenn für die Stechfliegenschwärme überhaupt eine bestimmte Gottheit in Frage kommt, dann kann eigentlich nur wieder der Erdgott gemeint sein. Allerdings ändert sich mit der vierten Plage die Lage der ägyptischen Götter. Jahwe liefert den sichtbaren Beweis seiner Überlegenheit: Er verschont die Israeliten vor dem Ungeziefer. Allein die einheimische Bevölkerung mit Ausnahme des Pharao muss unter der Peinigung leiden. Auch fortan bleibt das Volk Israel, das in der Provinz Goschen im östlichen Nildelta lebt, von allen weiteren Katastrophen ausgenommen. Damit ist aus theologischer Sicht ein deutliches Zeichen gesetzt: Diejenigen, die sich dem neuen Gott anschließen, sind von allen Übeln befreit. Sie unterstehen seinem persönlichen Schutz. Jahwes Coup bleibt nicht ohne Folgen: Im Unterschied zu den drei vorherigen Attacken unterlassen es die Magier des Pharao zukünftig, ihr Können mit gleichen Zaubereien unter Beweis zu stellen. Sie haben aufgegeben.

Einer der prominentesten Kulte im Alten Ägypten widmete sich dem Apis-Stier. Seine Hauptweihestätte stand in der einstigen Hauptstadt Memphis. Ursprünglich verehrten die Menschen das heilige Tier wegen seiner Zeugungskraft. Doch wie in Ägypten üblich, besaß er mehrere Funktionen, die vor allem auf sein Fruchtbarkeitspozenzial anspielen. »Als »herrliche Seele« war er mit Schöpfergott Ptah verbunden, später kam Sonnengott Re hinzu. In der Vereinigung mit Osiris erhielt er zusätzlich einen festen Platz im Kreis der Totengötter. In der Kombination Ptah (Schöpfung), Re (Leben) und Osiris (Tod) spiegelte der Apis-Stier die drei wichtigsten Aspekte der ägyptischen Glaubenswelt. Sie stehen für das zyklische Werden und Vergehen der Natur, garantieren also den ewigen Kreislauf des Lebens. Ihn durchbrechen zu können, das beweist Jahwe mit der Viehpest, die er den Bewohnern des Nillandes schickt. Darum reagiert er in der biblischen Geschichte zornig, als die Israeliten am Berg Sinai ein Stierbild aufstellen. Gott erkennt im »Goldenen Kalb« (Ex. 32, 1–35) sofort den ägyptischen Kult, gegen den er in der fünften Plage zu Felde gezogen ist.

Aber was wäre der heilige Stier ohne seine Nährmutter, die Kuh. Als Gebärerin des Apis genoss das Tier ebenfalls höchste Verehrung. Ihr mythischer Wohnort lag im Himmel. Von dort aus beschützte die »Herrin der Herden« Viehzucht und Milchproduktion im Reich der Pharaonen. Fernerhin begleitete das Symboltier der Göttinnen Hathor und Isis die Toten ein Stück auf ihrer Reise ins Jenseits. Mit der Viehpest traf Jahwe demnach einen empfindlichen Nerv der Ägypter.

Ebenfalls auf ein ägyptisches Ritual verweisen die Geschwüre an Mensch und Tier, die in Blasen aufbrechen. Die Blattern lässt Gott aus ein paar Händen voll Ofenruß entstehen. Das Motiv kennt die Forschung aus alten Papyri. Bei bestimmten Zeremonien warfen die Magier des Pharao Asche in die Luft, um die Wirkung ihres Zaubers zu verstärken. Für die Verbreitung und Heilung von Seuchen zeichnete die Gemahlin von Ptah, die furchterregende Sachmet, verantwortlich. Ein Beiname der löwenköpfigen Göttin lautete »Die Herrin des Zitterns«, denn sie konnte ebenso einen Krieg heraufbeschwören. Ihre Priester gehörten zur ältesten medizinischen Gemeinschaft und genossen entsprechend hohes Ansehen. In Karnak unweit von Luxor schmücken allein 700 Statuen der Sachmet ihren Tempel. Jeden Tag eilten die Gläubigen dorthin, um davor zu beten. Im »Mythos von der Vernichtung der Menschheit« wird erzählt, wie Sachmet als Auge des Sonnengottes Re diejenigen bestraft, die sich gegen ihn auflehnen. Sie tötet so viele Menschen, dass Re zu einer List greift, um das Raubtier aufzuhalten. Er macht sie mit rot gefärbtem Bier betrunken, das Sachmet für Blut hält und gierig schlürft. Eine Seuche als flächendeckende Vernichtungswaffe könnte sich aber auch gegen Amun gerichtet haben. Der Staatsgott mit Sitz in Theben war nicht nur Heiler, sondern vor allem König der Götter. Dargestellt mit der Federkrone galt er als Verursacher von Geist und Seele, als überirdischer Herrscher über Unter- und Oberägypten. Der biblische Prophet Jeremia (Jer. 46, 25) sagte voraus, dass der Gott Israel Amun eines Tages vernichten werde. Kein Zweifel: Jahwes Strafgericht rüttelt an den Grundfesten der ägyptischen Existenz, es trifft Mensch und Tier gleichermaßen. Aus dieser Sicht verwundert es wenig, wenn mit dem wachsenden Erfolg seiner Maßnahmen das Herz des Pharao »schwer« wird. Das ist eigentlich gemeint, wenn es in der deutschen Übersetzung heißt »sein Herz wurde verstockt«. Die sechste Plage trifft den ägyptischen Regenten nicht nur, weil er verzweifelt um den Verlust seiner Autorität kämpfen muss und deshalb sein Herz verstockt, sondern viel schlimmer: Jahwe macht ihm das Herz schwer. Damit ist das sorgenlose Leben des Pharao im Jenseits aufs Höchste gefährdet. Nach seinem Tod wiegt Ma'at, die Göttin der kosmischen Ordnung, die Seele des Verstorbenen. Ist sie leicht genug, steigt der Herrscher in die Ewigkeit auf. Stimmt das Gewicht nicht, so bleibt ihm das Privileg verwehrt. Stattdessen wird ein unvergänglicher Fluch auf dem König und dem Reich am Nil lasten – im Glauben der Ägypter ein Desaster.

Die ältesten Gottheiten der Menschheit waren Naturgötter. In allen Kulturen der Frühzeit rund um den Globus erfüllten sie dieselbe Aufgabe: Sie herrschten über die vier Elemente Wasser, Luft, Erde und Feuer. Darüber hinaus oblag ihnen die Kontrolle des Wetters. Das Wohl und Weh des menschlichen Daseins, so das Selbstverständnis damals, hing von der Gunst der Urmächte ab. Die unbeherrschbaren Kräfte gnädig zu stimmen, gehörte auch zu den vorrangigen Aufgaben der Bevölkerung im Nilland. Vor Donner, Hagel, Feuer, Blitz und Regen, die Jahwe in der siebten Plage gleichzeitig vom Himmel niederstürzen lässt, fürchtete sich das ganze Volk. Das Aufreißen des Firmaments deuteten die Ägypter als entfesselten Zorn ihrer Götter. Dem Chaos Izfet schien Tür und Tor geöffnet. Aus biblischer Sicht hingegen war das Unwetter eine Offenbarung Jahwes in seiner ursprünglichen Funktion als Naturgott. Dergestalt könnte sich sein Zorn gegen den Wettergott Baal beziehungsweise Baal-Haddad (kurz: Adad) gerichtet haben, der seit dem 18. Jahrhundert vor Christus auch im Nildelta angebetet wurde. Die eigentliche Heimat der schwer fassbaren Gestalt aber liegt in Nordsyrien, wo er zu den mächtigsten Vertretern der Götterriege zählte. Keilschriften beschreiben den himmlischen Herrscher als dynamisch und kampfstark, der nicht nur Fruchtbarkeit spendete, sondern auch Donner, Regen und Blitze verursachte. Zeigten sich Gewitterwolken am

Firmament, so sprachen die Menschen von »Adads Kälbern«. Ins Reich der Pharaonen gelangte der Baalkult mit dem Eindringen der Hyksos Mitte des 17. Jahrhunderts vor Christus. Im Lauf der Zeit jedoch verschmolz Baal mit dem einheimischen Wüstengott Seth, dem ein zweifelhafter Charakter nachgesagt wird. Als Baal-Seth stand das Wesen eine Zeit lang für die Bekämpfung der Chaosmächte. Doch obwohl Baal eng an Seth gebunden war, konnte er sich nicht als eigenständige Persönlichkeit durchsetzen. Er geriet allmählich in Vergessenheit. Wem Jahwes Angriff auch gegolten haben mag, fest steht: Um die Unwetter-Plage so rasch wie möglich abzuwenden, mussten den Vertretern des Pantheon großzügige Opfer dargebracht werden. Dazu sah sich der Pharao, der den verheerenden Gewalten ebenfalls ausgesetzt war, außerstande. Er bat Moses nicht nur um Hilfe, er bezichtigte sich sogar selbst als Schuldigen am Unheil. Mit anderen Worten: Der Herrscher und damit das gesamte Pantheon standen kurz vor der Kapitulation. Im Himmel über Ägypten kündigte sich ein Machtwechsel an.

Die Heuschrecken kamen mit dem Ostwind und fraßen alles, was im Land wuchs. Auf Geheiß Jahwes zog schließlich ein Westwind auf, der die toten Insekten ins Schilfmeer trieb. Dem ägyptischen Volk wurde jede Lebensgrundlage entzogen – zurück blieben Ödland und Leere. Eine spezifische Gottheit lässt sich auch für die achte Plage nicht ausfindig machen. Aber zu diesem Zeitpunkt, so die mythologische Interpretation, war nahezu die gesamte Götterwelt ein Spielball in den Händen des neuen Gottes Israels. Keiner der ägyptischen Urmächte konnte den rasenden Rächer bremsen. Das Ende stand unmittelbar bevor. Eingeläutet wurde es mit einer drei

Tage langen Finsternis, die so dicht war, dass man sie greifen konnte, wie die Bibel schreibt. In den Augen der Ägypter ein Schlag, der ihre oberste Instanz außer Gefecht setzte – den allmächtigen Sonnengott Re, den Schöpfer allen Seins und Richter über die Weltordnung. Die Sonnenscheibe galt als sein verkörperter Leib. Konnte das golden strahlende Zentralgestirn nicht mehr scheinen, blieb die Erde kalt. Jegliches Leben würde erlöschen. Der blaue Planet wäre dem Untergang geweiht und müsste dem damaligen Glauben nach von Neuem erschaffen werden.

Die Leben spendende Sonne verehrten die Bewohner des Nillandes seit dem 3. Jahrtausend vor Christus. Das Hauptheiligtum errichteten die Herrscher im unterägyptischen Heliopolis. Dort schuf sich Re aus dem Urhügel und gründete das ägyptische Pantheon, dort tagte über viele Jahrhunderte das Göttergericht. Auch den Bibelautoren war das Kultzentrum, das an der großen Karawanenstraße auf dem Weg in den Sinai lag, wohl bekannt. Sie nannten die Stadt On (Gen. 41, 45; Gen. 46, 20; Jer. 43, 13; Jes. 19, 18). In der griechischen Version des Alten Testaments sollen die Israeliten während ihres Aufenthalts in Ägypten nicht nur in Pithom und Ramses, sondern auch in On gearbeitet haben. Von Heliopolis aus begann der Siegeszug der Sonnenverehrung, der sich über Memphis und Theben bis in die südlichsten Gaue des Reiches ausbreitete. Die legendäre Cheops-Pyramide auf dem Plateau von Gizeh mit der löwenköpfigen Sphinx in unmittelbarer Nähe oder der prächtige Amun-Re-Tempel von Karnak sind beredtes Zeugnis des tiefen Glaubens. Als Amun-Re fungierte der Sonnengott später auch als himmlisches Staatsoberhaupt und »Vater der Könige«.

Das Zentrum der jenseitigen und diesseitigen Macht war mit der einbrechenden Finsternis bis ins Mark getroffen. Die Androhung, Moses zu töten, war das letzte Aufbegehren des Pharao. Im Unterschied zu ihm war es Moses bislang immer geglückt, die Gnade seines Gottes zu erwirken und die Invasion der Plagen zu stoppen. Damit besaß der Sohn einer hebräischen Sklavin mehr Autorität als der Herrscher selbst.

Das Töten der Erstgeburt von Mensch und Vieh kann der Vollstrecker Jahwes offensichtlich nicht aufhalten. Etwa neun Monate nach Beginn der ersten Plage beschließt Gott, dem Tauziehen ein Ende zu setzen. In der zehnten Plage wird erzählt, dass er um Mitternacht jeden ersten Sohn der Ägypter und die erstgeborenen Tiere ihrer Herden den Atem des Lebens aushauchen lässt. Wie in vielen Kulturen übernahm der Erstgeborene sowohl bei den Ägyptern als auch bei den Israeliten eine herausragende Rolle. Er empfing das Familienerbe, gab es weiter an seine Kinder und sicherte so den Fortbestand des Clans. Eine uralte Tradition, die in den unterschiedlichen Gesellschaftsschichten nach demselben Prinzip funktionierte. Die biblische Geschichte von den Erzvätern berichtet nichts anderes als vom Brauch der Erbfolge über den männlichen Stammhalter. Aus ihren Nachkommen gingen später die zwölf Stämme Israels hervor, die ins gelobte Land zogen. Für Jahwe war das »auserwählte Volk« sein »erstgeborener Sohn« (Ex. 4, 22). Aus ihm sollte ein riesiges Reich mit zahlreichen Gläubigen hervorgehen, die Jahwes Religion bis in den letzten Winkel der damals bekannten Welt verkündeten. Mit der symbolischen Tat bestrafte er einerseits die Unterdrückung der Israeliten durch den Pharao. Andererseits erhob er sich zum Richter über Leben und Tod und zerstörte die Lebenslinie des ägyptischen Volkes.

Wegen der Äußerung »aber gegen Israel soll nicht ein Hund mucken, weder gegen Mensch noch Vieh« (Ex. 11, 7) brachte die Forschung den schakalköpfigen Anubis, den Gott der Totenriten, mit dem Ereignis in Verbindung. Das hundeartige Wesen war einer der Söhne von Re und Bruder der Ma'at. Andere Gelehrte wiederum schlagen Osiris vor. Der berühmte Gott des Jenseits, der Toten und der Wiedergeburt kam als Sohn von Geb und Nut auf die Welt, den direkten Nachfahren des Weltenschöpfers Re. Sie alle gehören zur Schöpfungslegende von Heliopolis mit Re an der Spitze: »Wohl versorgt sind die Menschen, das Kleinvieh Gottes. Ihretwegen erschuf er Himmel und Erde; und erschuf die Luft, damit ihre Nasen leben. Ihnen zuliebe geht er am Himmel auf, für sie erschafft er Pflanzen und Tiere, Vögel und Fische, damit sie zu essen haben. Ihnen zuliebe lässt er es Licht werden. Um sie zu sehen, fährt er am Himmel dahin. Er errichtete sich eine Kapelle hinter ihnen, wenn sie weinen, hört er. Er schuf ihnen Herrscher im Ei und Befehlshaber, um ihren Rücken zu stärken.«

Auch wenn die moderne Wissenschaft der mythologischen Deutung der Plagen kritisch gegenübersteht, so macht der Abgleich mit der Glaubenswelt des Pharaonenreichs vor allem deutlich, welchen Einfluss ägyptische Quellen auf die Erzählungen im Alten Testament genommen haben. Es kann keinen Zweifel geben, dass sogar die Genesis-Darstellung, die erst spät in die Bibel aufgenommen wurde, von den uralten Schöpfungsmythen aus dem Nilland beeinflusst war.

Möglicherweise greifen diese wiederum auf einen noch

älteren oder zeitgleichen Urmythos aus Mesopotamien zurück, der als Gilgamesch-Epos in die Weltliteratur einging. Die legendäre Schrift der Sumerer kursierte ebenso an den Königshöfen von Syrien, Palästina und Kleinasien wie die Papyri ägyptischer Autoren. Damals war es selbst unter angesehenen Schreibern üblich, einander zu kopieren oder bedeutsame Texte weiterzureichen. Dass von ein und derselben Story mehrere Versionen in Umlauf gerieten, war im Altertum keine Besonderheit, auch wenn die verschiedenen Varianten erst viel später oder in einem anderen kulturellen Zusammenhang entstanden. Es ist daher nicht nur möglich, sondern sogar wahrscheinlich, dass religiöse Skripte, Weisheitslehren wie die Klagen des Ipuwer und die Götterlegenden der Großmacht Ägypten über die Grenzen hinaus bekannt waren. Keine andere Zivilisation des Alten Vorderen Orients hinterließ einen derart lückenlosen Bericht über ihre Geschichte und Glaubensvorstellungen. Vor diesen Erkenntnissen erscheint es folgerichtig zu vermuten, dass die Idee zu den Biblischen Plagen der ägyptischen Literatur entsprang. Und dass das Duell zwischen Jahwe und dem ägyptischen Pantheon als religiöser Gegenentwurf zur Vielgötterei im Pharaonenreich zu verstehen ist. Die drastische Darstellung spiegelt eine Zeit, als die neue Religion noch in der Anfangsphase steckte. Mit jeder weiteren Plage gewinnt sie an Durchschlagskraft. Aber erst mit dem Exodus der Israeliten beginnt der eigentliche Weg zum Monotheismus, der sein Zentrum im »Heiligen Land« finden sollte.

Jahwe – Karriere eines Gottes

Vor dem Hintergrund der spektakulären Schau drängt sich die Frage auf: Wer ist dieser Jahwe, der scheinbar plötzlich wie aus dem Nichts auftaucht und als Retter der Israeliten gegen die Götterwelt Ägyptens zu Felde zieht? Über Wesen und Entstehungsgeschichte der Lichtgestalt zerbrachen sich viele Gelehrte die Köpfe. Aus zahlreichen Fragmenten versuchten sie, ein Porträt zu zeichnen, das sowohl die historischen, mythologischen als auch religiösen Hintergründe berücksichtigt. Zwar sind noch längst nicht alle Fragen beantwortet, dennoch lassen sich einzelne Facetten einer Gestalt erkennen, die vom einfachen Stammesgott zum Nationalgott der Israeliten und schließlich zum Universalgott avancierte.

In der hebräischen Fassung des Alten Testaments taucht das Wort Jahwe über 6800 Mal auf. Damit steht es unangefochten an erster Stelle der Rangliste biblischer Eigennamen. Die häufige Verwendung nahm jedoch im Zuge der Übersetzungswellen ins Griechische (Septaguinta), Lateinische (Vulgata) und Deutsche (Lutherische Übersetzung) rapide ab, bis hin zur völligen Weglassung. In späteren Ausgaben wird in der Regel nur noch die Anrede

»der Herr« (Adonai), »HERR«, »Gott«(El oder Elohim) oder »der Ewige« gebraucht. Von Anfang an hingegen gab es eine Vielfalt von Bezeichnungen, die schon in den hebräischen Urtexten dazu dienten, Jahwe zu charakterisieren: »Gott, der Herr« (Jahwe Adonai), »der Allerhöchste« (Elion), »Gott, der Allmächtige« (El Schaddai), »Gott Abrahams, Isaaks und Jakobs«, »Gott der Hebräer«, »Gott des Himmels«, »der Hochbetagte«, »der Heilige Israels« oder auch der »Herr der himmlischen Heere« (Jahwe Zebaoth).

Den Eigennamen Jahwe haben erst einige modernere Übersetzungen wieder an ausgewählten Stellen eingefügt. Für Forscher zu spät, niemand kann mehr verlässlich rekonstruieren, wie das Wort Jahwe richtig ausgesprochen wird. Die heutige Artikulation basiert allein auf sprachwissenschaftlichen Vermutungen, hergeleitet aus dem Tetragramm »JHWH«. Schuld an der wissenschaftlichen Misere sind die Hohepriester des frühen Judentums. Etwa seit dem 7. Jahrhundert vor Christus vermieden es die frommen Männer, den Namen Jahwe auszusprechen. Er galt als heilig und wurde entsprechend mit großer Ehrfurcht behandelt – schon allein, um dem 3. Gebot gerecht zu werden, nämlich den Namen Gottes nicht zu missachten. Daher wurde der Gebrauch auf Tempelzeremonien und die Heilige Schrift beschränkt. Außer am höchsten Feiertag, dem Jom-Kippur, lasen die Priester statt des Wortes Jahwe ausschließlich »Adonai« (mein Herr). Mit der Zerstörung des Jerusalemer Hauptheiligtums durch die Römer im Jahr 70 nach Christus wurde der Name Jahwe überhaupt nicht mehr ausgesprochen, sondern gegen die mehr oder weniger allgemeine Bezeichnung »Herr« ausgetauscht.

Bis heute ungeklärt bleibt auch, was der Name Jahwe bedeutet. Das ist ungewöhnlich, denn die meisten biblischen Namen erzählen etwas über die betreffende Person, liefern einen Hinweis auf Eigenschaften oder ein besonderes Ereignis. So ist Aaron der Erleuchtete, Abraham der Vater aller Völker oder der Prophet Jeremia derjenige, der vor dem Herrn erhoben wird. Einige Experten gehen davon aus, das Wort Jahwe sei eine Ableitung des aramäischen Verbs für »da sein, leben, wirksam werden«. Unterstützt wird die Interpretation durch die Selbstbekundung Jahwes im Buch Exodus: »Ich werde sein, der ich sein werde« (Ex. 3, 14). Daraus entwickelten sich Vorschläge wie »der Seiende«, »der Herabfallende« oder »der Daseinsgeber«. Andere Forscher hingegen leiten den Namen von der hebräischen Wurzel »hwh« ab und halten die Bedeutung »blasen und wehen« für die einzig richtige. Demnach »fährt Jahwe durch die Lüfte, er weht«. Die Auslegung betont ausdrücklich Jahwes Wesenszug als Beherrscher der Naturgewalten, wie unter anderem in Psalm 68,5 angedeutet wird: »Macht Bahn dem, der durch die Wüste einherfährt.«

Und es ist diese Spur, die direkt nach Syro-Palästina und zum mächtigen Wettergott Baal führt. Seine Heimstatt lag nahe dem damaligen syrischen Machtzentrum Ugarit auf einem Berg namens Zephon, wie es mythische Keilschrifttexte aus dem 14. Jahrhundert vor Christus berichten. Der sogenannte »Wolkenreiter«, der nicht nur in sämtlichen Stammesgebieten Kanaans, sondern auch in Phönizien, Obermesopotamien und sogar in Ägypten verehrt wurde, war der mythologische Sohn von Göttervater El, dem sogenannten König des riesigen Pantheon.

Wissenschaftler haben herausgefunden, dass Jahwe

Eigenschaften von Baal in sich vereint. Wie sein Kollege aus Kanaan bewies auch der Gott Israels unerschütterlichen Kampfgeist: Er spielte mit den Kräften der Natur, beschwor heftige Stürme, Donner, Blitz und Regen herauf, bändigte das widerspenstige kosmische Wasser, überwältigte das Chaos und gebot über Leben und Tod. Und ebenso wie Baal residierte er, von einer dichten Wolke umhüllt, auf einem vulkanischen Berg, dem Sinai. Dort, so schreibt das Alte Testament, fand die Übergabe der Zehn Gebote statt. Strittig hingegen bleibt, welcher Berg mit dem biblischen Sinai gemeint ist. Geographisch lässt er sich nicht eindeutig lokalisieren. Als erwiesen gilt lediglich, dass Jahwe ursprünglich wie Baal zum Typus der Wettergottheiten gehörte. Im Alten Vorderen Orient war es durchaus üblich, denselben Gott unter einem anderen Namen anzubeten.

Dabei konnte sich sogar sein Charakter verwandeln. Vor allem die Nomaden, die von einem Weideplatz zum nächsten zogen, kannten unterschiedliche lokale Wettergötter, die an ihre Familie oder Sippe gebunden waren. In der endlosen Wüste und den unwirtlichen Bergregionen brauchten die Viehhirten einen persönlichen Schutzherrn, der sie vor der Unbill der Natur bewahrte und den sie überall verehren konnten – unabhängig davon, wo sie ihre Zelte aufschlugen. Jahwe könnte einer dieser Götter gewesen sein. Eine andere Facette seines Charakters rückt Jahwe auch in die Nähe von Göttervater El. Die hebräische Bibel verwendet die Pluralform Elohim – vermutlich, um die majestätische Stellung der Gestalt zu betonen. Der Name erscheint häufig dann, wenn Gott als Beschützer der Hirten, Schöpfer der Erde oder als Universalherrscher auftritt, nicht aber in Zusammenhang mit dem Schicksal des Volkes Israel. Auch die Erzväter Abraham, Isaak und Jakob, die vermutlich frühen Hirtensippen vorstanden, lernten Jahwe noch unter seinem Namen Elohim kennen (Ex. 6, 2–3). Damals verhieß er ihnen ein blühendes Land und zahlreiche Nachkommen. Vergleichbar mit ägyptischen Vorstellungen hält es die Forschung für durchaus möglich, dass eine Verschmelzung aus drei Wesenheiten stattgefunden hat und Jahwe sich als Hauptgott durchsetzen konnte. Wann dies geschah, liegt im Dunkel der Geschichte. Allerdings haben Archäologen den Namen Jahwe auf Stelen, Priestersiegeln und Briefen aus der Region Israel und Umgebung entdeckt, die sie zwischen das 8. und das 6. Jahrhundert vor Christus datieren. Innerhalb dieses Zeitraums könnte der Wettergott an Popularität gewonnen und einen Karriereschub erfahren haben. Dass er schon früh von sich reden machte, beweisen außerbiblische Quellen. Diskussion herrscht über einen Keilschrifttext aus dem Baal-Epos von Ugarit, auf dem das Wort Jahwe zu lesen ist. Auf dem Tontäfelchen steht, dass Els Sohn nicht Jahwe, sondern Jammu genannt werden soll. Das würde bedeuten, dass Jahwe einst aus dem syrischen Pantheon hervorgegangen wäre.

Mehr Aufschluss bringen Belege aus Ägypten, die den noch jungen Gott sowohl mit einer bestimmten Bevölkerungsgruppe als auch mit einem bestimmten Ort in Verbindung bringen. Aus dem frühen 14. Jahrhundert stammt eine Liste besiegter Stämme, die Amenophis III. (1388–1351 vor Christus) auf einer Tempelanlage im nubischen Soleb einmeißeln ließ. Die zweite entstand auf Veranlassung von Ramses II. (1279–1213 vor Christus) in Amara-West. Beide Inschriften nennen das »Land der Schasu-JHW«. Das Wort Schasu bezeichnet sowohl das

Seir-Gebirge zwischen dem Toten Meer und dem Golf von Akaba als auch eine Gemeinschaft von Nomaden. Die sogenannten Sandläufer hielten sich zunächst an den nördlichen Randzonen Syro-Palästinas auf, bevor sie immer weiter in den Süden vordrangen, um dort zumindest zeitweise sesshaft zu werden. Den dritten Nachweis liefert ein Relief am Totentempel von Ramses III. (1183–1152 vor Christus) in Medinet Habu bei Theben. Das Wort Jahwe erscheint dort neben dem Männernamen Rehuel (oder Reguel), der bei den Midianitern gebräuchlich war. Ihr Stammesgebiet lag auf der Arabischen Halbinsel östlich des Jordan, unweit des Schasu-Gebietes. Der Dornbusch-Geschichte zufolge soll Jahwe im Land Midian Moses zum ersten Mal erschienen sein (Ex. 3). Aber auch andere Bibelaussagen verweisen auf die Region: »Jahwe kam aus Sinai, er strahlte ihnen auf aus Seir.« (Dtn. 33, 2).

Aus den ägyptischen Botschaften in Stein und dem Hinweis auf die Beduinen folgern Bibelarchäologen, dass der Jahwe-Kult in der Region des Seir-Gebirges seinen Ursprung hatte und sich von dort ausdehnte. Dagegen spricht die Spur, die das Deborah-Lied legt. Der Text gehört zu den ältesten Überlieferungen der Bibel überhaupt. Darin heißt es: »Als du von Seir auszogst und einhergingst vom Gefilde Edoms, da erzitterte die Erde, der Himmel troff, und die Wolken troffen von Wasser. Die Berge wankten vor dem HERRN, der Sinai vor dem HERRN, dem Gott Israels« (Ri. 5, 4–5). Daraus schließen einige Gelehrte, dass die Anfänge des Jahwe-Kults nicht in den Seir-Bergen zu suchen sind. Vielmehr muss der Glaube von der Arabischen Halbinsel in das syro-palästinische Gebiet hinüber geschwappt sein. Denn nur östlich des Golfs von Akaba, viel weiter südlich des Gebirgszugs, brodelten einst Vulkane. Und ein vulkanischer Berg muss dem biblischen Vers nach die Heimat des siegreichen Wettergottes gewesen sein. Welche nomadisierenden Familien oder Stämme mit seinem Namen in Zusammenhang zu bringen sind, bleibt jedoch unbeantwortet. Auch wenn in der Literatur immer wieder die Keniter oder Aramäer vorgeschlagen werden.

Sicher gehörten die Midianiter wie auch die Schasu und womöglich noch andere Gruppen zu den frühen Jahwe-Anhängern. Die Ägypter hörten davon, weil die Volksstämme über Jahrhunderte im militärischen Einzugsgebiet der Pharaonen lebten. Die Herrscher vom Nil kontrollierten seit jeher die Karawanenrouten nach Syro-Palästina, um Waren von und nach Syrien zu transportieren. Auch sicherten sie die Zugangswege zu den Türkisgruben in Serabit el-Khadim auf dem Sinai, den ergiebigen Kupferminen von Timna bei der modernen Stadt Elat und von Feinan im heutigen Jordanien. Die Herrscher vom Nil gewährten den umherziehenden Verbänden in Notzeiten immer wieder vorübergehend Asyl, aber aus wirtschaftlichen Interessen kam es auch häufig zu Konfrontationen. Illustrationen an der Nordwand des Säulentempels von Karnak zeigen, wie Sethos I. (1290–1279 vor Christus) gefesselte Schasu-Beduinen aus Timna ins Pharaonenreich deportiert. Die angegliederte Inschrift verrät den Grund des Übergriffs: »Die Schasu-Feinde sind rebellisch geworden. Ihre Stammesführer haben sich auf den Hügeln Südpalästinas zusammengetan. Sie stiften Verwirrung und Unruhe. Sie bringen sich gegenseitig um. Sie achten nicht auf die Gesetze unseres Reiches.«

Aufgrund der außerbiblischen Überlieferungen wird

deutlich: Die Jahwe-Verehrung muss bereits in der späten Bronzezeit in weiten Teilen Palästinas wie auch im Pharaonenreich bekannt gewesen sein. Auf ihren Wanderungen zu den fruchtbaren Oasen kamen die Menschen in Kontakt mit den unterschiedlichen Sippengöttern. Aufgrund der ständig aufkeimenden Konflikte ließen die Beduinen ihren himmlischen Beschützer als kriegerische und siegreiche Gestalt erscheinen. Sie opferten Jahwe, damit er vor allem ihre Lebensinteressen wahrte und sie gegen den Feind verteidigte. Es sind also in erster Linie militärische Charakterzüge, die Jahwes Wesen prägen, als er die Bühne des Geschehens im Land am Nil betritt.

Wie der Kult im Einzelnen aussah, lässt sich nur schwer beschreiben. Mutmaßlich errichteten die Anhänger für ihre Zeremonien einfache, leicht transportierbare Zeltheiligtümer. Häufig wählten sie dafür Plätze aus, die an einem Rastplatz in der Wüste, an einer Anhöhe oder einem Berg lagen. Davon kündet zumindest eine Entdeckung in Timna aus dem Jahr 1972. An einem Fels entdeckte der Archäologe Beno Rothenberg rote und gelbe Tuchreste sowie einige Pfostenlöcher, die er als Tragstützen für ein Zeltdach identifizierte. Versteckte Hinweise auf alte Zeremonien zu Ehren Jahwes könnten auch der »Schlangenzauber« oder die Anbetung des »Goldenen Kalbes« sein. Der Jungstier ist ein uraltes Symboltier des Wetter- und Mondgottes, der über Jahrtausende in der gesamten arabischen Welt verehrt wurde. In Südarabien hält der Ritus bis heute ungebrochen an. Im Umfeld der Bibel waren es die Edomiter, die in Zeiten der Dürre auf die »heilige Jagd« gingen und den erlegten Stier als Opfer darbrachten (vgl. Gen. 27). Das Tier sollte ihrem Himmelsgott helfen, Regen zu machen.

Völlig neues Licht auf Jahwe wirft ein Fund aus der Übergangszeit vom 8. zum 7. Jahrhundert vor Christus, den Archäologen in Kuntillet Adschrud gemacht haben. In der einsam gelegenen Bergfestung an der Piste zwischen Gaza und Akaba holten die Ausgräber Scherben eines Vorratskruges aus den Ruinen. Darauf stand in althebräischer Schrift: »Ich segne dich im Namen Jahwes, der aus dem Süden kommt, und seiner Aschera.« Ein ähnliches Fragment in Chirbet el Kom nahe Hebron erwähnt ebenfalls Aschera in Zusammenhang mit dem Gott Israels. Beide Entdeckungen lösten bei den Theologen große Irritation aus. Denn beide Texte stellen Jahwe als alleinigen Gott in Frage. Zudem heizte eine unüberschaubare Anzahl weiblicher Tonfigurinen, die an verschiedensten Orten ausgegraben wurden, die Diskussion über eine Gefährtin Jahwes weiter an. Ursprünglich handelt es sich bei Aschera um eine ugaritische Fruchtbarkeitsgöttin. Sie soll die Gattin des Schöpfergottes El gewesen sein und siebzig weibliche und männliche Nachfahren in die Welt gesetzt haben. Eine mächtige Urmutter, die immer wieder mit der ägyptischen Hathor, der Göttin der Liebe, des Tanzes und des Rausches, verglichen wird. Die Tatsache, dass Jahwe eine Frau an seiner Seite wusste, führte zu der bis heute nicht abgeschlossenen Debatte, ob die Israeliten doch der Vielgötterei anhingen – und wenn ja, wie lange der Polytheismus anhielt.

Mit der Einführung eines geeinten Königtums ab etwa 1000 vor Christus, das die Herrscher Saul, David und Salomon hervorbrachte, änderte sich das Profil des einstigen Sippen- und Wettergottes. Jahwe qualifizierte sich als Nationalgott, der ähnlich wie seine orientalischen Vorbilder die Geschicke der Bevölkerung und des Staates lenkte.

Seine Anhänger errichteten dem Hochgott im Machtzentrum Jerusalem einen Tempel auf dem Berg Zion und führten einen durch Priester geregelten Kultbetrieb ein. Jahwes unaufhaltsamer Aufstieg ging einher mit der zunehmenden Forderung der irdischen Herrscher, konkurrierende Götter als Götzen zu verdammen und ihre Weihestätten entsprechend auszumerzen. Daran eng geknüpft war das Konzept von einem universellen Glauben, der von Jerusalem aus bis in den letzten Winkel der Erde dringen sollte.

Ägypten – Jahwes Bühne am Nil

Der griechische Geschichtsschreiber Herodot (etwa 484–420 vor Christus), der auf der Suche nach den Quellen des Nils mehrere Monate lang durch Ägypten streifte und dabei rund 820 Kilometer zurücklegte, berichtet in ausschweifenden Worten von den mannigfaltigen Schönheiten und imposanten Sehenswürdigkeiten des »Schwarzen Landes«. Im zweiten Buch seiner berühmten Historien liefert der frühe Bildungsreisende einen anschaulichen Erfahrungsbericht über Geographie, Wirtschaft und Kultur: »Das ägyptische Land ist nämlich so beschaffen«, schreibt er anschaulich. »Nähert man sich ihm vom Meere aus und lässt eine Tagesreise vom Lande entfernt das Senkblei hinab, so zieht man schon Schlamm mit herauf und wird dabei in zwanzig Meter Tiefe sein. Das gesamte Gebiet um die Nilmündung herum, ja weit ins Land hinein, ist Schwemmland. Zu Recht bezeichnet man Ägypten also auch als ein Geschenk des Nil … Wenn der Nil das Land überschwemmt, dann ragen nur die Städte aus dem Wasser hervor, so wie etwa die Inseln aus dem Ägäischen Meer … Von der Küste bis in die Mitte des Landes hinein, also bis nach Heliopolis, ist Ägypten breit, und zudem ist es durchweg eben, wasserreich und sumpfig … Heute freilich gibt es kein Volk auf der Erde, auch keinen anderen Landstrich in Ägypten, wo die Früchte des Bodens so mühelos gewonnen werden wie hier. Sie haben es nicht nötig, mit dem Pfluge Furchen in den Boden zu ziehen, ihn umzugraben und die anderen Feldarbeiten zu machen, mit denen die übrigen Menschen sich abmühen. Sie warten einfach ab, bis der Fluss kommt, die Äcker bewässert und wieder abfließt … Landeinwärts von Heliopolis verengt sich Ägypten. Es wird auf der einen Seite von den arabischen Bergen begrenzt, die sich von Norden nach Süden bis hin zu dem sogenannten Roten Meer erstrecken. In diesem Gebirge befinden sich die Steinbrüche, aus denen die Steine für die Pyramiden in Memphis gebrochen sind … An der breitesten Stelle soll das Gebirge, wie man mir berichtet hat, sechzig Tagesreisen von Osten nach Westen breit sein … Das ist das eine Gebirge. An der anderen, der libyschen Seite, zieht sich ebenfalls ein Felsengebirge entlang. In diesem Gebirge stehen die Pyramiden. Es ist mit Flugsand bedeckt und erstreckt sich ebenso wie das arabische von Norden nach Süden … Ich hatte den Eindruck, dass die zwischen den erwähnten Gebirgen südwärts von Memphis gelegene Ebene einst ein Meerbusen gewesen ist … Ich muss über Ägypten ausführlicher sprechen, weil dieses Land so viele Wunderdinge besitzt und Bauwerke aufweist, die größer sind, als sich in Worte fassen lässt und gewaltiger als irgendwo anders … In Ägypten hat sich nichts geändert, weder von dem, was ihnen aus der Erde oder aus dem Fluss zuteil wurde, noch was Krankheiten oder Todesarten betraf.«

Selbst wenn heute jeder weiß, dass Herodot seine Schilderungen märchenhaft ausmalte und mit persönlichen Vorurteilen würzte, so wird doch mit jedem Satz deutlich, welche herausragende Rolle der Nil in der über 5000 Jahre alten Geschichte des Pharaonenreichs einnahm. Der Leben spendende Strom, der übersetzt schlicht »Überschwemmung« heißt, wird von drei Flüssen gespeist: Der Weiße Nil bahnt sich seinen Weg aus dem Victoria-See, der an Uganda, Kenia und Tansania grenzt. Im Sudan trifft er auf den Atbara. Aus dem Tana-See in Zentraläthiopien entspringt der Blaue Nil. In Khartum vereinigt er sich mit den beiden anderen Flüssen, stürzt sich in Katarakten über die Felsstufen des alten Nubien, überlebt die heißen Wüstengebiete und strömt durch das schmale, fruchtbare Tal Oberägyptens. Nördlich von Kairo verästelt er sich plötzlich fächerförmig in das üppige Mündungsgebiet von Unterägypten, um sich dann ins Mittelmeer zu ergießen. In einer der trockensten Regionen der Erde schuf der majestätische Fluss einen Garten Eden, der sich über etwa 1100 Kilometer ausdehnte. In dem Süßwasser tummelten sich Welse, Meeräschen und Barsche. Selbst in den angeschlossenen Bewässerungsgräben zwischen dem Schilfrohr schwammen zahlreiche Fische, die Einheimischen konnten sie mit bloßen Händen fangen. Gleichzeitig diente der Nil als Hauptverkehrsader des Landes. Gold aus Nubien, Elfenbein aus Zentralafrika, Zedernholz aus dem Libanon, Weihrauch aus Südarabien und viele andere Transportgüter schifften die Ägypter auf ihren Segelbooten zu den wichtigsten Häfen und Handelsstädten des Reiches.

Schon immer bestimmte der Rhythmus des Flusses den Alltag der Menschen, daran hat sich bis heute nicht viel geändert. Jedes Jahr ließ der Monsunregen im Hochland von Äthiopien den Strom im Unterlauf anschwellen und die Felder Ägyptens sowie die Randzonen der Wüste von Juni bis Oktober überfluten. Danach begann die Zeit der Aussaat. Vor den Bauern lagen riesige Flächen schwarzer Boden, durchtränkt von nährstoffreichen Schlammablagerungen. In den Monaten von Februar bis Anfang Juni wurde geerntet, denn dann stand der Wasserpegel am niedrigsten. Schlug das Wetter keine Kapriolen und bescherte eine zu starke oder zu schwache Überschwemmung, garantierte der Nil der Bevölkerung Nahrung im Überfluss. Und nicht nur ihnen, sondern auch Einwanderern, die zeitweise im Pharaonenreich Zuflucht suchten, um Hungersnöten in der eigenen Heimat zu entgehen. Auch versorgten die Herrscher ihre Vasallen oder Verbündeten in Kanaan und anderswo mit Nahrungsmitteln aus Ägypten. Vor allem als Kornkammer war das Land am Nil weit über die Grenzen hinaus bekannt. Der Speiseplan liest sich nicht schlecht: Er bot Emmerweizen und Gerste, Favabohnen, Linsen und Erbsen. Aber auch Blattsalate, Gurken, Lauch, Zwiebel sowie Rettich bauten die Fellachen an. Darüber hinaus kannten die Alten Ägypter Melonen, Datteln, Maulbeerfeigen und Granatäpfel. Zudem pflanzten sie Weinreben, pressten Öle aus Flachs, der Rizinuspflanze oder Sesamkörnern und legten Gärten mit Heilkräutern an, die sie in der Medizin einsetzten. In den Sümpfen des Nordens wuchsen üppige Papyrusstauden, die zu Rollen verarbeitet in die Schreibstuben der Weisen und Beamten gelangten.

Horizontal teilt sich Ägypten in zwei natürliche Abschnitte – in das oberägyptische Tal im Süden und das unterägyptische Delta im Norden, dem mutmaßlichen Hauptschauplatz der Biblischen Plagen. Die Bezeichnung

Delta kreierten die Griechen, da sie die dreieckige Landschaftsform an den umgekehrten vierten Buchstaben ihres Alphabets erinnerte. Karten aus dem Altertum zeigen, dass der Nil nördlich vom heutigen Kairo einst zwischen fünf und sechzehn Nilarme hervorbrachte. An den Wasserläufen entstanden zahlreiche Siedlungen und blühende Wirtschaftszentren mit bis zu 50 000 Einwohnern. Häufig durchzogen kleine Kanäle die pulsierenden Metropolen, in denen Priester, Beamte, Kaufleute, Handwerker und Bauern das Gesellschaftsbild prägten. Besonderen Zustrom erfuhr das östliche Nildelta, denn es grenzte an die Landbrücke zum Sinai. Durch das Wüstengebiet schlängelten sich stark frequentierte Karawanenrouten, die das Pharaonenreich mit den Staaten am Mittelmeer verbanden. In der Provinz Goschen im Osten des Schwemmlands siedelten der Bibel zufolge auch die Proto-Israeliten, bevor sie unter Moses' Leitung nach Kanaan flohen.

Der achte unterägyptische Gau glich einem Paradies: Er war begünstigt durch das überwiegend mediterrane Klima mit nur wenigen Regenfällen im Winter und besaß hervorragendes Weideland. In den vergangenen 3000 Jahren jedoch sorgten klimatische Veränderungen immer wieder für Verlandungen einzelner Flussarme. Dazu kam es, wenn die alljährliche Überflutung große Schlammmassen in das Gebiet spülte. Die Ablagerungen verursachten eine kontinuierliche Verflachung des Flussbetts. Das Wasser floss ab und musste sich neue Wege suchen oder versickerte als Rinnsal endgültig im Sand. Veränderte Bedingungen, die nicht ohne Folgen blieben: Die Menschen wanderten ab, Städte verfielen, an anderen Stellen entstanden neue Ballungsgebiete. Heute reichen nur noch zwei Nilarme bis zur Mündung ins Mittelmeer, einer bei

Rashid (ehemals Rosette), der andere bei Dumyat (ehemals Damiette). Im Unterschied dazu war das Niltal ein weitgehend trockenes Gebiet. Südlich von Kairo bis nach Abu Simbel unweit der Grenze zum Sudan erstreckte sich an den Ufern des Stroms nur noch ein schmaler Streifen Schwarzes Land. Daran schlossen sich die unendlichen Weiten aus Sand, meterhohen Dünen, bizarren Felsformationen und Gebirgsplateaus. Wie Herzkammern schmiegen sich die Arabische Wüste im Osten und die Libysche Wüste im Westen an den Nil.

Die alten Ägypter glaubten, Descheret, das Rote Land, sei ein unheimliches Terrain, das allein Götter, wilde Tiere und Nomaden bewohnten. Doch dies ist nicht die ganze Wahrheit. Tatsächlich war die westliche Wüste voller Leben. Ein regenreiches Klima hatte das unwirtliche Gebiet vor rund 8000 Jahren zu einem Paradies mit üppiger Flora und Fauna gemacht. Noch in pharaonischer Epoche reisten die Könige eigens aus dem Delta in die Savannenlandschaft, um Großwildjagd auf Elefanten, Löwen und andere exotische Tiere zu machen. Doch allmählich veränderte die Natur ihr Gesicht, das ehemals fruchtbare Land wurde zur Wüste, die Menschen drängten immer näher an den Nil heran. Nur fünf weit verstreute Oasen ließ die fortschreitende Verödung stehen. Wie grüne Inseln ragten sie aus dem Sandmeer und boten den umherziehenden Karawanen ausreichend Süßwasser, Nahrung und einen schattigen Rastplatz vor der glühenden Sonne. Aber auch mit Bodenschätzen konnten die endlosen Trockengebiete aufwarten. Die ägyptischen Throninhaber ließen Tonnen edelster Materialien in die Metropolen schaffen, um daraus Tempel, Paläste, Statuen und andere Monumentalwerke zu errichten. In der Libyschen Wüste entdeckten Geologen uralte Kalksteinbrüche, schwarzen Erzstein und Braunstein sowie Abbaustätten für Malachit. In der Ostwüste unterhielten die Pharaonen Gold- und Bleiminen. Zahllose Arbeiter schlugen in den reichseigenen Steinbrüchen kostbaren Alabaster, Granit und Diorit aus dem Fels und schöpften die ausgiebigen Zinnvorkommen ab. Aus den Kiesgruben holten die Herrscher Halbedelsteine wie Amethyst, Granat, Jaspis oder Karneol. Und vom Sinai kam neben Türkissteinen vor allem das Kupfer, das die Regenten unter anderem für die Herstellung von Bronze in Unmengen benötigten. Ob einfacher Fellache oder hoher Beamter – jeder der rund drei Millionen Ägypter war ein funktionierendes Rädchen in einem bestens organisierten Staatsapparat. Reichten die Arbeitskräfte trotzdem nicht aus, dann rekrutierten die Machthaber kräftige Männer aus den von ihnen besetzten Gebieten. Zwangsdeportationen zum Wohle des Landes waren bei den Alten Ägyptern keine Seltenheit. Der Pharao stand an der Spitze des Staates, als irdischer Sohn des Schöpfergottes Amun und Garant der kosmischen Ordnung. Als eines Tages die Katastrophen über das Land hereinbrachen, zeigte sich jedoch, dass selbst der mächtigste Herrscher gegen die ungezügelte Gewalt der Natur wehrlos war.

Die Rache der Natur

Bibelkundler haben Recht, wenn sie sagen: Die Zehn Plagen symbolisieren den ideologischen Kampf zwischen zwei grundsätzlich verschiedenen Glaubensvorstellungen – der ägyptischen Vielgötterei einerseits und dem aufkommenden Ein-Gott-Glauben der Israeliten andererseits. Wie sonst lässt sich erklären, warum das geknechtete Volk in immerhin sechs von zehn Fällen vom Unheil verschont blieb? Und wie sonst ist es möglich, dass sich vor den Augen der Flüchtlinge das Meer teilt, um anschließend über den Verfolgern wieder zusammen zu schlagen? Für diese und andere Wunder schien bislang keine plausible Erklärung in Sicht. Die mythologische Deutung des Spektakels schließt aber nicht aus, dass die geschilderten Katastrophen auf realen Fakten beruhen.

Naturwissenschaftler auf der ganzen Welt halten es sogar für ausgeschlossen, dass die Schilderung der Biblischen Plagen ein rein erfundenes Szenario ist. Die unglaubliche Schau basiert auf erlebter Wirklichkeit, die sich in die Erinnerung der Menschen von damals auf ewig einbrannte. Zwar müssen sich die Katastrophen nicht innerhalb eines knappen Jahres zugetragen haben und auch nicht unbedingt in der aufgeführten Reihenfolge. Aber sie müssen so bedeutsam gewesen sein, dass sie auch noch bei der Niederschrift des Alten Testaments präsent waren.

Das enge Zeitfenster für die Abfolge der Desaster stellt eher eine literarische Überhöhung dar als faktische Realität. Dieser Kniff irritiert, kam aber vermutlich zustande, weil die Endredakteure der Bibel die Plagenstory aus den Quellen »J«, »E« und »P« zu einer Geschichte zusammensetzten. Dennoch: Es gibt genügend literarische Indizien für gravierende Naturereignisse, die das Land am Nil heimsuchten. Davon zeugen nicht zuletzt die Mahnberichte der ägyptischen Weisen Neferti und Ipuwer. Aber auch Plinius der Ältere, der Vater der Naturkunde, vermutete hinter den Zehn Plagen vielmehr ökologische Störungen als göttliche Strafe. Er starb am 24. August 79 nach Christus beim Ausbruch des Vesuvs, den er unbedingt aus unmittelbarer Nähe beobachten wollte.

Inzwischen bescheinigen Paläo-Klimatologen dem Alten Ägypten massive Feucht- und Trockenphasen, die im schlimmsten Fall bis zu einem Jahrhundert anhielten. Ursächlich hingen die zumeist abrupten Schwankungen von globalen Wetterverhältnissen ab, die Forscher mittels sogenannter »Klimaarchive« auch rückwirkend beschreiben und datieren können. Wie in einem Buch lesen sie in Baumringen, See- oder Meeressedimenten, Eisbohrkernen, Stalagmiten und Pflanzenpollen, welche Temperaturen auf der Erde herrschten und was dies für die Natur in einzelnen Gebieten bedeutete.

Die früheste Dürrezeit im Reich der Pharaonen datiert vom Jahr 3500 vor Christus, mehr als 1200 Jahre später ruiniert erneut hohe Sonnenaktivität mit nur geringen

Niederschlägen die Lebensgrundlage der Einheimischen. Die letzte Trockenphase in der Vorzeit Ägyptens schreiben Experten für die Zeit nach 1300 vor Christus fest. Sie dauerte bis in die nachchristliche Zeit. Dagegen herrschte zwischen 1800 und 1300 vor Christus ein Klimaoptimum, unterbrochen von wenigen Schwankungen. Die Statistik liefert den Beweis dafür, welchen extremen Klimaverhältnissen das Reich am Nil seit jeher ausgesetzt war. Und welch lebensbedrohliche Tragweite die Schädigung des Lebensraums für die Bevölkerung hatte, gegen die sie kein wirksames Mittel in Händen hielt. Gab es zu wenig Wasser, war die Ernte ungenügend, kam es zu Hungersnöten und Ungezieferplagen. Stieg der Fluss zu hoch, riss er unerbittlich Deiche, Dörfer, Städte, Mensch und Tier mit sich fort.

Wie ein Annalenstein aus dem 3. Jahrtausend vor Christus belegt, haben die Ägypter schon früh damit begonnen, den Wasserstand des Nils zu kontrollieren. Bei Assuan in Oberägypten, bei Per-Hapi am Tor zum Delta und bei Dimjat an der Mittelmeerküste errichteten die Baumeister sogenannte Nilometer. Die brunnenartigen Anlagen waren über einen verdeckten Schacht direkt mit dem Fluss verbunden. Mit jeweils zwei Messlatten, im Inneren der Becken angebracht, wurde der Pegel der jährlichen Überschwemmung routinemäßig erfasst. Eine Skala diente zur Orientierung und wies einen Idealwert auf. Die zweite hingegen zeigte den tatsächlichen Wasserstand. Zwei Mal pro Monat prüften die Beamten des Herrschers die Messinstrumente und hielten den Verlauf der Flut in Zahlen fest. Ganz nebenbei nutzten sie die Ergebnisse aber auch als Faktor zur Berechnung der Erntesteuer. Schließlich trugen die Abgaben aus der Landwirtschaft wesentlich zum Reichtum des Staates bei. Die Herren vom Nil haben die ökonomische Bedeutung des segensreichen Stroms seit jeher erkannt und sich zunutze gemacht – auch wenn sie glaubten, in seiner Flut sei eine Gottheit anwesend.

Seit gut einem Jahrzehnt hat die Medienberichterstattung über Desaster rund um den Globus rasant zugenommen. Nachrichten von extremen Gewittern, Hochwasser, Wirbelstürmen, Erdbeben oder Tsunamis, Seuchen und Epidemien schocken die Welt. Was die Natur der Erde in immer kürzeren Abständen beschert, bleibt nicht ohne Folgen für die Zivilisation. Die Zahl der Todesopfer beläuft sich durchschnittlich auf 80 000 Personen pro Jahr. Riesige Landstriche werden unbewohnbar. Hinzu kommen Sachschäden in Milliardenhöhe. Niemand kann mehr die Augen davor verschließen, dass die Erde ein sensibler Planet ist, der nicht zuletzt aufgrund von menschlichem Fehlverhalten aus der Balance zu kippen droht. Von einer Naturkatastrophe sprechen Experten aber erst dann, »wenn eine natürlich entstandene Veränderung der Erdoberfläche oder der Atmosphäre eintritt, die auf Lebewesen und ihre Umgebung verheerende Auswirkung hat. Die Veränderung kann Sekunden dauern oder viele Jahrzehnte.« Der Gefahr Einhalt zu gebieten und Lösungsvorschläge zu unterbreiten, machen sich Naturwissenschaftler unterschiedlicher Disziplinen und Nationalitäten zur Aufgabe. Schon seit Generationen versucht diese Fakultät, die Naturgeschichte der Erde zu schreiben. Dafür untersucht ein Heer von Spezialisten den blauen Planeten auf Herz und Nieren, betreibt Grundlagenforschung und taucht bis in vorsintflutliche Schichten ein.

Bei der Suche nach Ursache und Wirkung helfen nicht

nur moderne Computertechnik und Satelliten, sondern auch aktuelle Katastrophen, die Rückschlüsse auf ähnliche Ereignisse in der Vorzeit erlauben. So makaber dies auch klingen mag: Plagen, wie sie einst Ägypten heimsuchten, gibt es im 21. Jahrhundert nahezu unverändert überall auf der Welt. Sie sind die alten und neuen Geißeln der Menschheit.

Aus dem undurchschaubaren Geflecht der biblischen Erzählung ist es Fachleuten vor noch nicht allzu langer Zeit gelungen, die naturwissenschaftlichen Spuren herauszufiltern. Ende der 1950er-Jahre sorgte der umfassende Bericht der Religionswissenschaftlerin Greta Hort (1903–1967) für Aufsehen. Die Dänin unterzog als eine der Ersten die Zehn Plagen einer nüchternen Betrachtung. Ihrem Vorstoß sind inzwischen viele Kollegen gefolgt. Sie haben Horts Theorie der ökologischen Kettenreaktion aufgegriffen, den heutigen Erkenntnissen angeglichen und um neue Resultate ergänzt. Hort machte gleich zu Beginn ihrer Untersuchung eine erstaunliche Entdeckung: Sie stellte fest, dass die Reichweite der Katastrophen unterschiedlich ausfiel. Ein Teil der Plagen traf ausnahmslos alle Bewohner Ägyptens, der andere Teil schloss die Israeliten oder zumindest ihr Siedlungsgebiet im östlichen Nildelta ausdrücklich aus. Darüber hinaus schlüsselte die Forscherin auf, welche der vernichtenden Ereignisse relativ abrupt endeten und welche erst allmählich. Beide Kriterien geben Hort zufolge Aufschluss über naturwissenschaftlich mögliche Abläufe der jeweiligen Plagen. Ausgenommen bleibt die Schilderung von der Tötung der Erstgeburt. Die grausam anmutende Tat bedarf einer gesonderten Betrachtung.

Plage	Gebiet/Volk	Ende der Plage
1 Wasser zu Blut	ganz Ägypten	allmählich
2 Froschschwärme	ganz Ägypten	abrupt
3 Stechmücken	ganz Ägypten	allmählich
4 Stechfliegen	nicht Provinz Goschen	abrupt
5 Viehpest	kein Vieh der Israeliten	allmählich
6 Blattern/Pest	keine Israeliten	allmählich
7 Gewitter	keine Ungläubigen	abrupt
8 Heuschrecken	ganz Ägypten	abrupt
9 Finsternis	keine Israeliten	abrupt
10 Tod der Erstgeburt	keine Israeliten	ohne Angabe

Plage 1
Der rote Tod

Indizien für eine ökologische Störung des Nil liefert die Bibel selbst: Der Fluss samt seiner Nebenarme und Kanäle in den Sumpfgebieten verwandelte sich zu Blut, heißt es. Die Fische starben, das Wasser stank und war nicht mehr trinkbar. Die Bevölkerung grub entlang des Stroms auf der Suche nach genießbarem Süßwasser. Verfärbte sich der Strom rot, war dies für die Bevölkerung ein schlechtes Omen, denn dann stand die Ernte in Gefahr. Beobachten konnten die Ägypter das Phänomen, wenn die Hochwasserflut extrem hoch war und das Land über das übliche Maß hinaus in einen riesigen See verwandelte. Die veränderte Farbe hängt eng mit den Eigenschaften und dem Verlauf des Blauen Nils zusammen, bevor er mit dem Weißen Nil und dem Atbara zur Lebensader Ägyptens verschmilzt. Seine ungeheuren Wassermengen verdankt der Blaue Nil dem Schmelzwasser aus dem Hochland in Äthiopien und den sommerlichen Monsunregen vor Ort. Strotzend vor Kraft bahnt er sich seinen Weg und tobt zischend durch diverse Schluchten, die er über Jahrtausende ausgewaschen hat. Den höchsten Stand erreicht der Powerstrom zwischen Juni und September mit stolzen 7580 Kubikmetern pro Sekunde. Mit ungebändigter Wucht trifft er schließlich bei Khartum auf den ruhig dahin fließenden Weißen Nil und staut ihn vehement zurück. Das Verhalten bleibt nicht ohne Auswirkung: Der Blaue Nil ist deshalb weitaus nachhaltiger für das Ausmaß der Überschwemmung in Ägypten verantwortlich als der sanftmütige, milchig weiße »Bruder«. Selbst der zurückhaltende Atbara trägt mehr dazu bei als er. Denn wegen der gemeinsamen Abstammung aus Äthiopien verbindet Atbara und Blauen Nil eine natürliche Eigenschaft, die der Weiße Nil nicht besitzt.

Der Monsunregen und das Schmelzwasser aus den Bergen schwemmen Unmengen von Erdpartikeln und organische Schwebeteilchen in beide Flüsse. Je heftiger die Niederschläge ausfallen, desto umfangreicher ist die Anhäufung von Schlamm, Steinchen, Pflanzenresten und vielem mehr. Geologische Karten belegen, das Flussbett des Blauen Nil und des Atbara besteht zu mehr als neunzig Prozent aus tropischer Roterde, gespeist aus dem äthiopischen Hochland. Und jedes Jahr kommen neue Ablagerungen hinzu, die von der starken Strömung bis ins Delta in Unterägypten geschleppt werden. Befindet sich der Nil erst einmal auf heimischem Terrain, reißt er aufgrund seiner Fließfähigkeit weitere rote Sedimente aus dem schmalen Tal Oberägyptens mit. Qualität und Farbe des Wassers werden also maßgeblich von der sattroten Erde beeinflusst. Und: Je höher der Wasserstand, desto kräftiger erscheint die Färbung. Die Erkenntnis, dass der Wasserstand zur Zeit der Plagen beängstigende Dimensionen angenommen hatte, erklärt vielleicht, warum ganz Ägypten oder zumindest viele Gaue davon betroffen waren. Man kann sich sogar vorstellen, dass die Flut Bewässerungsanlagen und Brunnen zerstörte, so dass die Menschen nach anderen Süßwasserquellen graben mussten. Aber die roten Sedimente allein bedrohten nicht das Leben der Bevölkerung, aus medizinischer Sicht waren sie harmlos.

Für den Gestank, das große Fischsterben und die Ungenießbarkeit des Nilwassers zeichneten vielmehr mikroskopisch kleine Lebewesen verantwortlich. Die Missetäter heißen Burgunder Blutalgen, eine Unterart der Blaualge. Mit 3,5 Milliarden Jahren gehört sie zu den ältesten Organismen der Erde. Die Bezeichnung Alge verwirrt, denn eigentlich handelt es sich dabei um giftige Bakterien. In fadenförmigen Zellkolonien treten die Winzlinge vor allem in Seen und ruhigen Flüssen oder Brackwassertümpeln auf. Besonders wohl fühlen sie sich in phosphatreichen Gewässern mit niedrigen Temperaturen. Dort finden sie ausreichend Nahrung. Aber auch warme bis heiße Regionen bieten ideale Bedingungen für das Wachstum der robusten Fresser.

Die blutrote Färbung verdanken sie einem besonderen Pigment. Der Farbstoff befähigt Burgunderalgen, in großen Tiefen grün schimmerndes Restlicht zur Photosynthese zu nutzen. Dabei produzieren sie lebensnotwendigen Sauerstoff, den sie an das Wasser abgeben. Bis zu einem bestimmten Umfang sind Algen für den Stoffkreislauf der Natur also unentbehrlich, selbst die Burgunderalge. Ist die Nährstoffbelastung des Wassers aber zu hoch, vermehren sich die Zellkolonien im Eiltempo und bilden einen großflächigen Teppich. Dabei stört sie niemand, denn Blutalgen kennen keinen natürlichen Feind. Nach oben steigen die agilen Organismen, weil sie wissen, dass sie auch dort ausreichende Nährstoffe finden. Durch Gasansammlung in den Zellen verändern sie einfach ihr spezifisches Gewicht und überlassen den Rest dem Auftrieb.

Drängen die Burgunderalgen an die Wasseroberfläche, dann spricht die Fachwelt von einer tiefrot leuchtenden Algenblüte. Ein blumiger Ausdruck für eine beängstigende Naturkatastrophe. Denn die dichte Schicht liegt wie eine Folie auf dem Wasser und verhindert weitgehend das Eindringen von Sonnenlicht, das andere Gewächse wie Farne oder Samenpflanzen am Grund aber dringend benötigen, um ihrerseits Sauerstoff herzustellen. Es entsteht ein Mangel, der sämtlichen Flussbewohnern den Lebensraum entzieht.

Die Lage wird auch nicht besser, wenn die Algen absterben. Das passiert, weil sie sich wegen der rasanten Vermehrung gegenseitig die Nahrung rauben. Sind sie tot, sinkt das Algenmaterial bis auf den Grund ab. Dabei entstehen enorme Zersetzungsprozesse, die zu einem weiteren erheblichen Sauerstoffverbrauch und zu stinkenden Faulgasen führen. Auch wird der hochtoxische Stoff Microcystin freigesetzt. Das Gift vernichtet nicht nur Fische und Wassertiere, sondern gefährdet auch den Menschen. Über die Luft eingeatmet oder über Hautkontakt können Schleimhautreizungen, allergische Entzündungen, Durchfall und Erbrechen auftreten. Mediziner diagnostizierten sogar Leberschäden.

In den Nil gelangten die kleinen Killer über den Blauen Nil. Zusammen mit einem reichhaltigen Angebot an Nährstoffen brachte er sie aus dem äthiopischen Gebirgssee Tana mit. Trat der Strom Ende Juli oder Anfang August über die Ufer und verwandelte weite Teile des Landes in einen ruhigen See, dann schlug die Stunde der Burgunder Blutalgen. Vom glühenden Sonnenlicht begünstigt, breitete sich die blutrote Algenblüte ungehindert aus – sowohl im sanft dahinfließenden Nil als auch in den schlammigen Gewässern, Tümpeln, Kanälen und Zisternen.

Schon von weitem war die leuchtende Fläche deutlich zu sehen – und zu riechen: Beim Verwesungsprozess der Algen sorgten Faulgase für üblen Gestank. Sie verpesteten die Luft und machten das Wasser ungenießbar. Der erfolgte Sauerstoffausschluss und die freigesetzten Toxine wiederum verursachten den Massentod der Fische und anderer Organismen im Wasser: das traurige Ende eines funktionierenden Ökosystems mit dramatischen Auswirkungen für die gesamte Bevölkerung. Auch für die Israeliten, die im Land Goschen im östlichen Nildelta siedelten. Die fruchtbare Region war mit Sicherheit ebenfalls von der Not betroffen. Lediglich die Grundwasserspeicher, reichlich angefüllt von der Flut, kamen für die Trinkwasserversorgung in Frage.

Wie lange die Algenplage anhielt, lässt sich nicht mit Bestimmtheit sagen. Sicher dauerte sie länger als sieben Tage, wahrscheinlich mehrere Wochen. Im Oktober oder November war der Spuk vorbei, vermuten Experten. Und die Natur beeilte sich, die Wunden zu heilen. Innerhalb eines Jahres konnte sich der Fluss wieder regenerieren. Doch bis die akute Gefahr vorüber war, unternahmen einige der tierischen Nilbewohner den verzweifelten Versuch, dem vergifteten Gewässer zu entkommen.

Plage 2
Frösche im Stress

Welche Reaktion die Algenpest auslöste, berichtet die Bibel in der zweiten Plage. Dort steht: Im Nil mit seinen Nebenarmen, in den Kanälen und Sümpfen wimmelte es nur so von Fröschen. Sie krochen herauf und überdeckten das ganze Land. Plötzlich starben sie – wo immer sie auch waren: in den Häusern, den Höfen und auf dem Feld. Die Einheimischen klaubten die Kadaver auf und warfen sie auf Haufen. Die verwesenden Tiere verbreiteten einen üblen Aasgeruch.

Sogenannte Echte Frösche sind urtümliche Lebewesen, die seit über 350 Millionen Jahren den blauen Planeten bevölkern. Weltweit sind rund 750 Arten auf nahezu allen Kontinenten verbreitet. Auch der Nil bietet den wechselwarmen Lurchen seit alters her ein ideales Biotop. An seinen pflanzenumsäumten, sumpfigen Ufern mit den zahlreichen Bewässerungsgräben liegt die Heimstatt des Nilfroschs (Ptychadena mascareniensis): ein grünbrauner, schwanzloser Geselle mit spitzem Maul und großen Augen. Der gedrungene, von schwarzen Flecken übersäte Körper misst im ausgewachsenen Zustand nicht mehr als knapp sechs Zentimeter. Über den Rücken verlaufen drei gelbliche Drüsenleisten. Sie sorgen dafür, dass die hornlose Haut nicht austrocknet und vor Infektionen durch Mikroorganismen geschützt ist. Links und rechts des Mauls sitzt das Trommelfell, die Männchen verfügen zusätzlich über zwei innere Schallblasen. Sie aktivieren die Resonanzkörper vorzugsweise beim Liebesgesang im Frühjahr. Das schnarrende Quaken ertönt aber auch als eine Art Orientierungshilfe für Wasser suchende Artgenossen oder als Warnsignal an Konkurrenten.

Als Amphibie legt der Nilfrosch große Aktivität an den Tag, wenn es darum geht, einen Ortswechsel zu vollziehen. Mit seinen Schwimmhäuten zwischen den Zehen zieht er unermüdlich seine Bahnen durchs Wasser. An Land geht der Frosch, wenn er Ruhe- oder Sitzwarten aufsuchen will, um Sonne zu tanken oder wahlweise im Schatten Unterschlupf zu finden. Amphibien brauchen beides, nur so können sie die eigene Körpertemperatur bestmöglich regulieren. Geht der Nilfrosch auf Jagd, lauert er geduldig in Ufernähe und wartet auf die passende Beute. Dann schnappt er mit seiner langen, klebrigen Zunge blitzschnell zu. Die kleinen Wirbeltiere holen sich die Beute aber auch im Sprung. Dabei erzielen sie ungeahnte Weiten – die überlangen Hinterbeine verleihen ihnen regelrecht Flügel. Der körperliche Vorteil optimiert den Antrieb beim plötzlichen Absprung, während die kürzeren Vorderbeine helfen, die aufgetretenen Kräfte wieder abzufedern. Zu den Leibspeisen der Fleischfresser zählen Insekten aller Art: Wasserflöhe, Spinnen, Heuschrecken und Regenwürmer, unter Umständen sogar kleine Fische oder junge Mäuse. Die nützlichen Schädlingsbekämpfer übernehmen im Ökosystem eine wichtige Funktion. Sie verhindern Überpopulationen von Ungeziefer und somit die Ausbreitung von Krankheiten. Kein Wunder, dass die Alten Ägypter den Nilfrosch als heiliges Tier der Fruchtbarkeit verehrten.

Als die hochtoxische Algenblüte ab Ende Juli im Nil unter der gnadenlosen Sonne langsam heranwuchs, lag der Laich der Nilfrösche bereits im Wasser – bereit zur großen Metamorphose. Tausende von Eiern, eingepackt in mehr oder weniger große Gallertblasen, warteten darauf auszuschlüpfen. Einen Teil vertilgten die zahlreichen Fischarten, ein von der Natur vorgesehenes Regulativ. Die übrig gebliebenen Larven haben von Mitte Juli bis etwa Ende September Zeit, die wundersame Gestaltumwandlung von der Kaulquappe bis zum Jungfrosch zu vollziehen: Zuerst wachsen die Hinterbeine, dann die vorderen Extremitäten. Im weiteren Verlauf bilden sich die Kiemen zurück, dafür entsteht eine einfach gebaute Lunge. Gegen Ende der Mutation bildet sich schließlich der Ruderschwanz vollständig zurück. Im Normalfall ist die Umwandlung zum Fleisch fressenden Frosch nach rund drei Monaten abgeschlossen. Ende September/Anfang Oktober, wenn die Nilflut den Rückzug antrat, begann das neue Dasein der Amphibien zwischen den Welten. Dann wuselte es überall nur so von Fröschen, wohin das Auge blickte.

Daran hat sich bis heute wenig geändert. Doch durch die Verseuchung des Flusses und der stehenden Gewässer passierte damals etwas Ungewöhnliches: Die zahllosen Kiemenatmer gerieten in eine fatale Stresssituation, wie Naturwissenschaftler im Experiment nachweisen konnten. Ausgelöst wurde die prekäre Lage durch den erheblichen Sauerstoffentzug, den der dichte Algenteppich verursachte. Der Frischluftmangel führte bei den fischartigen

Wesen zu einer Überreaktion des Schilddrüsensystems und beschleunigte als Folge den Prozess der Metamorphose.

Das Resultat war ein Massenauftreten junger Frösche. Greta Hort vermutete, der Nachwuchs verließ bereits im August fluchtartig das nasse Terrain. Allerdings umwehte die Amphibien bereits der Flor des Todes. Denn solange sie sich noch als Larven im Nil tummelten, fraßen sie neben anderen Mikroorganismen vorzugsweise mineralreiche Algen, die sie mit ihrem scharfkantigen Kiefer abraspelten. Das Gift der Burgunder Blutalge, das im Wasser und als Gas in der Luft im Übermaß vorhanden war, hatte längst begonnen, die inneren Organe der Tiere anzugreifen. Zudem schwammen Tausende verwesender Fische an der Wasseroberfläche oder lagen am Ufer. Die faul riechenden Kadaver kommen ebenfalls als Herd bedrohliche Erreger in Frage.

Den erwachsenen Fröschen erging es ähnlich wie den Kaulquappen. Um dem Erstickungstod zu entrinnen, kehrten sie dem gestörten Biotop so schnell wie möglich den Rücken. Allerdings waren auch sie dem Tod geweiht. Entweder hatten sie vom verseuchten Wasser getrunken oder waren mit den kontaminierten Fischen in Kontakt gekommen. Die meisten werden die toxischen Stoffe aber eingeatmet haben. Amphibien reagieren auf veränderte Umweltbedingungen erstaunlich schnell. Das rührt daher, dass sie nicht nur über die Lunge, sondern zu einem hohen Prozentsatz über die extrem durchlässige Haut atmen. Schadstoffe dringen durch die vielen kleinen Kapillaren direkt in den Körper und werden so den Tieren zum Verhängnis. Ihr Verhalten in der Natur funktioniert wie eine Art Frühwarnsystem: Wenn Frösche einem angestammten Gewässer plötzlich fern bleiben, kann man mit großer Wahrscheinlichkeit davon ausgehen, dass der Lebensbereich nicht länger intakt ist.

Und genau so lautet der Befund für den Nil. Das erklärt die verfrühte Invasion der lebhaften Quaker. An Land war die brennende Sonne der nächste Gegner. Binnen kürzester Zeit würden die Drüsen der glitschigen Kerlchen austrocknen. Vielleicht auch in der Hoffnung, vom Trinkwasservorrat der Ägypter zu profitieren, suchten die gestressten Amphibien Schutz in den schattigen Höfen und Häusern. Wie die Bibel verrät, stand die Aktion unter keinem guten Stern. Dafür sind gleich mehrere Faktoren verantwortlich: Sauerstoffmangel, toxische Bakterien, glühende Hitze und der Mangel an Wasser. In der Summe führten sie zum Kollaps der Frösche und verursachten ein plötzliches Massensterben. Angenommener Todeszeitraum: ein bis zwei Tage nach der Abwanderung aus dem Nil. Davon betroffen waren sämtliche Habitate der Amphibien, besonders im Delta mit seinen zahlreichen Nebenarmen.

Für die Augenzeugen muss das makabre Schauspiel ein Schock gewesen sein. Ihrem Glauben gemäß werteten sie das Ereignis als Strafe der Götter. Es liegt auf der Hand, dass die Einheimischen die toten Körper von ihrem Grund und Boden schafften und auch die Felder frei räumten. Das Vorgehen war eine hygienische Maßnahme, die weiteren Verseuchungen entgegenwirken sollte. Die Kadaver zu verbrennen, hielten sie womöglich nicht für notwendig. Die glühende Sonne im Pharaonenreich würde den Verwesungsprozess schon bald stoppen und im Zusammenspiel mit dem beständigen Wind zur vollständigen Austrocknung der toten Tiere führen. Das wussten die

Menschen aus der langen Tradition der Mumifizierung von Leichnamen. Der rituelle Balsamierungsprozess, der über Jahrtausende den Totenkult der Hochkultur bestimmte, orientierte sich eng am Vorbild der Natur.

Plage 3 und 4
Invasion der Blutsauger

Auf die Verseuchung des Niles und das Massensterben der Fische und Frösche folgte eine Invasion von Stechmücken und Stechfliegen, wie die Bibel berichtet. Da die Flussbewohner als natürliche Fressfeinde des lästigen Ungeziefers und ihrer Larven ausfielen, kam es zu einer sprunghaften Vermehrung der Insekten-Population. Um sich das vorzustellen, braucht es wenig Phantasie. Die extreme Flut hatte vor allem die Moskitos (Culicidae) früher als sonst aus ihren Verstecken gelockt. Von August bis November bot das gigantische Schwemmland Scharen von winzigen Zweiflüglern klimatisch ideale Brutbedingungen. Im wohltemperierten Nil, den stehenden Gewässern und Tümpeln legten die Stechmücken zahllose Gelege ab, die als Eischiffchen auf der Wasseroberfläche umherschwammen. In der Regel scheidet ein Weibchen innerhalb weniger Wochen bis zu tausend Eier aus. Den geeigneten Zeitpunkt für die Ablage wählen sie instinktiv. Der Boden muss feucht genug sein, damit die Metamorphose von Erfolg gekrönt ist. Nach einer Entwicklungszeit von maximal zwei Wochen schlüpft dann das ausgewachsene Insekt. Bereits eine Stunde später ist es flugfähig und macht sich auf Nahrungssuche. Die gierigen Moskitos müssen sich aber beeilen, denn mit rund einundzwanzig Tagen ist ihr Dasein nur von kurzer Dauer. Nach einer besonders starken Überschwemmung, so die Einschätzung von Experten, bevölkerten Myriaden surrender Insekten das Pharaonenreich und belästigten Mensch und Tier gleichermaßen.

Doch lediglich die Weibchen lechzen nach einer ausgiebigen Blutmahlzeit. Ist der Paarungsakt erfolgreich vollzogen, brauchen sie für die Eiproduktion dringend Bluteiweiß. Um an das gewünschte Protein zu gelangen, setzen sie ihren langen Stechrüssel ein, mit dem sie geschickt in die Haut ihres Opfers eindringen und sich mit dem Seim des Lebens vollsaugen. Den geeigneten Wirt finden die Leichtgewichte mit ihren hochempfindlichen Rezeptoren. Sie sitzen an den Vorderbeinen und reagieren unmittelbar auf Körperwärme, Kohlendioxid, Feuchtigkeit und verschiedene Geruchsstoffe wie Milchsäure oder Ammoniak. Dank der Detektoren können Stechmücken ihre Beute selbst nachts präzise orten. Bei jedem Einstich geben die kleinen Plagegeister ein Speicheldrüsensekret ab, das die Wunde wie bei einer leichten Lokal-Anästhesie kurzzeitig betäubt. Darüber hinaus verhindert die klebrige Flüssigkeit beim Saugen die Blutgerinnung, verursacht aber auch den späteren Juckreiz sowie ein Anschwellen der sogenannten Stichzone. Sobald die Eiablage abgeschlossen ist, ernähren sich die Weibchen – ebenso wie ihre männlichen Artgenossen – nur noch von Nektar, Mikroorganismen, toten Tieren oder Kot.

Die Vorliebe für Aas, Unrat und Exkremente als Nahrungsquelle machen weibliche Stechmücken zu Überträgern gefährlicher Krankheitserreger – und zwar für

Mensch und Tier. Das ahnten schon die Alten Ägypter. Sie stuften Moskitos als »giftige Tiere« ein, wie medizinische Traktate aus der Frühzeit belegen. Vor kurzem konnten Wissenschaftler vom Klinikum Bogenhausen in zwei Mumien die 3500 Jahre alte DNS des einzelligen Parasiten Plasmodium falciparum feststellen, der die tödliche Malaria tropica hervorruft. Die Anopheles-Mücke gibt den Erreger bei ihrer Blutmahlzeit von Wirt zu Wirt weiter. Der pathologische Befund beweist, dass das heimtückische Sumpffieber bereits in der Bronzezeit entlang des Nil verbreitet war. Anscheinend glaubten die ägyptischen Ärzte aber, den Symptomen mit einer einfachen Eigenblut-Therapie entgegenwirken zu können. Darauf lässt ein zweifelhaftes Rezept schließen, das der »Papyrus Ebers« enthält. Der medizinische Ratgeber, der etwa 1525 vor Christus entstand und 877 Verordnungen für 250 Krankheiten enthält, verrät jedoch nichts über den Erfolg der Maßnahme.

Unheilvolle Erfahrungen hatte die einheimische Bevölkerung auch mit der Filariasis-Infektion. Dabei überträgt die Stechmücke Hunderte von dünnen, fadenartigen Würmern, die das Lymphsystem des Menschen besiedeln und im Blutstrom durch den Körper zirkulieren. Im Anfangsstadium äußert sich die Krankheit durch Rötung der Haut an einzelnen Körperteilen, gefolgt von fortschreitenden beulenartigen Schwellungen sowie Fieberschüben. Im schlimmsten Fall führt die Krankheit zu einem chronischen Lymphstau, der besonders die Unterbeine derart dick werden lässt, dass sie wie Elefantenfüße aussehen. Unbehandelt entstehen dort tiefere Risse und Platzstellen, die wiederum idealen Nährboden für Bakterien und Sporen darstellen. Beides kann ebenfalls in die Nahrungskette der Moskitos gelangen und beim Menschen schwere Darmkrankheiten auslösen.

Eine dritte Gruppe bilden Viruserkrankungen, die auf das Konto bestimmter Stechmücken gehen. Im Pharaonenreich gefürchtet waren Gelbfieber, West-Nil-Fieber und das Rift-Valley-Fieber. Sie alle hätten dem Land schwer zusetzen und weitreichende Epidemien ins Rollen bringen können. Es gab für die Ägypter also gute Gründe, die riesigen Moskitoschwärme zu fürchten. Welche der Stechmückenarten Ägyptens über die Bevölkerung und ihre Viehherden herfiel, lässt das Alte Testament völlig offen. Eine Lücke, die Wissenschaftler zu diversen Erklärungsmodellen beflügelte. In einem Punkt aber stimmen die Theorien überein: Die Plagen drei und vier sind sowohl Vorboten als auch Verursacher der nachfolgenden Seuchen fünf und sechs und können nur in diesem Zusammenhang untersucht werden.

Die vielen Kadaver der Fische und Frösche, die unter Ägyptens Sonne allmählich vermoderten, zogen auch Schwärme von Stechfliegen an. Besser bekannt als Wadenstecher (Stomoxys calcitrans), stürmten die Hauptakteure der vierten Plage die Wohnhäuser und Höfe der Nilanwohner. Von einem Tag auf den anderen verschwanden sie wieder – so plötzlich, wie sie gekommen waren. Erstaunlicherweise behauptet das 2. Buch Moses, dass der Landstrich Goschen von den lästigen Besuchern verschont blieb. Klimatologen beantworten das Phänomen damit, dass in der unterägyptischen Provinz mediterranes Klima vorherrschte und das Gebiet deshalb von den Auswirkungen einiger Plagen abgeschirmt blieb. Biologen halten dagegen, denn schließlich bot das östliche Nildelta mit seinen zahlreichen Wasserarmen üppiges Weideland für Ziegen, Rinder und Kühe. Die Nutztiere gehörten damals wie heute zu den bevorzugten Beutetieren der gefräßigen Parasiten. Selbst in gemäßigten Klimazonen fühlt sich das sechs bis acht Millimeter kleine Insekt heimisch, solange die Gegend ländlich ist und sie in der Nähe Wärme spendende Schuppen, Ställe oder Wohnhäuser vorfinden. Eine nachvollziehbare Erklärung für die regionale Abgrenzung könnte aber vielleicht lauten, dass Goschen im September/Oktober des Plagenjahres, als die Quälgeister Hochkonjunktur hatten, noch weitgehend unter Wasser stand. Die Wiederkäuer konnten nicht auf die Weiden geführt werden. Die Bauern behielten das Vieh im Stall oder trieben es aus den Sümpfen in ein anderes Gebiet weiter südlich. Wenn die Tiere in Goschen fehlten, dann blieben auch die Fliegen aus. Deshalb konnte dort kein Massenaufkommen der Insekten beobachtet werden. Spekulationen, denn es gibt keine aussagekräftigen Studien, die das Geheimnis um den Siedlungsraum der Israeliten endgültig aufdecken könnten.

Dass aber zahllose Geschwader von Wadenstechern dem Nilvolk immer wieder zu Leibe rückten, daran besteht kein Zweifel. Begünstigt durch das warme Klima des Spätsommers, entwickeln sich die Larven in der Regel binnen zwölf Tagen. Die Weibchen legen bis zu 800 Eier auf Rinderkot, Kadaver oder Misthaufen mit faulendem organischem Material. Nach etwa siebenundzwanzig bis achtunddreißig Tagen schlüpft das ausgewachsene Tier. Das Insekt ähnelt der Stubenfliege, wäre da nicht der lange, nach vorne gerichtete Saugrüssel. Damit gehen die tagaktiven Insekten auf Blutjagd – und zwar sowohl die Männchen als auch die Weibchen. Wissenschaftler haben herausgefunden, dass die Parasiten pro Tag zwei Mahlzeiten zu sich nehmen und dabei zwischen neun und sechzehn Milligramm Blut aufnehmen. Der Blutverlust stellt für die Opfer zwar kein erwähnenswertes Problem dar, aber dennoch birgt der Angriff einer Horde von Wadenstechern zahlreiche Gefahren. Ihr Stich hinterlässt nicht nur schmerzhafte Wundstellen, sondern in erster Linie unliebsame Krankheitserreger. Die lautlosen Flugkünstler sind preisverdächtige Zwischenwirte für lebensbedrohliche Cocktails aus Viren, Bakterien und schädlichen Keimen. Auf ihren Ausflügen landen die Insekten regelmäßig auf Aas, Exkrementen und Unrat, speichern dabei diverse Erreger in ihrem Mundwerkzeug, die sie beim nächsten Blutsaugen in die verletzte Stelle ihrer Opfer injizieren. Als Wiederholungstäter treiben sie die Zahl der Infizierten blitzschnell in die Höhe. Und selbst wenn die Fliege nicht sticht, dann haften Erregerrückstände an Beinen und Flügeln, die sie auf Lebensmitteln aller Art hinterlässt. Milzbrand, Ruhr, Salmonellen und andere Darminfektionen rangieren ganz oben auf der Liste möglicher Gesundheitsgefährdungen.

Wie Beschwörungsformeln im »Papyrus Smith« aus dem 19. Jahrhundert vor Christus belegen, wussten die Ägypter von der Fliege als Krankheitsüberträger. Die Hygienemaßnahmen waren für damalige Verhältnisse mehr als vorbildlich, wenn auch aus heutiger Sicht nicht ausreichend. Doch immerhin erfanden die Priester Rezepte zur Desinfektion und entwickelten magische Sprüche gegen Verunreinigungen von Nahrungsmitteln, Trinkwasser und Wohnhäusern.

Gegen das vom Wadenstecher übertragene Trachom aber zeigte sich jedes Heilmittel wirkungslos. Viele litten unter der schleichenden Augenkrankheit. Die Folgen der bakteriellen Infektion sind dramatisch, denn sie führt zum völligen Verlust der Sehkraft. Im Land am Nil war vor allem die ländliche Bevölkerung betroffen. Sie lebten mit ihrem Vieh unter einem Dach und sahen sich so den Attacken der Insekten erbarmungslos ausgeliefert. Die Zweiflügler setzen sich in die Augenwinkel der Menschen und legen dort ihre Erreger ab. Nach etwa sechs Tagen tauchen die ersten Symptome auf: Das Auge tränt und juckt, verursacht Schmerzen. Um die Lider lagert sich ein Sekret ab. An der Innenseite des Oberlids wuchern kleine Bläschen. Im weiteren Verlauf kommt es zu einer Ausbreitung der Entzündung, bis schließlich das gesamte Auge betroffen ist. Mit der Zeit entsteht eine dauerhafte Trübung der Hornhaut, es kommt zur Narben- und Geschwulstbildung, die eine kontinuierliche Verschlechterung des Sehvermögens zur Folge haben. Noch heute grassiert das Trachom in vielen unterentwickelten Ländern. Die Infektion gilt als die häufigste bakterielle Augenkrankheit der Welt.

Dort, wo Mensch und Tier eng beieinander lebten, lauerte aber noch ein anderes Bakterium. Der aggressive Bacillus Anthracis kann äußerst widerstandsfähige Sporen bilden, die sich selbst im Boden über Jahrzehnte halten. Bei Rind, Schaf und Ziege verursacht er den zumeist tödlichen Milzbrand. Die Ansteckung erfolgt über das Futter, das Trinkwasser auf der Weide oder eben über den Wadenstecher. Die Milz der betroffenen Huftiere schwillt an und verfärbt sich rotschwarz. Unter der Haut flammen brandige Geschwüre auf, die Tiere bekommen Fieber, aus dem Maul fließt blutiger Ausfluss. Die Seuche führt zu einem raschen Tod. Die Gefahr für den Menschen besteht schon allein im Kontakt mit dem infizierten

Vieh. Infektiöse Partikel sitzen auf der Haut und im Fell. Sie können entweder eingeatmet werden, oder sie dringen bei Berührung über kleine Wunden in den Körper. Sehr selten wird das giftige Bakterium bei dem Verzehr von Fleisch freigesetzt.

Die häufigste Art beim Menschen ist der Hautmilzbrand, der über den Stich der Fliege übertragen wird. Ein bis sieben Tage nach der Ansteckung sprießt aus der Haut ein Knötchen, das zu einem Eiterbläschen anwächst und von einer kreisrunden Rötung eingefasst ist. In nur kurzer Zeit folgen weitere Blasenbildungen, wobei das Bakterium Giftstoffe freisetzt. Der Patient fiebert, zeigt sich benommen und leidet unter Kreislaufstörungen. Zudem können die Lymphknoten anschwellen. Ohne Therapie ist der Patient dem Tod geweiht. Zumindest in der Frühzeit des Pharaonenreiches gab es für die Betroffenen kaum eine Überlebenschance.

Ob die Fliegen damals tatsächlich eine tödliche Gefahr darstellten, verrät der Autor der Biblischen Plagen nicht. Nur, dass die Invasion der Schädlinge plötzlich vorbei war. Laborversuche haben gezeigt, dass Wadenstecher Temperaturen zwischen 19 und 28 Grad Celsius als optimal empfinden und sich bestens entwickeln. Ihre Lebenserwartung beträgt dann bis zu vier Wochen. Bei 35 Grad Celsius hingegen sind die Insekten in weniger als drei Tagen verendet – es ist ihnen einfach zu heiß. Das plötzliche Verschwinden der Fliegenplage könnte demnach mit der großen Hitze in Ägypten zusammenhängen.

Als Martin Luther 1545 die Feder aus der Hand legte, standen weder Stechmücken noch Stechfliegen als Plagegeister der Bibel im druckfertigen Manuskript. Stattdessen hatte der Reformator das hebräische Wort »kinnim«

mit »Leusen« und den Begriff »arob« mit »Unzifer« übersetzt. Die Festlegung auf bestimmte Insektenarten stammt erst aus dem 20. Jahrhundert und wird von einigen Naturwissenschaftlern immer wieder als unzulässig kritisiert. Seit Jahrzehnten beschäftigen sich unterschiedliche Abhandlungen mit möglichen Übeltätern, wie sie in der fünften und sechsten Plage beschrieben sind. Die Palette der Vorschläge reicht von diversen Schimmelpilzsporen über eine Reihe von blutsaugenden Lausarten und im Staub lebender Flöhe bis hin zu Bremsen, Krätzmilben oder Schaflausfliegen. So unterschiedlich die Beweisführungen auch lauten, ein Ergebnis beherrscht sämtliche Theorien: Ein dichtes Gewühl von gefährlichen Mikroorganismen und Kleinsttieren störte das Ökosystem im Reich der Pharaonen. Die Schlüsselrolle im Drama um Land und Leute übernahm der Nil. Der Strom verwandelte sich zu einem lebensbedrohlichen Seuchenherd.

Plage 5
Das große Viehsterben

Die Ägypter liebten Tiere. Die Einheimischen klassifizierten sie in »obere« und »untere« Geschöpfe des Universums und rühmten sie in Hymnen, Märchen und zahlreichen Reliefs. Schon seit dem Alten Reich galt es als Sünde, ein Tier zu missachten oder ohne rituellen Hintergrund zu schlachten, wie Herodot im zweiten Buch seiner Historien überliefert. Dem Glauben nach spiegelte sich in den Kreaturen die Anwesenheit eines Gottes. Über die Jahrtausende riefen die Pharaonen immer wieder Tierkulte ins Leben. Zu Ehren des heiligen Stieres zum Beispiel hielten sie in den Tempeln pompöse Feiern ab, die Kobra wurde zum Schutzzeichen der Könige erhoben oder der Affe zum Symbol der Schreiber – die Liste der heiligen Kreaturen ließe sich endlos fortsetzen. Sorgfältig mumifizierte Tierkörper, die Ausgräber in Grabmälern unterschiedlicher Epochen entdeckten, zeugen einmal mehr vom ethischen Grundprinzip der Menschen damals.

Im Nilreich wimmelte es nur so von Wildtieren, Vögeln, Fischen, Klein- und Zuchtvieh. Vor allem das Delta bot den Wiederkäuern üppige Weidegebiete. Es gab sogar eine Rasse mit hohem Wasserbedarf, die in besonderem Maß auf die nördlichen Sumpfgebiete angewiesen war. Der sogenannte Keulenkopf des Narmer aus vordynastischer Zeit zeigt eine Inschrift, auf der allein 400 000 Rinder, 1 422 000 Schafe und Ziegen als Gesamtbestand des Reiches registriert sind. Viehzählungen wurden alle zwei Jahre durchgeführt, um die Steuerabgaben der Bauern zu bemessen. Die Produkte aus der Viehzucht standen nach dem Ackerbau und der Marschenwirtschaft lange Zeit an dritter Stelle der staatlichen Einnahmequellen – auch wenn sich die Zahl an Rindern bis zum Jahr 1000 vor Christus kontinuierlich verringerte.

Das innige Verhältnis der ländlichen Bevölkerung zu ihren Nutz- und Lasttieren sowie der enorme Wirtschaftsfaktor Vieh lassen erahnen, wie tief der Schock saß, als sich unter Pferden, Eseln, Kamelen, Rindern, Schafen und Ziegen ein Massensterben ankündigte. Die Bibel berichtet, dass nur ägyptische Tiere von der Pest betroffen waren – und zwar ausschließlich diejenigen, die auf dem »Feld« weideten. Das auserwählte Volk in Goschen hingegen verlor nicht ein Stück aus seinen Herden. Greta Hort zieht daraus den Schluss, dass die Paarhufer aus dem Bestand der Israeliten noch in den Ställen standen, während die anderen bereits auf den Wiesen grasten. In der Regel waren die Tiere in den Monaten von Juni bis Dezember – zu Zeiten des Tiefststands des Nil und der Schwemme – eingestallt. Von Januar bis einschließlich Mai führten die Hirten die Wiederkäuer ins freie Gelände. In einem Jahr mit extremer Flut aber konnte sich die Planung um Wochen nach hinten verschieben.

Die Erklärung der Wissenschaftlerin scheint plausibel. In Goschen ging das Hochwasser nicht so schnell zurück wie weiter südlich in Oberägypten. Der achte Gau im

Norden des Reiches stand unter dem Einfluss des mediterranen Klimas, das nur mit Temperaturen von durchschnittlich 20 Grad Celsius aufwartete. Das subtropisch beeinflusste Nildelta hingegen litt weitaus kürzer unter den Überschwemmungen. Die flache Ebene erlaubte dem Wasser zwar, sich ungehindert zu einem riesigen See auszubreiten. Aber unter der glühenden Hitze verdunstete die Flut kontinuierlich oder versickerte im Boden. Die Tiere aus dem oberen Niltal gelangten folglich als Erste auf die Weiden – nichtsahnend, welche Parasiten dort auf sie warteten. Schlüssig wird Horts Theorie von der Verschonung des israelitischen Viehs, wenn man zudem ihre medizinische Diagnose betrachtet. Die dänische Forscherin ist davon überzeugt, dass hinter der biblischen Viehpest nichts anderes als der tödliche Milzbrand steckt. Vom Wadenstecher ab den Spätsommermonaten verbreitet, könnte die hoch ansteckende Infektion zu einer Epidemie geführt haben, die massenhaft Rinder, Kühe und Kälbchen verenden ließ. Sollten die Stechfliegen im Plagenjahr, wie einige Wissenschaftler vermuten, tatsächlich in Goschen nur vereinzelt vorgekommen sein, dann blieb der Milzbrand auf die südlicheren Regionen beschränkt.

Die beiden Epidemiologen John S. Marr und Curtis Malloy vom New Yorker City Department of Health sehen die Sachlage ganz anders. Sie glauben an zwei andere lebensbedrohliche Viren, die von einer bestimmten Stechmückenart, der Culicoides nubeculosus, verschleppt werden. Einen Erreger identifizieren die beiden Spezialisten als African Horse Sickness Virus (AHS), das sich besonders resistent zeigt und im Freien mehrere Jahre überlebt. Bislang wurde die Krankheit bei Pferden,

 Zebras, Eseln, Afrikanischen Elefanten sowie bei Angoraziegen festgestellt. Die Ansteckung erfolgt zumeist während der Sommerregenzeit, wenn die Schwärmperiode der Moskitos ihren Höhepunkt erreicht. Wie stark sich die Seuche verbreitet, hängt vom Vorkommen der Überträger ab. Die infizierten Blutsauger können aber mit den Winden über zweihundert Kilometer weit getrieben und damit auch zur überregionalen Gefahr werden. Insofern hätte Goschen – zumindest theoretisch – mit der Epidemie rechnen müssen.

Die Forschung unterscheidet zwischen vier klassischen Formen der Pferdepest. Besonders grausam ist die Version, die dem Milzbrand ähnelt: An Kopf und Hals werden Schwellungen sichtbar, Haut und Schleimhäute verfärben sich blaurot, es kommt zu Blutungen und einer Bindehautentzündung am Auge. Nach vier bis acht Tagen stirbt das Tier an Herzversagen. Auf den Menschen kann die Pferdepest nicht übertragen werden. Der zweite Killer nennt sich Blauzungenvirus, der Rindern, Schafen und Ziegen das Leben zur Hölle macht. Den Namen erhielt die Maulkrankheit wegen der symptomatischen Blaufärbung der Zunge des betroffenen Viehs. Auch diese Infektion bleibt unter Tieren, wobei sich hauptsächlich Schafe als empfänglich erweisen. Die Krankheit verläuft ähnlich wie bei der African Horse Sickness: Fieber, Anschwellen der Schleimhäute am Maul, Blaufärbung der Zunge sowie Geschwürbildungen. Nicht zuletzt bilden sich schmerzliche Entzündungen in den Muskeln und an den Klauen. Selbst wenn keine äußeren Anzeichen vorhanden sind, gibt es genügend Symptome zur Früherkennung: Sie reichen von Lahmheit bis hin zu Missbildungen im Mutterleib oder hoher Kälbersterblichkeit. Die Infektion endet nicht unbedingt tödlich, bedingt aber in der Regel eine Notschlachtung des gesamten Bestands.

Trotz aller Bemühungen um wissenschaftliche Erklärungen für die Tierepidemie, muss man sich vor Augen führen, dass die aufgeführten Theorien nach dem Ausschlussverfahren möglicher Seuchen funktionieren. Die biblische Schilderung bleibt auch im Fall der Viehpest viel zu vage, um das tatsächliche medizinische Phänomen hundertprozentig zu identifizieren. Außerdem verwendeten die Schreiber der Bronzezeit und Antike den Begriff Pest inflationär für Epidemien aller Art. Daher wagen Forscher in den seltensten Fällen eine »Ferndiagnose«. Offensichtlich halten sie es aber für unmöglich, dass die berüchtigte Rinderpest vom Typus A040 die Ereignisse im Nilland verursachte. Zumindest fehlen bislang entsprechende Untersuchungen. Und das, obwohl die hoch ansteckende Infektion bereits in altägyptischen Quellen Erwähnung fand. Der Papyrus Hearst, der um 1550 vor Christus datiert wird, enthält eine Beschwörung gegen die aus Asien eingeschleppte Erkrankung. Der Text lautet: »Beschwörung der Asiaten-Krankheit: Wer ist allwissend wie Re? Wer ist ebenso allwissend? Etwa dieser Gott, der den Leib mit Holzkohle ankohlt?« Die Zeilen schließen mit der Aufforderung, diese Gottheit umgehend unschädlich zu machen.

Zugegeben, der verzweifelte Spruch bezieht sich auf Symptome am menschlichen Körper. Die Quelle beweist aber, dass der tödliche Erreger bereits in der Bronzezeit existierte. Zudem erfüllt die Rinderpest eine Reihe von Kriterien, die ins Bild der Biblischen Plagen passen: Der Killer-Bazillus befällt Rinder ebenso wie alle anderen kleineren Wiederkäuer (Typus A050). Der Mensch kann sich nicht anstecken. Im Freien überlebt das Virus bis zu fünf Monate. Im Stall zersetzt er sich wegen der Fäulnisprozesse des Strohs innerhalb von 24 Stunden. Dabei verliert der Erreger zusehends an Vitalität. Aufgenommen werden die sogenannten Morbilliviren über kontaminiertes Wasser oder über die Atemwege. Die Inkubationszeit beträgt zwischen drei und fünfzehn Tagen. Die infizierten Tiere leiden unter hohem Fieber, angeschwollenen entzündlichen Schleimhäuten und starkem Tränenfluss. Später setzt schwerer Durchfall ein, nach etwa sieben Tagen erliegen die Wiederkäuer ihrem Leiden.

Vor dem Hintergrund der Ökokatastrophe durch die Burgunder Blutalge könnte das Viehpestvirus durchaus als Verursacher der fünften Plage in Frage kommen. Die Herden auf den Weiden nahmen den Erreger schlicht und ergreifend über das verseuchte Wasser in den Tümpeln auf. Davon ausgespart blieb das Vieh, das im Stall auf seine Versorgung wartete. Die Israeliten hatten es nicht ins Gelände gelassen, weil sie beobachteten, wie sich das Wasser rot verfärbte und anfing zu stinken, die Fische und Frösche verendeten und schließlich Moskitos sowie Stechfliegenschwärme über das Land hereinbrachen. Als erfahrene Rinderhirten wussten die Männer genau, welche Seuchengefahr draußen lauerte und hielten ihre Tiere in weiser Vorausschau unter Verschluss. Eine einfache, aber durchaus vorstellbare These für das Rätsel von Goschen.

Plage 6
Seuchen-Alarm

Ähnlich wie die fünfte Plage enthält auch die sechste Katastrophe nur knappe Hinweise über Art und Beschaffenheit der göttlichen Strafe. Die spärlichen Anhaltspunkte lauten: Moses und Aaron nahmen Ruß aus dem Ofen und warfen ihn in die Höhe. Daraufhin brachen in ganz Ägypten bei Mensch und Vieh böse Blattern aus. Was mit den Israeliten passierte, darüber macht die Bibel keine konkreten Angaben. Etwas präziser als die Einheitsübersetzung beschreibt die hebräische Variante wenigstens die Symptome: »Schechin« und »ababuot« bedeuten, dass sich Geschwüre mit aufplatzenden Blasen bildeten. Aufgrund des Krankheitsbildes kommen gleich mehrere Infektionen in Frage – mit Ausnahme der tödlichen Pest, die Jahwe ausdrücklich nicht über den Pharao und seine Untertanen schickte (Ex. 9, 15–16).

Die Wissenschaftlerin Greta Hort vertritt die Ansicht, ein Großteil der Bevölkerung sei vom Hautmilzbrand befallen gewesen. Er kommt häufig in Zusammenhang mit dem Viehmilzbrand vor und ist vom Tier auf den Menschen übertragbar. Über die Atemwege, Kleinstwunden oder Insektenstiche gelangen die ansteckenden Viren in den Blutkreislauf. Die Inkubationszeit beträgt zwischen ein und sieben Tagen. Auf der Haut entstehen nach und nach knötchenartige dunkle Blasen, die sich mit Eiter füllen. Sie platzen auf und hinterlassen eine brandartige Wunde, die langsam austrocknet. Der schmerzhafte Ausschlag, der mit Fieber und massiven Kreislaufstörungen einhergeht, breitete sich vor allem an den unteren Extremitäten aus. Das zumindest entnimmt die Forscherin aus entsprechenden Beschreibungen der Bibel. So berichtet das 5. Buch Moses im 28. Kapitel: »Der Herr wird dich schlagen mit bösen Geschwüren an den Knien und Waden, dass du nicht geheilt werden kannst, von den Fußsohlen bis zum Scheitel« (Dtn. 28, 35). Die Zeilen verweisen auf den Wadenstecher, der seit Jahrtausenden im Nilland als Verursacher von Infektionen bekannt ist. Den bildhaften Namen erhielt das Insekt, weil es seine Opfer vorzugsweise in die Unterbeine sticht. Die Israeliten hatten Glück und steckten sich nicht an, da die Fliegenplage der Region Goschen aus unerfindlichen Gründen fernblieb.

Wie Mediziner versichern, dauert der Heilungsprozess von Hautmilzbrand viele Wochen. Die Erfolgschancen liegen bei ungefähr dreißig Prozent – vorausgesetzt, man beginnt frühzeitig mit der Therapie. Bereits im 2. Jahrtausend vor Christus hatten die ägyptischen Ärzte diverse Heilmittel zur Hand, um Brandwunden, Blasen und Geschwüre zu behandeln. Der »Papyrus Ebers« berichtet ausführlich über diverse Rezepte. So half Dattelsaft, vermischt mit Gummiharz und Honig, bei leichteren Blessuren. Gegen Eiterbeulen wurde zum Beispiel eine Mixtur aus Fenchelextrakten, rotem Natron, Ruß und diversen Pflanzensäften auf die Wundstellen aufgetragen. Aber auch Ingredienzien wie Katzenhaare, Urin und Kot nutzten die weisen Männer, um daraus exotisch anmutende Salben gegen Entzündungen der Haut herzustellen. Die Quellen verraten nicht, ob und wie viele Patienten mittels der Naturheilverfahren gerettet wurden. Der Bibeltext lässt aber vermuten, dass Mensch und Tier die »bösen Blattern« überlebten. Demnach fiel die Erkrankung nicht so schwer aus, als dass sie zum Tod führte. Trotzdem war die Seuche ein schwerer Schlag für die Einheimischen. Erst starben die Herden auf der Weide, dann erkrankte das restliche Vieh im Stall. Sie selbst lagen danieder und konnten ihrer Arbeit nicht mehr nachgehen. Die Epidemie legte einen wesentlichen Bereich der Wirtschaft lahm – in Ägypten herrschte der Ausnahmezustand.

Wie Untersuchungen an der Mumie von Ramses V. (1145–1142 vor Christus) zeigten, trieb noch eine andere Seuche ihr Unwesen im Reich der Pharaonen. Die Rede ist von den Blattern, beziehungsweise Pocken. Die hoch ansteckende Virusinfektion wütete über Jahrtausende im Nilland und kommt ebenfalls für das biblische Drama in Betracht. Wie der Milzbrand kann sie Mensch und Tier gleichermaßen befallen. Und je nach Erreger – es gibt etwa 40 unterschiedliche Arten – bestehen für die Betroffenen sogar reelle Heilungschancen. Bis in die Neuzeit starben weltweit viele Millionen Menschen an Pocken. Erst 1980 erklärte die Weltgesundheitsorganisation WHO die Epidemie für ausgerottet. Die Bibel nennt die Krankheit »Ägyptisches Geschwür« (Dtn. 28, 27). Im »Papyrus Ebers« heißt sie »Uhedu« und bezeichnet einen geschwürigen Hautausschlag. Um 40 nach Christus beschreibt Philon von Alexandria, einer der bedeutendsten

Denker des hellenistischen Judentums, die Symptome ausführlich in seinem Werk »De Vita Moysis«.

Mediziner unterscheiden zwischen Echten Pocken (Variola major) und den milderen Weißen Pocken (Variola minor). Die schlimmste Form stellen die Schwarzen Pocken (Variola haemorrhagica) dar. Von Mensch zu Mensch werden die Erreger in der Regel durch Tröpfcheninfektion, also beim Sprechen, Niesen oder Husten, übertragen. Doch auch infizierter Staub in Kleidung oder Wäsche genügt, um sich anzustecken. Das Virus vermehrt sich im Rachenraum, befällt die Zellen der Lymphknoten und gelangt anschließend in den Blutkreislauf. Nach etwa sieben bis zwölf Tagen zeigen sich die ersten Symptome: Zunächst treten grippeähnliche Beschwerden auf. Vier Tage später folgt der typische Hautausschlag – vom Kopf abwärts bis zu den Füßen. Es entstehen stark juckende Flecken, die in Bläschen und schließlich in eitrige Pusteln übergehen, die anschließend unter einer Kruste austrocknen. Während der akuten Phase leidet der Patient unter Fieberschüben, die unter anderem Wahnvorstellungen auslösen können. Etwa ein Drittel der Erkrankten stirbt, bei den Weißen Pocken beträgt die Rate nur ungefähr ein Prozent. Nach der Gesundung bleiben auf der Haut meist zahllose Narben zurück. Viele Kranke erblinden teilweise oder sogar vollständig. Der einzige Vorteil: Wer die Pockenerkrankung überlebt, ist gegen das aggressive Virus lebenslang immun.

Da die biblischen Blattern jedoch weder die Bevölkerung noch das Vieh töteten, ziehen Forscher nur eine abgeschwächte Form der Epidemie in Erwägung. Einige Fachleute vermuten, dass damals die Kuhpocken im Nilland grassierten. Die weniger gefährlichen Erreger nisten sich zwar auch im menschlichen Organismus ein, fordern aber keine Todesopfer. Nach maximal acht Wochen ist der Spuk vorbei.

Eine dritte Variante der Plagentheorien liefern die Seuchen-Spezialisten John S. Marr und Curtis Malloy. Die beiden Amerikaner tippen auf das Bakterium Burkholderia mallei, das im Boden, in Süßwasser und verrottendem Material beste Lebensbedingungen findet. Esel, Pferde und manchmal kleinere Nagetiere sind die bevorzugten Wirte des Parasiten. Die Pflanzenfresser stecken sich an, wenn sie die Mikroorganismen über die Luft einatmen oder über verseuchtes Wasser, beziehungsweise verunreinigte Nahrung zu sich nehmen. Auch der Wadenstecher kommt wieder zum Zuge, denn er fungiert nach Malloy und Curtis als zusätzlicher Überträger.

Die Krankheit, die das Bakterium hervorruft, nennt sich Rotz oder Malleus. Im Prinzip handelt es sich dabei um einen fiebrigen Hautwurmbefall, der sich in eitrigen Geschwüren auf der Haut und/oder einer Schwellung der Schleimhäute mit starker Sekretbildung zeigt. Medizinischen Handbüchern zufolge ist die Infektion bei Pferden nicht lebensbedrohlich. Trotzdem werden zur Vermeidung einer Epidemie alle infizierten Exemplare umgehend getötet und entsorgt, krankheitsverdächtige Tiere müssen monatelang in Quarantäne. Die Prognose für den Mensch klingt noch vernichtender: Unbehandelt besteht kaum eine Überlebenschance. Selbst mit Therapie stirbt immerhin noch jeder Dritte an der verheerenden Infektion.

Eine jüngste Studie, die Hermann und Anna Levinson vom Max-Planck-Institut in Seewiesen im Jahr 2008 veröffentlichten, argumentiert sogar für eine Doppelplage.
 Die Fürsprecher glauben an eine gleichzeitige Verbreitung

von Hautmilzbrand und Hautrotz als Resultat zahlreicher Erreger, die von Stechmücken, Stechfliegen und dem Vieh weitergetragen wurden. Ursache der jeweiligen Übel war der von Algen verunreinigte Nil. Der heilige Fluss setzte eine Kettenreaktion in Gang, die etwa sechs Monate nach Beginn der Plagen in einer flächendeckenden Epidemie gipfelte. Sie begründete das Ende der Viehwirtschaft – zumindest für einen langen Zeitraum. Doch Anfang Februar traf es die Einheimischen noch schlimmer. Eine Naturkatastrophe zog auf, die einen anderen wichtigen Zweig des ägyptischen Staates bedrohte: den Ackerbau.

Plage 7
Wetterchaos aus den Wolken

Im National Center of Atmospheric Research in Colorado verwahrt Dr. Charles Knight einen außergewöhnlichen Schatz. Der Atmosphärenphysiker sammelt Hagelkörner verschiedener Formen und Größen aus aller Herren Länder und unterschiedlichen Jahren. Zu Studienzwecken konserviert er die kristallinen Bälle in tiefgekühlten Behältern. Star seines Archivs ist ein Hagelgigant von einem knappen Kilogramm Gewicht. 1972 fiel er mit einer Durchschnittsgeschwindigkeit von etwa 40 Metern pro Sekunde in Coffeyville, Kansas, vom Himmel. Eisklumpen wie dieser können mühelos Hausdächer durchschlagen und Menschenleben vernichten.

Von der zerstörerischen Gewalt der Natur berichtet das Alte Testament in der siebten Plage. In Ägypten brach ein verheerendes Unwetter aus, wie es das Pharaonenreich nie zuvor erlebt hatte: Es donnerte, hagelte, blitzte und regnete. Sogar Feuer schoss auf die Erde nieder. Die Hagelkugeln prasselten wie eine Salve auf das Land am Nil herab. Jeder Treffer hinterließ eine tödliche Wunde – sowohl bei den Einheimischen als auch bei dem Vieh auf den Feldern. Bäume und Gewächse zerbrachen, der blühende Flachs und die reife Gerste wurden restlos zerstört. Schutz fand die Bevölkerung allein in den Häusern. Ein Chaos, von dem Goschen nichts zu spüren bekam.

Das Desaster gibt Rätsel auf, denn eigentlich gehört Ägypten nicht zu den durch Unwetter gefährdeten Gebieten der Erde. Ganz im Gegenteil: Der Staat im Nordosten Afrikas gilt gemeinhin als Sonnenparadies mit geringen Niederschlägen, hohen Tagestemperaturen und angenehm kühlen Nächten. Bis zum Bau des Assuan-Staudamms mussten die Ägypter vielmehr ständig damit rechnen, dass ein Dürrejahr bevorstand und das Land in eine unheilvolle Hungersnot stürzte.

Für das Wetter im Pharaonenreich verantwortlich ist Ägyptens Lage im subtropischen Trockengürtel. Eine Ausnahme bilden nur die etwa siebenhundert Kilometer lange Mittelmeerküste und das weit verzweigte Nildelta. In beiden Regionen sorgt mediterranes Klima für milde Winter mit wenigen Regenphasen und sehr warme Sommer. Die heißeste Jahreszeit ist der Frühling, aber auch der Herbst zeigt sich sonnig und trocken. Die Tages- und Nachttemperaturen schwanken wenig. Im unteren Niltal, das sich südlich von Kairo bis nach Assiut erstreckt, sehen die Wetterverhältnisse ähnlich aus wie im Norden. Unterschiede bestehen in der geringeren Luftfeuchtigkeit, in höheren Temperaturschwankungen zwischen Tag und Nacht und einer längeren Sommerperiode mit Spitzenwerten bis zu 41° Celsius. Die dritte Klimazone umfasst das schmale obere Niltal bis Assuan sowie die Wüstengebiete mit ihren Oasen. Das Wetter dort ist geprägt von milden Wintern mit kühlen Nächten und sehr heißen Sommern, die von Ende April bis Ende Oktober dauern. Entsprechend kurz fallen Frühling und Herbst aus, bescheren den Einheimischen dafür aber einen brennend heißen Wüstenwind, der unzählige Staubteilchen mit sich führt. Der trockene Chamsin weht aus Südost bis Ost und kann sich blitzschnell zu einem Supersturm entwickeln. Sein Name gibt Auskunft über seinen Charakter: Direkt nach der Frühjahr-Tagundnachtgleiche erhebt er sich und soll der Überlieferung nach fünfzig Tage lang durchs Land fegen. Zudem haben Meteorologen beobachtet, dass sein Entstehen häufig durch ein Tiefdruckgebiet über dem Mittelmeer und einem gleichzeitigen Hoch über dem heutigen Irak beeinflusst wird. Soweit die allgemeinen Klimabefunde für Ägypten.

Doch Ausnahmen bestätigen die Regel. Selbst im Land der ewigen Sonne macht das Wetter, was es will. Schon zu Zeiten der Pharaonen kam es hin und wieder zu massiven Umschwüngen, die außergewöhnlich heftige Gewitterstürme nach sich zogen. Die berühmte Unwetterstele von Ahmose I. (1550–1525 vor Christus) berichtet von einem drastischen Beispiel aus der Zeit seiner Herrschaft: »Ein Regensturm zieht auf, der Himmel verdunkelt sich durch eine dichte Wolkendecke. Das Unwetter tobt mit lautem Tosen über der Wüste. Nachdem der Sturm sich gelegt hat, sieht sich der König unmittelbar mit den zerstörerischen Folgen konfrontiert: überall eingestürzte Häuser und Lager, Tote unter den Trümmern begraben oder im Nil treibend und von dessen Strömung mitgerissen.«

Verursacher derartiger Unwetter in Ägypten sind die starken Aufwinde im oberen Niltal, die meist in den ersten Februarwochen auftreten. Dann steigen feuchtwarme Luftmassen rasch in die Atmosphäre auf und kühlen dort ab. Während des Prozesses kondensiert Wasserdampf, der die Bildung dichter Haufenwolken begünstigt. Die dabei freigesetzte Wärme befördert die nachströmenden Luftmassen weiter nach oben, wo sie an den Wolkenrändern turmartige Auswüchse bilden. In Höhen von fünf bis sechs Kilometer beträgt die Temperatur jedoch nur noch zwischen 10 und 15 Grad Celsius unter Null. Deshalb entstehen Frostzonen, in denen die Umwandlung der Wassertropfen zu Eiskristallen erfolgt. Aus noch nicht geklärten Gründen laden sich Tröpfchen und Kristalle im Inneren der Wolken elektrisch auf. Die kleinen, positiv geladenen Teilchen steigen in die höheren Schichten auf, die schweren, negativ geladenen Partikel rutschen an die Basis. Hat die Spannung ein bestimmtes Maß erreicht, dann erleichtern sich die Wolken unter lautem Getöse von Blitz und Donner. Meist begleitet ein kräftiger Regen- und/oder Hagelschauer das himmlische Spektakel. Hagelt es, gilt dies immer als Hinweis auf turbulente Aufwinde innerhalb der Wolkendecke. Die Kristalle werden in den unterschiedlich temperierten Schichten wieder und wieder herumgewirbelt, wobei sie in den tieferen Luftschichten neues Wasser aufsammeln, das in den kalten gefriert und Eisanlagerungen bildet. Sozusagen als Bindemittel sind darin auch Sandkörnchen und winzige Staubpartikel enthalten. Mit jedem Aufsteigen wachsen die Hagelkörner kontinuierlich, bis sie so groß sind, dass die Aufwinde sie nicht mehr tragen können. Dann stürzen sie in einer gewaltigen Sturmböe auf die Erde hinab. Wegen der hohen Fallgeschwindigkeit bleibt den Eisklumpen keine Zeit, zu schmelzen. Die Folge ist ein Hagelschauer, der wie bei den biblischen Plagen nicht nur Menschen und Tieren das Leben kostet, sondern auch ungeheure Sachschäden anrichten kann.

Der natürliche Schauplatz des biblischen Hagelunwetters erstreckte sich entlang der Nilsenke. Dort, wo einst die großen Ackerbauflächen des Pharaonenreiches lagen. Das Gewitter tobte sich in der Region aus, konnte aber nicht aus dem schmalen Tal heraus und auf die Provinz Goschen im Delta übergreifen. Forscher nehmen an: Als der Hagelsturm vorüber war, hatten die massiven Eisklumpen viele Hektar der riesigen Flachs- und Gerstefelder vollständig verwüstet.

Aus den meteorologischen Daten und den ägyptischen Erntezyklen lässt sich sogar bestimmen, wann die Naturkatastrophe eintrat. Normalerweise pflanzten die Bauern die Flachssamen im Januar eines jeden Jahres. Bereits drei bis vier Wochen später standen die Pflanzen in voller Blüte, nach weiteren dreieinhalb Monaten bereit zur Ernte. Die Aussaat der Gerste fand stets im August statt, im darauffolgenden Februar konnten die Fellachen den Ertrag ihrer Arbeit einfahren. Weizen und Korn hingegen gehörten zum Spätgetreide und wurden frühestens ab Ende März eingeholt. Der Textüberlieferung zufolge »stand die Gerste in Ähren und der Flachs in Blüte«. Das heißt, das fatale Jahrhundertereignis muss irgendwann im Februar über Ägypten eingebrochen sein.

In Anbetracht der Tatsache, dass die globale Erwärmung der Erdatmosphäre Deutschland längst in einen Hot Spot für Hagelgewitter verwandelt hat, stellt sich die Frage, ob die Unwetterkatastrophen im Nilland nicht ebenfalls auf Klimaveränderungen zurückzuführen sind. Die Schilderungen in der Heiligen Schrift geben darüber zwar keine Auskunft, enthalten aber Details, die für ein außergewöhnliches Klimaphänomen in jenen Tagen sprechen. Spekulativ hingegen bleiben die Thesen über das Feuer, das zur Erde schoss, wie es in der siebten Plage heißt. Die meisten Gelehrten deuten die Umschreibung als Blitz, der mit Millionen von Volt pfeilschnell in den ägyptischen Boden eindrang. Eine andere Auffassung lautet, dass es sich bei der Naturerscheinung um die glühende Lava eines ausgebrochenen Vulkans handelte. Eine kühne Behauptung, denn die nächsten brodelnden Berge lagen viele hundert Kilometer vom oberen Niltal entfernt.

Plage 8
Sturmangriff der Wanderheuschrecken

Als sich das Gewitter verzogen hat und der Himmel über Ägypten wieder strahlt, bieten die Felder, Wiesen und Äcker ein trauriges Bild der Verwüstung. Die Familien beklagen ihre Toten, das Vieh liegt erschlagen im Gelände. Doch damit nicht genug: Ein Ostwind zieht auf, der vierundzwanzig Stunden lang übers Land fegt. Am Morgen danach zeigt sich am Horizont erneut eine mächtige Wolke, die sich wie ein dunkler Vorhang vor die Sonne schiebt. Kurz darauf erfüllt ein bedrohliches Knistern die Luft – das typische Geräusch schnell schlagender Pergamentflügel. Beim Näherkommen mutiert der eindringliche Sound zum ohrenbetäubenden Zirpen. Zigmillionen braungelber Wanderheuschrecken steuern in einer geschlossenen Formation auf die Kornkammer Ägyptens zu. Das Geschwader kennt nur ein Ziel: seinen unbändigen Hunger zu stillen. Kurz darauf fallen Tonnen gieriger Fressmaschinen vom Himmel – so viele wie nie zuvor.

Der größte Schwarm, der je auf der Erde gemessen wurde, setzte sich aus fünfunddreißig Milliarden wild gewordenen Angreifern zusammen, die ein Gebiet von zweihundertfünfzig Quadratkilometern bedeckten. Die circa sieben Zentimeter langen Tiere erreichten eine Gesamtmasse von stolzen fünfzigtausend Tonnen Gewicht. Zahlen fürs Guinness-Buch der Rekorde, die jede Vorstellungskraft übersteigen. Die Durchschnittswerte lesen sich aber auch nicht schlecht: Pro Horde liegen sie bei einer Ausdehnung zwischen fünf und zwölf Quadratkilometern und einer Marge von siebenhundert Millionen bis zwei Milliarden Exemplaren bei einem Gesamtgewicht von bis zu dreitausend Tonnen.

Haben Wanderheuschrecken erst einmal einen von der Natur reich gedeckten Tisch aufgespürt, gibt es kein Halten mehr. Wo sich die kleinen Tiere mit den kurzen Fühlern und den dunklen Knopfaugen niederlassen, walzen sie alles platt. Unter dem Gewicht des Massenaufgebots knicken Halme, Pflanzen und Sträucher ein, zerbersten sogar Baumäste. Wie die Bibel erzählt, drängten sich die Insektenleiber dicht an dicht und brachten umgehend ihre gezackten Kieferzangen in Stellung. Das schrille Zirpen wich plötzlich einem sonoren Knacken und Schmatzen – die Schistocerca gregaria hatte mit ihrer Mahlzeit begonnen. Im Akkord fraßen sie alles, was der Hagel übrig gelassen hatte. Für das schwer angeschlagene Pharaonenreich ein Fiasko. Eine Heuschrecke vertilgt täglich zwei Gramm Pflanzenmaterial – etwa so viel, wie ihr eigenes Körpergewicht beträgt. 1978 brachte es ein Riesenschwarm in Nordostafrika in einer Topzeit von vier Stunden bis zum Kahlschlag. Das Terrain, das die Insekten in Angriff nahmen, war so groß wie die Fläche von Niedersachsen und Schleswig Holstein zusammen! Als das Rollkommando schließlich abzog, ließ es einen dicken, kilometerlangen Teppich aus Exkrementen zurück.

»Pa senchem« – »Vertilger von Pflanzen« nannten die

Alten Ägypter die in Afrika, dem Nahen Osten und Südwestasien heimische Wüstenheuschrecke. Seit 3100 vor Christus fielen die Allesfresser regelmäßig im Nilland ein und stürzten das Großreich in diverse Ernährungskrisen. Existenzielle Erfahrungen, die den Menschen in ewiger Erinnerung blieben. Grabmalereien aus dem 15. Jahrhundert vor Christus zeigen die Chitin gepanzerten Kerlchen mit einer ihrer Leibspeisen – der Papyruspflanze. Wahrscheinlich büßte der Besitzer der Beerdigungsstätte bei einem Vernichtungsfeldzug der Heuschrecken seine Ernte ein. Auch im 13. Jahrhundert vor Christus soll ein Heuschreckenheer eine Schneise der Zerstörung hinterlassen haben, als es sich durch die fruchtbaren Gebiete entlang des heiligen Stroms mampfte. Dabei sind Wanderheuschrecken nicht von Anfang an Wanderheuschrecken. Insektenforscher verstehen unter der Bezeichnung keine bestimmte Art, sondern etwa zehn, nicht miteinander verwandte Spezies von Feldheuschrecken. Dazu zählen auch die afrikanischen Wüstenheuschrecken. In der Regel sind sie gebietstreue und einzelgängerische Gesellen, die sich an das trockene Klima der Halbwüsten angepasst haben. Drei Mal im Jahr legen die Weibchen pro Gelege etwa siebzig Eier in Bodenlöcher, die sie mit einem schaumartigen Sekret versiegeln. Es enthält einen Duftstoff, der andere Weibchen zur Ablage in unmittelbarer Nähe animiert. So bilden sich rasch große Populationen, bis die Nachfrage das Nahrungsangebot bei weitem übersteigt und sich die Tiere gegenseitig Konkurrenz machen. Für die Nachkommen im wohl verschlossenen Erdnest die stumme Aufforderung zur Mutation: Die Brut, die beim nächsten Regen schlüpft, sieht nicht nur anders aus als die Eltern, sondern auch ihr Verhalten schlägt aus der Art: Die Körper wirken wuchtiger, die Augen kleiner, die Mäuler breiter. Die Larven sind nicht mehr grün, sondern gelb oder orange mit dunklen Flecken – so, als hätten sie einen Kampfanzug übergestreift. Innerhalb von knapp dreißig Tagen bewältigen die Babies bis zum Erwachsenenstadium einen Häutungsmarathon, der ihnen nach der fünften Etappe Flügel verleiht. Durch die Enge, das ständige Anrempeln und die zunehmende Versorgungsknappheit verfallen die Hüpfer in eine Art Massenhysterie. Sie drängen zueinander und vereinen sich zu einer riesigen Armee. Dann fliegen die Tiere auf und treten gemeinsam die Flucht an – auf der Suche nach neuen Weidegründen. Ihren Weg bestimmt der Wind. Die Luftströmungen bewegen sich normalerweise von einem Hochdruck- zu einem Tiefdruckgebiet. Daran orientiert sich der Schwarm, gibt sich der Thermik hin und lässt sich dorthin treiben, wo ein Regenschauer üppiges Grün gedeihen ließ. Zwischen fünf und einhundertdreißig Kilometer legen Wanderheuschrecken pro Tag zurück – mehr als dreitausend Kilometer im Monat. 1988 gelang es einer millionenstarken Horde sogar, den Atlantik zu überqueren.

Der Riesenschwarm, der im Plagenjahr über Ägypten herfiel, startete vermutlich vom Roten Meer aus. Dort liegen seit jeher die traditionellen Brutstätten der heimischen Wüstenheuschrecken. Paläo-Klimatologen fanden heraus: Von den enormen Wassermassen aus Äthiopien, die für eine Extremflut entlang des Nil verantwortlich waren, profitierten auch die trockenen Küstengebiete im heutigen Eritrea und Sudan sowie auf der Arabischen Halbinsel. Die Populationen fanden in der feuchtwarmen Witterung mehr Nahrung als sonst, die Eientwicklung wurde begünstigt und es kam, wie es kommen musste –

nämlich zu einer Bevölkerungsexplosion. Mit dem nächsten starken Aufwind erhoben sich die flugfähigen Scharen der Winterbrut. Unaufhaltsam trieben sie in Richtung der nächsten Tiefdruckzone. Im Februar – begünstigt durch die niedrigen Luftströmungen über dem Mittelmeer und dem Hochdruck über dem einstigen Mesopotamien – braute sich im oberen Niltal ein Unwetter zusammen. Eine Formation vom Roten Meer folgte der Spur des Gewitters. Ein anderer Schwarm nahm den Umweg über Palästina und schwappte von dort in den Norden Ägyptens ein.

Wohin das Auge blickte, legten sich Wolken von Wanderheuschrecken über das Land. Nach drei bis fünf Monaten endet die Lebenszeit einer Population. Die Lebenskräfte schwinden, es kommt zum Massentod. Meistens sterben die Insekten aber früher, weil der Wind sie in Trockengebiete oder auf das Meer hinaus verfrachtet. In der Bibel steht: Ein Westwind vertrieb die Allesfresser ins »Schilfmeer«. Seit Jahrzehnten zermartern sich Archäologen das Hirn, welches Gewässer damit gemeint sein könnte. Die Vermutungen reichen von pflanzenumsäumten Binnenseen nahe der Mittelmeerküste bis hin zum Roten Meer. In den letzten Jahren beobachteten Wissenschaftler, dass Heuschreckengeschwader vom Niltal aus westwärts über die Sahelzone nach Niger, Mali und Mauretanien abdrifteten. Eine andere Welle schob sich nach Osten mit Kurs auf den Jemen oder Saudi-Arabien.

Vielleicht bedeuten die Angaben »Westwind« und »Schilfmeer« aber auch einfach nur, dass die Insekten von Luftströmungen erfasst wurden, die vom Mittelmeer aus ins Land drängten. Als die Plagengeschichten verfasst wurden, nutzten die Schreiber das naturwissenschaftliche

Know-how ihrer Zeit. Für damalige Verhältnisse ein fortschrittliches Wissen, mit modernen Erkenntnissen jedoch nicht zu vergleichen. Bis weit in die Antike hinein meinten die Gelehrten mit »Westwind« stets Luftströmungen, die von See her wehten. Das würde bedeuten: Der Wind kam aus nördlicher Richtung, ergriff die Nomaden der Lüfte und brachte sie außer Landes – wohin auch immer.

Plage 9
Die totale Finsternis

»Fuchsrot zog der Chamsin durch die Wüste. Von Leidenschaft gepeinigt, jagt er durch die Lüfte, den Sand mit seinen Flügeln streifend, verbrennt er ihn mit seinem Feueratem. Heiter wurde der Chamsin, als er sich erinnerte: Damals kam die Wüste in Bewegung, damals wurde sie in den Himmel gejagt. Und im gelben Himmel verblasste die Sonne«. So beschrieb die ukrainische Dichterin Lesja Ukrainka den legendären Wüstenwind Ägyptens, der regelmäßig durch das Nilland tost. Auch die neunte Plage berichtet von einem Sandsturm, darüber sind sich die meisten Wissenschaftler einig. Doch im Unterschied zu seinen harmlosen windigen Kollegen gehörte er zur Marke »Megasturm«. Wo er durchrauschte, herrschte drei Tage lang »dicke Finsternis«. Man sah die Hand vor Augen nicht mehr. Keiner traute sich, das Haus zu verlassen. Nur aus den Wohnungen der Israeliten schimmerte Licht nach draußen.

Der Chamsin bläht sich zum Sandsturm auf, wenn in den Wintermonaten warme und kalte Luftmassen aufeinander stoßen. Manchmal begleiten dann lang gezogene Windhosen seinen Weg – Luftsäulen, die mit hoher

Geschwindigkeit um die eigene Achse rotieren. Vor allem die Karawanen auf ihren Routen durch den Glutofen Nordafrikas fürchteten den heißen Sturm, der es mühelos auf 40 Grad Celsius bringt. Er trägt Myriaden von mikroskopisch kleinen Teilchen mit sich, feiner Staub und rot schimmernder Sand, die wie Nadelstiche brennen, wenn sie die Haut treffen. Die leuchtende Farbe verdankt der wilde Geselle den zahllosen Quarzkörnern, die von einem dünnen Mantel aus Eisenoxyd umschlossen sind. Auf seinem Zug aus der östlichen Sahara in Richtung Norden wirbelt der Gigant die winzigen Partikel in sechs bis sieben Meter Höhe und verstreut sie großzügig über viele tausend Kilometer – sogar über Meere und Länder hinweg bis nach Europa. Zwischen März und Mai kann nichts seinen Tatendrang stoppen. Die Brennpunkte des Naturschauspiels liegen auf der Sinai-Halbinsel, rund ums Rote Meer und in Ägypten.

Dabei beginnt der Chamsin ganz harmlos, wie Wissenschaftler beobachteten: »Gewöhnlich kommt nach dem Sonnenaufgang ein leichter Wind auf. Er nimmt an Stärke zu und bildet in der Luft einen opalfarbenen Höhenrauch. Gegen Mittag erreicht er Sturmstärke oder sogar Orkanstärke. Die Luft ist voll von gelbem, rotem, heißem und trockenem Staub.« In der letzten Phase seiner Entwicklung zum Supersturm verringern sich die Sichtverhältnisse zunehmend – von zweihundert auf fünfzig Meter. Der Höhepunkt ist erreicht, wenn die Sonne hinter einer Staubwand nahezu verschwindet. Die Sicht ist dann praktisch gleich Null. Mit Spitzengeschwindigkeiten von siebzig bis achtzig Stundenkilometern beherrscht der Chamsin das Terrain. Alles und jeden presst er an die Erde. Die Lichtquellen in den Häusern, so berichten Augenzeugen, sind die einzigen Orientierungspunkte in dem düsteren Chaos. Nach drei bis vier Stunden ist der Spuk normalerweise vorbei. Nur selten hält der Orkan einen ganzen Tag und eine ganze Nacht an. Verweilt er zweiundsiebzig Stunden, kann dies nur als maßlose Übertreibung eingestuft werden. (Ex. 10, 22)

Einige Forscher setzen die biblische Version dennoch als durchaus realistisch an. Die extreme Dauer führen sie auf meteorologische Einflüsse zurück, die den Chamsin zum Jahrhundertereignis anwachsen ließen. Dass er so viel Sand und Staub mit sich führen konnte, lag zum einen daran, dass der Sturm zum ersten Mal im Jahr unterwegs war. Den Vernichtungsfeldzug durch Ägypten unternahm er demnach im Monat März. Zum anderen lag es aber auch an den Umweltbedingungen in der Nilsenke. Als sich der Wüstenwind durch das Gebiet zwängte, drückte er die Luftfeuchtigkeit von durchschnittlich fünfunddreißig auf unter zehn Prozent. Die Sonne hatte die Roterde längst getrocknet, die ausgedehnten Felder lagen abgegrast und öde vor ihm. Staub und Sand waren also leichte Beute. Als der Chamsin sie berührte, erhoben sich unzählige millimeterkleine Körnchen willfährig zum ekstatischen Tanz in den Höhenströmungen.

Als kleine Sensation galt die Erkenntnis, dass bei der Ansammlung der trocknen Staubteilchen intensive atmosphärische Elektrizität entsteht. Der Chamsin ist buchstäblich geladen. Der berühmte Elektrophysiker Ernst Werner von Siemens erlebte das Phänomen am eigenen Leib. Während eines Aufenthaltes in Ägypten um 1860 bestieg der Deutsche mit seinen Kollegen die Cheopspyramide auf dem Gizeh-Plateau. Plötzlich zeigte sich am südwestlichen Horizont eine blassrote Wolke, die stetig näher kam. Auf der Spitze des Steingiganten erwartete die Truppe ein scharfer, kalter Wind, der zunehmend anschwoll. Wie Siemens später feststellte: der typische Auftakt für einen anrollenden Chamsin. Die Rotfärbung der Sturmfront wechselte bald und legte sich als gelblicher undurchsichtiger Schleier über Kairo. Die nähere Umgebung war überhaupt nicht mehr zu erkennen. Aufgewirbelter Staub stieg auf, bis er unter ohrenbetäubendem Getöse den Gipfel des Monuments erreichte. Einer der arabischen Reiseführer rief »Chamsin« und zeigte mit dem Finger auf das Spektakel. Sofort ertönte ein eigenartiger Ton, der an »singendes Wasser erinnerte«. Der deutsche Forscher horchte auf und hielt ebenfalls seinen Zeigefinger hoch. Er spürte ein leises Prickeln, wie sie üblicherweise von elektrischen Entladungen ausgehen. Siemens wollte der Sache nachgehen, hob seine Weinflasche empor, die am Hals mit Stanniol umwickelt war. Das Ergebnis des spontanen Feldversuchs war verblüffend: Der singende Ton kam wieder, und vom Etikett der Flasche sprangen ständig kleine Funken auf seine Hand über.

Das zweite Experiment war noch erstaunlicher: Siemens hielt die Flasche noch höher in den Wind, legte dabei aber noch zusätzlich seinen Daumen auf den Stanniolkopf der Flasche: »Es gab einen großen Funken, und er spürte eine heftige elektrische Erschütterung.« Inmitten des Wetterchaos unternahmen die skurrilen Physiker weitere Experimente, während sich die Araber ängstlich an den Boden drückten. Als der Sturm zum Orkan anschwoll, wollte einer der Einheimischen die Touristen zum Abstieg zwingen. Statt sich zu fügen, hielt ihm Siemens die Flasche unter die Nase. Ein etwa zehn Millimeter langer Funke blitzte auf. In der nächsten Sekunde fiel der Führer wie vom Blitz getroffen um. Blank vor Entsetzen flohen die Ägypter und kamen erst wieder, als das Unwetter weiter gezogen war. Das abenteuerliche Erlebnis macht deutlich, welche Gefahren von dem turbulenten Staubsturm ausgingen. Er verdunkelte die Leben spendende Sonne, demolierte das Land und konnte elektrische Spannung erzeugen. Die Alten Ägypter hatten also handfeste Gründe, das Monster der Wüste zu fürchten. Allerdings überwog der Aberglaube, dass Jahwe mit der Finsternis das Ende des Reiches einläutete.

Heute kann die Forschung die naturwissenschaftlichen Zusammenhänge erklären, warum ein Chamsin entsteht und wie er sich auf seinem weiten Weg in den Norden Ägyptens verhält. Trotzdem rankt sich um die neunte Plage noch immer ein Rätsel. Denn bislang weiß niemand, warum die Sturmwand nicht auch in die Siedlung der Israeliten vordrang. Dafür suchen Spezialisten nach einem plausiblen Grund. Der biblische Text erwähnt immerhin, dass die Exilanten in Goschen lebten und dass es in ihren Wohnungen »licht« war. Das Dorf der Exilanten hingegen bleibt unbenannt. Nicht einmal mit modernen Methoden sind die exakten Koordinaten der Siedlung, die im Lauf der Jahrhunderte in Vergessenheit geriet, festzuschreiben. Geographischen Rekonstruktionsversuchen zufolge erstreckte sich der achte ägyptische Gau zwischen dem östlichen Nildelta und dem heutigen Suezkanal. Die lateinische Fassung des Alten Testaments (Gen. 46, 28, 34) liefert den Hinweis, dass die Fremdlinge bei Herononpolis Land zugeteilt erhielten. Einige Archäologen vermuten hinter dem hellenistischen Namen die biblische Stadt Pithom, die unweit von Pi-Ramesse lag. Demnach wäre die Siedlung im Wadi Tumilath zu suchen. Ägyptische Quellen bezeugen, dass seit dem 2. Jahrtausend vor Christus nomadische Stämme dort immer wieder ihre Zelte aufschlugen. Das Trockental galt nicht gerade als Weideparadies. Es lag weit im Osten des breiten Deltas – an einem alten Flussbett, das nur zeitweise Wasser führte. Im Süden umgaben steinige Schluchten die verlassene Gegend. Die Abgeschiedenheit hinter dem Gebirge ist für die dänische Wissenschaftlerin Greta Hort der Grund dafür, dass die Israeliten von dem düsteren Sturm nicht betroffen waren. Der Chamsin zog von Süd nach Nord hinaus übers Meer. Das Wadi Tumilath ließ er im wahrsten Sinne des Wortes »rechts liegen«.

Ausgehend von einer extremen Flut, die Ende Juli eines unbestimmten Jahres einsetzte, versuchte Hort den Beweis für eine ökologische Kettenreaktion zu erbringen. Den Startschuss für die Plagen löste ihrer Meinung nach die Algenpest aus, die zunächst das Schicksal der Fische und Frösche besiegelte. Als sie verendeten und ihre Kadaver in der subtropischen Hitze verwesten, bildeten sich unzählige gefährliche Erreger. Die extrem hohe Luftfeuchtigkeit begünstigte die Eientwicklung von Mücken und Fliegen, die entweder tödliche oder lebensbedrohliche Seuchen über Mensch und Vieh brachten. Fatale Folgen zog das anschließende Hagelunwetter nach sich, das statt des erwarteten Regenschauers vom Himmel stürzte. Da die Vegetationsgürtel rund ums Rote Meer wegen der Ausnahmeflut üppiger ausfielen als üblich, brüteten dort mehr Wanderheuschrecken als in den Jahren zuvor. Vom Tiefdruck angelockt, überfiel ein Riesenheer der gefürchteten Fressmaschinen die geschundene Landschaft und gab ihr den Rest. Im Handstreich zerstörten die »Zähne des Windes«, wie die Insekten im Koran heißen, im Februar die Hoffnung der Einheimischen auf eine sichere Zukunft mit reichen Ernten. Der Chamsin machte sich wie üblich im März auf den Weg. Aber auch er fiel heftiger aus als gewohnt. Voller Gewalt fegte er die fruchtbare Roterde von den brach liegenden Feldern und versetzte die Bevölkerung in Angst und Schrecken.

Ob die Plagen tatsächlich innerhalb eines knappen Jahres das Land am Nil erschütterten, bleibt eine theoretische Rekonstruktion. Vielleicht berichtete die Bibel einfach nur von außergewöhnlichen Einzelphänomenen, die aufgrund ihrer schicksalhaften Auswirkungen auf die Ökonomie des Reiches als Jahrtausendereignisse in den Köpfen präsent blieben.

Die Erzählung von den Plagen enthält aber noch eine andere Botschaft an die Nachwelt: Die Verfasser der Bibel verfügten über umfangreiche Kenntnisse naturwissenschaftlicher Zusammenhänge. Die geschilderten Katastrophen könnten sich tatsächlich als ökologische Kettenreaktion abgespielt haben. Das zumindest scheinen die Untersuchungsergebnisse der modernen Forschung zu untermauern.

Vulkanasche über Ägypten – Der Ausbruch von Santorin

Über vier Jahrzehnte lehnten sich die Naturwissenschaftler zurück. Aus ihrer Sicht war das Rätsel um die Biblischen Plagen weitgehend gelöst, wenn auch einige Fragen offen bleiben mussten. So fand keiner der Koryphäen heraus, wann die Katastrophen das Nilland heimsuchten und welche konkrete Ursache dafür in Frage kam. Die Natur hatte keine aussagekräftigen Spuren hinterlassen, die sie weiterbrachten. Zwar lieferten außerbiblische Dokumente wie die »Mahnworte des Ipuwer« oder andere Papyri Hinweise auf die geschilderten Ereignisse, aber mehr als einen zeitlichen Rahmen gaben sie nicht her. Die Geschehnisse zu datieren, lag bislang allein in den Händen von Archäologen und Ägyptologen. Die findigen Gelehrten versuchen seit gut zweihundert Jahren, die lange Geschichte des Nillands und seine Beziehungen zu den Nachbarstaaten zu erhellen. Die meisten von ihnen stammen aus Europa. Frauen und Männer, die ihr Leben lang Schutt und Geröll umgeschichtet haben, um Ruinen, Mumien, Keramiken und andere Kostbarkeiten des Altertums zu studieren. Die zahllosen Sensationsfunde sind Marksteine in der Erforschung der ägyptischen Kultur, die mit der Entzifferung der Hieroglyphen durch Jean-François Champollion 1822 schon früh einen einzigartigen Höhepunkt erlebte. Königslisten wurden erstellt, einschneidende politische Ereignisse rekonstruiert und dabei auch die Verbindungen zu den Staaten im östlichen und zentralen Mittelmeerraum berücksichtigt. Nach und nach entstand eine umfassende Chronik von den Anfängen ab etwa 3300 vor Christus bis hin zum Ende des mächtigen Reiches durch den Tod der legendären Kleopatra VII. im Jahr 30 vor Christus. Wie für einen Indizienprozess sammelte die Zunft jede Menge Beweise, damit die Datierungsfrage der Biblischen Plagen endlich zu den Akten gelegt werden kann.

Einer der Schlüsselfiguren ist nach wie vor Ramses II. und die damit verknüpfte These, er sei der Pharao des Exodus. Unter seiner Herrschaft von 1279 bis 1213 vor Christus zogen die Israeliten geschlossen aus dem Land der vielen Götter, heißt es. Sozusagen ein Befreiungsschlag, nachdem Jahwe das Duell am Nil für sich entschieden hatte. Gegner dieser Theorie bringen die Ära der Hyksos ins Spiel. Die bunt gewürfelte Truppe verschiedener Stämme aus dem vorderasiatischen Raum besetzten Ägypten wahrscheinlich ab 1719/1692 vor Christus. Erst Pharao Ahmose I. (1550–1525 vor Christus) gelang die Vertreibung der verhassten Fremdländer. Die dritte Möglichkeit der zeitlichen Fixierung rückt Ramses III. (1183–1152 vor Christus) ins Rampenlicht. Er regierte in schwierigen Zeiten. Die Herrschaft der Pharaonen bröckelte allmählich. Schuld daran waren innere Unruhen sowie eine Welle von Einwanderern, die als Seevölker von sich reden machten. Das Staatsoberhaupt musste mit ihnen Bündnispolitik betreiben und in Palästina Land zur Verfügung stellen, damit die Stammesgemeinschaft nicht ins Reich drängte. Doch so eifrig die Forscher ihre Positionen auch vertraten, in Fachkreisen führte keines der vorgeschlagenen Resultate zur allgemeinen Akzeptanz. Seither kursiert in der breit gefächerten Literatur die salomonische Variante, die ein Zeitfenster von rund fünfhundert Jahren vorgibt. Damit fällt das Drama am Nil in die späte Bronzezeit zwischen 1550 und 1070 vor Christus – in die Ära der 18. bis 20. Dynastie des Alten Ägypten.

Im Jahr 2003 brachte ein einzigartiger Fund erneut Bewegung in die unliebsame Diskussion. Etwa achthundert Kilometer nördlich von Ägypten entdeckte der Geologe Dr. Tom Pfeiffer auf der Kykladeninsel Santorin den verkohlten Ast eines Olivenbaums. Das etwa ein Meter lange Holz steckte in einer der steilen Bimssteinwände unweit der Hafenstadt Akrotiri. Der einst blühende Handelsplatz der Minoer versank vor über dreitausendfünfhundert Jahren nach einem gewaltigen Vulkanausbruch. Das Holzstück war offensichtlich ein Überbleibsel der Katastrophe. Die »Minoische Eruption«, die in vier Phasen ablief, wütete mit Stärke sechs auf dem Vulkanexplosivitätsindex (VEI) und sprengte fast die Hälfte des Eilands weg. Vierzig Milliarden Kubikmeter Magma schleuderte der Feuerberg an die Erdoberfläche – vierzig Mal mehr, als der amerikanische Mount Saint Helens im Jahr 1980 auswarf. Die Gesteinsschmelze von Santorin war so gasreich, dass ein Großteil beim Austritt stark aufschäumte und das Terrain sofort mit einem starren Mantel aus Bimsstein bedeckte. Der Rest bahnte sich in glühend heißen pyroklastischen Strömen den Weg und schwamm viele Kilometer weit ins Meer hinaus. Zugleich schoss eine Säule aus feinstem vulkanischen Gestein sechsunddreißig Kilometer hoch in die Stratosphäre. Tagelang verdunkelte sie den Himmel im Umkreis von mehreren hundert Kilometern. Dichter Ascheregen erreichte die Ägäischen Inseln, Kleinasien, Syrien, Palästina und die nördlichen Gebiete Ägyptens. Sogar im Inlandeis von Grönland haben Spezialisten Schwefelspuren und vulkanischen Staub des Spektakels nachgewiesen. Als ökologischer Supergau erwies sich das Einstürzen der leeren Magmakammern und Kraterkessel (Calderen). Der Vorgang löste unterseeische Rutschungen aus, die wiederum Riesenwellen in Bewegung setzten. Schätzungsweise dreißig Meter hohe Tsunamis verfrachteten Unmengen von Bims und Schutt an sämtliche Küsten des östlichen Mittelmeers – auch in die Deltaregion des Nillands.

Ein Horrorszenario, dennoch sind die Auswirkungen der Megaexplosion von Santorin auch ein Glücksfall für die Wissenschaft. Die Einlagerungen in den Erdschichten, den Flussbetten und Seen nutzten Forscher für die Erstellung der chronologischen Daten Ägyptens. Über historische Querverbindungen und archäologische Funde gelang es ihnen, das Jahrtausendereignis zwischen 1530 und 1500 einzugrenzen. Die Spanne gilt seither als »universelle Zeitmarke« des Mittelmeerraums, an der sich nahezu die gesamte Chronik Ägyptens orientiert – auch die Geschichte der Biblischen Plagen und des Auszugs der Israeliten ins Heilige Land. Vor allem die Vertreter der Hyksos-Theorie fühlen sich bestärkt. Sie glauben, dass der Exodus ein Sinnbild für die Auseinandersetzungen mit den Fremdländern ist. Und dass die Minoer, die ihre Insel lange vor dem Vulkanausbruch verließen, mit dem Pharao eine Allianz schlossen, um den Feind zu vertreiben.

Jahwes Katastrophen fielen dieser Lesart zufolge mit den politischen Problemen zusammen – auch wenn niemand davon ausgeht, dass eine Monsterwelle über das ägyptische Heer hinwegschwappte, als es den Flüchtenden auf den Fersen war.

Mit dem angekohlten Olivenbaum jedoch geriet die Welt der Archäologen beträchtlich ins Schwanken. Wie auf einen geheimen Befehl hin meldeten sich Naturwissenschaftler aus aller Welt zurück. Die Fraktion zweifelte schon lange an der Richtigkeit der traditionellen Datierung. Seit Jahren plädieren die Fachleute aufgrund eigener Untersuchungen an organischen Proben und durch Eiskernbohrungen für das letzte Jahrzehnt des 17. Jahrhundert vor Christus. Und nicht nur das: Einige von ihnen sprechen sogar von dem Vulkanausbruch als Verursacher des ökologischen Desasters im Pharaonenreich.

Die Frage der Altersbestimmung des Asts klärte ein deutsch-dänisches Team aus Spezialisten, allen voran Professor Walter Friedrich von der Universität Åarhus. Die erste Überprüfung ergab: Die Pflanze wurde in Lebendposition in glühend heißem Gesteinsschaum begraben. Das heißt: Sie starb exakt zum Zeitpunkt der minoischen Eruption. Dafür sprechen auch zusammengerollte Olivenblätter, die inmitten der Ascheschicht direkt daneben lagen sowie Wurzelstaubreste. Zudem weist der Ableger gut erhaltene Jahresringe auf. Die konzentrisch sitzenden Kreise geben Auskunft über Alter und Wachstum des Baums, solange er noch in der Erde steckte. Mit einem Computer-Tomographen konnten die Experten zweiundsiebzig Jahresringe identifizieren, der jüngste liegt direkt unter der Borke, der äußersten Schicht des Astes. Das letzte Wachstumsmerkmal enthält die wichtigste Information: Er verrät das Todesjahr der Pflanze und damit, wann der Vulkan auf Santorin ausbrach. Das Ergebnis erzielen Paläo-Botaniker, indem sie den Anteil des radioaktiven Kohlenstoff-Isotops C14 in den unterschiedlichen Ringmarkierungen messen. Den Kohlenstoff nehmen pflanzliche Organismen zu Lebzeiten bei der Photosynthese aus der Atmosphäre auf. Stirbt eine Pflanze, stoppt der Prozess der C14-Aufnahme. Das heißt: Je geringer die Konzentration in einer Probe, desto älter ist sie.

Die eigentliche Altersbestimmung erfolgt jedoch über die sogenannte Kalibrationskurve. Das einzigartige Datenwerk enthält den präzisen jährlichen Anteil des radioaktiven Kohlenstoffisotops C14 in der Atmosphäre für die letzten 11000 Jahre. Hunderte von Wissenschaftlern aus aller Welt feilen seit rund vierzig Jahren an diesem globalen Klimagedächtnis, die nächste Revision ist für 2009 vorgesehen. In einem weiteren Schritt verglich das Team um Professor Friedrich die Messdaten vom Olivenzweig mit den Werten aus dem Baumringarchiv. Die übereinstimmenden Abschnitte weisen mit einer Wahrscheinlichkeit von fünfundneunzig Prozent auf einen Zeitraum zwischen 1620 und 1600 vor Christus hin. Das heißt: In dieser Spanne lag die minoische Eruption und zugleich das Ende des Olivenbaums.

Ein Resultat, das den Archäologen nicht behagt. Denn eine Umdatierung des Vulkanausbruchs würde die Ausgräber zwingen, die Beziehungen der Kulturen im gesamten Mittelmeerraum neu zu untersuchen und zu bewerten. Die wissenschaftliche Arbeit von Jahrhunderten müsste auf den Prüfstand. Eine prekäre Situation, doch die deutsch-dänische Truppe steht mit ihrer Bilanz nicht allein. Die Berichte decken sich mit Befunden von Sturt

W. Manning. Der amerikanische Geologe von der Cornell University in Ithaca untersuchte einhundertsiebenundzwanzig Holzproben aus der Ägäis und kam beinahe zur selben Datierung. Zudem lieferte die C14-Analayse uralter Bäume aus Irland und Kalifornien verblüffende Hinweise: In beiden Ländern herrschte um 1620 vor Christus ein »extrem kalter und feuchter Sommer«, der durch eine plötzliche Abkühlung der Atmosphäre erfolgt sein könnte. Ähnliches erlebte die westliche Hemisphäre beim Ausbruch des Tambora in Indonesien.

Als der Vulkan 1815 mit der Stärke Sieben auf dem VEI explodierte, verdunkelte sich der Himmel im Umkreis von fünfhundert Kilometern. Ein globaler Klimasturz war die Folge. In England fiel mitten im Juni Schnee. In ganz Europa und Amerika kam es zu heftigen Regenschauern, Missernten, Hungersnöten und Epidemien. Für den zeitlichen Rahmen zwischen 1620 und 1600 vor Christus spricht nicht zuletzt auch ein bisher wenig beachteter Temperaturrückgang in Ägypten. Die Anomalie belegen detaillierte Klimakurven, die im Institut für Umweltphysik der Heidelberger Akademie für Wissenschaften erstellt wurden. Einschlägige Studien bestätigen, dass vulkanische Großeruptionen in der Lage sind, das Klima für zumindest ein bis zwei Jahre deutlich zu beeinflussen. Über die Aschesäule gelangen Schwefeldioxid und/oder Schwefelwasserstoff in die Stratosphäre, die das Verhalten der Sonneneinstrahlung beeinflussen und den Abbau von Ozon fördern. Die Änderungen der chemischen Vorgänge in der Luft können sich unmittelbar und großräumig auf das Wetter auswirken, wie viele Beispiele aus jüngster Vergangenheit zeigen.

Dass Ägypten ebenfalls im Einzugsgebiet der minoischen Eruption lag, dafür sprechen einerseits winzige Aschepartikel, die in Brackseen und vertrockneten Flussbetten der Nilseitenarme festgestellt wurden. Andererseits legten Ausgräber in der Hyksos-Hochburg Auaris riesige Mengen an Bimsstein frei, die eindeutig aus Santorin stammen. Der luftig leichte Tuff schwamm mit dem Wind übers Meer bis an die Küsten im Norden des Reiches. Dort sammelten die Einheimischen ihn ein, da sich das Material ausgezeichnet als Schleif- und Poliermittel eignete. Viele naturwissenschaftliche Indizien und einige handfeste Fakten. Trotzdem bleibt ein Großteil der Ägyptenforscher nach wie vor skeptisch.

2005 sorgte völlig unerwartet der Biologe Dr. Siro Trevisanato für neuen Sprengstoff. Er kannte die Theorie von den klimatischen Auswirkungen des Vulkanausbruchs auf Ägypten. Zunächst glaubte auch der Kanadier nicht daran, dass die Eruption auf der Kykladeninsel für das rund achthundert Kilometer entfernte Pharaonenreich Konsequenzen hatte. Doch dann studierte er eine Reihe medizinischer Texte aus der mittleren und späten Bronzezeit, die ihn stutzig machten. Einer davon ist der »London Medical Papyrus«, den das Britische Museum verwahrt. Das ärztliche Handbuch aus dem 14. Jahrhundert vor Christus listet insgesamt einundsechzig Rezepturen und Formeln gegen zahlreiche Beschwerden auf. Neben Anwendungen für diverse Augen- und Hautkrankheiten sowie Mitteln gegen Blutungen, beschäftigen sich immerhin dreiundzwanzig Paragraphen mit Wunden bei Verbrennungen. Fünf der Brandmal-Therapien fallen besonders auf, weil sie sich von den Standardmaßnahmen grundlegend unterscheiden. Besonders der Abschnitt »L55« warnt ausdrücklich davor, Verletzungen auszuwaschen,

Der Nil, die Lebensader Ägyptens. Im Altertum brachte die jährliche Überschwemmung fruchtbaren Schlamm auf die Felder. Bei extremer oder ausbleibender Flut konnten die Bauern ihre Äcker nicht bestellen – ein wirtschaftliches Desaster.

Echnaton betet den Sonnengott Aton an. Die religiöse Revolution des Pharao stürzte Ägypten ins Chaos.

Papyrus des Ipuwer. Der ägyptische Chronist beschreibt Plagen wie den roten Nil schon lange vor der Bibel.

Auf der goldenen Klinge einer Streitaxt ließ Pharao Ahmose I. seinen Sieg über die Hyksos verewigen.

Gefangene Schasu mit dem typischen Spitzbart. Die Nomadengruppe bildete einen Teil des späteren Volkes Israel.

Nilometer auf der Insel Elephantine. Nach der Höhe des Flutpegels besteuerten die Ägypter das bebaute Ackerland.

Auch die Nutztiere der Ägypter blieben von den Plagen nicht verschont. Eine Seuche raffte den gesamten Bestand hin.

Ägypten war über viele Jahrhunderte die Kornkammer des Alten Vorderen Orient.

Kopf Ramses' II. vor seinem Totentempel. Der Pharao der Superlative galt als Symbol für die Großmacht Ägypten. Eine Datierung des Exodus in seine Regierungszeit stützt sich auf »Piramesse«, das biblische »Ramses«, die legendäre Metropole des Herrschers.

Kornspeicher Ramses' II. nahe seines Totentempels. In den Gewölben lagerten Vorräte für Priester und Handwerker.

Rekonstruktion der Stadt Piramesse am Pelusischen Nilarm.

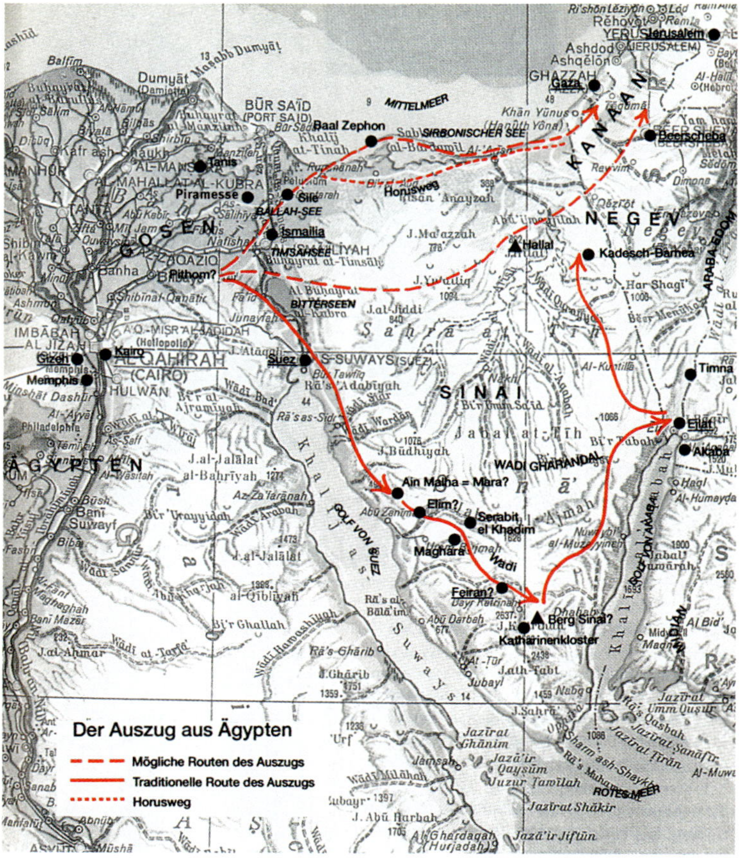

Der Weg der Israeliten vom Nildelta nach Kanaan führte über die Halbinsel Sinai. Forscher diskutieren verschiedene Routen. Doch für den großen biblischen Treck gibt es bislang nicht den geringsten archäologischen Beweis.

Im Tempel von Karnak ließ Pharao Sethos I. die Grenzfestung Sile am Beginn des Horusweges abbilden.

Nach archäologischen Plänen rekonstruierte die Malerin Anna Yamina den Horusweg mit dem Sirbonischen See.

Zweige mit Mannatropfen der im Südsinai verbreiteten Tamariske (links) und des Strauches »Hammada salicornica«.

Beduinen graben im Sand eine »Tmile« und finden Wasser.

Schon vor Jahrtausenden zogen Kaufleute mit ihren Karawanen durch den Sinai. Die Männer kannten alle wichtigen Lagerplätze und Wasserstellen – Voraussetzung für das Überleben in der Wüste. Eine der Hauptrouten führte über das heutige Suez zum Mittelmeer.

Schriftlich erscheint der Name »Israel« zum ersten Mal 1208 vor Christus auf einer Stele von Pharao Merenptah.

»Israel liegt brach und hat keinen Samen mehr«. So verkündet der Herrscher seinen Sieg über das Volk aus Kanaan.

Inschrift des semitischen Hofbeamten »Rammesses-em-per-re«, womöglich ein Vorbild für die Moses-Figur.

Heute leben nur noch wenige Mönche im ältesten christlichen Gotteshaus, dem Katharinenkloster auf dem Südsinai.

Zum Schutz der Mönche ließ Kaiser Justinian das Katharinenkloster im 6. Jahrhundert zur Festung ausbauen.

Das »Goldene Kalb« im Fels nahe dem Katharinenkloster. Ob Laune der Natur, ob Menschenwerk, niemand weiß es.

Auf dem Gipfel des »Sinai« soll Moses die Tafeln mit den Zehn Geboten erhalten haben. Das majestätische Felsmassiv erhebt sich 2285 Meter über dem Katharinenkloster im Süden der Halbinsel Sinai.

die durch »rotes Wasser« entstanden und von Würmern infiziert sind. Stattdessen behandelten die Ärzte den Patienten mit einem Salbenverband aus Lehm, Öl, Ocker, Harz, Rinderfett und Wachs. Ähnliche Vorschläge unterbreiten die Rezepte »L47« und »L48« des »London-Papyrus«. Die Formulierungen fallen zwar etwas verklausulierter aus, beziehen sich aber eindeutig auf spezielle Brandmale. In »L47« steht, dass sich Horus, der Schutzgott der Pharaonen, in der Wüste verbrannte und kein Wasser in der Nähe aufzutreiben war. Seine himmlische Mutter Isis eilte zur Hilfe und heilte ihn mit einem Salbenverband aus Gummiharz, Katzenhaar und Muttermilch. »L48« hingegen sieht eine Mischung aus unterschiedlichen Pflanzen vor. »L52« und »L56« wiederum beschreiben, wie kleine weiße Brandblasen behandelt werden sollen, die am ganzen Körper aufgetreten sind. Die Mixturen bestehen aus Honig, einfachen Bindemitteln, einer Pflanze namens »djaret« sowie aus gelbem Amber. Die Zusammensetzung aller fünf Mixturen, so stellte Trevisanato fest, basierte auf alkalischen Substanzen. Ihr pH-Wert liegt über sieben und wirkt sich neutralisierend auf säurehaltige Konzentrationen aus. Auf den ersten Blick schien es für die Heilmittel gegen Verätzungen keine plausible Erklärung zu geben. Die Verwendung von Säuren ist eine Erfindung der Moderne, im bronzezeitlichen Ägypten gab es für derartige Wundbefunde keinen einzigen bekannten Verursacher.

Den entscheidenden Hinweis auf das Rätsel lieferte dem Forscher Paragraph »L55«: Der Text und die auffällige Rotfärbung des Flusses ließen für Trevisanato nur einen Schluss zu: Der Nil war durch einen hohen Anteil an Schwefel- und Salpetersäuren verseucht. Deshalb durften die Ägypter sein Wasser nicht zum Reinigen ihrer Wunden verwenden. Jeder, der in der Schule einmal ein Experiment mit Schwefelsäure erlebt hat, weiß, dass die glasklare Lösung zwar in Wasser hineingeschüttet werden darf, aber nicht umgekehrt. Je nach Konzentration verätzt der chemische Stoff schon in geringfügigen Mengen organisches Material, Haut und Schleimhäute und bildet dabei schmerzhafte schwarze Blasen. Sie heilen nur langsam ab. Besonders heimtückisch ist die Substanz, weil sie auch über Dämpfe in der Luft unbemerkt eingeatmet werden kann. Die Schäden am äußeren Körpergewebe und den inneren Organen sind verheerend.

Für Trevisanato lag die Parallele zwischen dem medizinischen Text und der ersten Biblischen Plage klar auf der Hand. Der Biologe sah sich plötzlich mit dem Auslöser der Katastrophen im Pharaonenreich konfrontiert: Säurehaltige Ablagerungen brachten das Biotop des Nil zum Kippen und setzten damit eine ökologische Kettenreaktion in Gang, wie sie Ägypten nie zuvor erlebt hatte. Umweltverschmutzung durch die Industrie gab es in der Bronzezeit noch nicht. Für die Kontaminierung des heiligen Stroms kam nur eine natürliche Ursache in Frage. Daran bestand kein Zweifel. Die Substanz konnte nur in Form von saurem Regen in den Fluss gelangt sein. Wie Beispiele aus der Neuzeit immer wieder zeigen, treten die giftigen Schauer häufig als Folge von Vulkanausbrüchen auf. Doch in Ägypten selbst gibt es keine brodelnden Feuerberge. Trevisanato musste also nach einer Eruption fahnden, die sich nachweislich auch auf das Nilland ausgewirkt hatte.

Das einzige Ereignis, das Spuren im Pharaonenreich
 hinterließ, war die minoische Eruption von Santorin.

Ihre ins Nilland verfrachtete Asche, die ebenfalls toxische Bestandteile mit sich führte, konnte in Sedimenten festgestellt werden. Aber auch die Bimssteinlager sind stumme Zeugen des Megaknalls in der Ägäis. In einem wissenschaftlichen Kraftakt wagte sich der Forscher an eine Rekonstruktion des biblischen Szenarios, das seither für Aufregung sorgt. Nüchtern betrachtet, knackt die Theorie aber gleich mehrere bisher ungeklärte Rätsel: Die vier Phasen des Ausbruchs von Santorin spiegeln die kontinuierliche Steigerung der biblischen Katastrophen. Zudem kann jede einzelne Plage auf das Desaster in der Ägäis zurückgeführt werden. Und nicht zuletzt spürte Trevisanato über fünfzig Quellen auf, die von ähnlichen Auswirkungen des Santorinausbruchs im heutigen Griechenland, der Türkei, Israel und dem Libanon berichten.

Folgt man den Ausführungen des Kanadiers, ergibt sich folgendes Bild: Als der Nil seinen Höchststand erreicht hatte, fiel saurer Regen über Ägypten und verseuchte sämtliche Gewässer, Äcker und Weidegründe im Norden des Landes. Fische und Kleinstlebewesen starben und verunreinigten zusätzlich den Fluss. Die Frösche entflohen dem vergifteten Lebensraum, waren aber entweder bereits kontaminiert oder vertrockneten am Ufer. Die unzähligen Kadaver bildeten den natürlichen Nährboden für Bakterien aller Art, Insekteneier und Würmer. Wie in der dritten und vierten Plage berichtet, kam es zu einem Massenaufgebot von Ungeziefer (kinnim und arob), das für Mensch und Tier zum lebensbedrohlichen Krankheitsüberträger wurde. Das große Viehsterben führt Trevisanato auf hohe Schwefelwerte im Boden zurück. Die tödliche Konzentration gelangte über das Gras in die Mägen der Wiederkäuer, die draußen im Gelände weideten. Giftige Niederschläge verursachten milzbrandartige Ätzwunden. In den schmerzhaften Verletzungen, die überall am Körper auftraten, siedelten sich Würmer und Larven an. Die betroffene Bevölkerung wurde deshalb mit alkalihaltigen Salben behandelt. Die vom spuckenden Vulkan auf der Kykladeninsel hervorgerufene Wetteranomalie brachte den Hagelsturm. Er tränkte das Land und zerschlug die Ernte, konnte aber die mit Sulfaten gespickten Böden nicht ausspülen. Dafür lud das Tiefdruckgebiet Myriaden von Heuschrecken zur Henkersmahlzeit ein. Als Erinnerung an ihre Invasion hinterließen die Fressmaschinen Wüste und Ödnis. Die Finsternis der neunten Plage wertet der Forscher als erneuten Ascheregen, den die letzte Explosion von Santorin mit ungeheurer Wucht auf den Weg schickte. Über die Stratosphäre drang er unaufhaltsam ins Pharaonenreich, verdunkelte den Himmel und entfachte einen orkanartigen Wind. Die Tatsache, dass die Ägypter noch nie in ihrem Leben einen Vulkanausbruch erlebt hatten, geschweige denn seine Auswirkungen einschätzen konnten, liefert Trevisanato zufolge die Erklärung für die zehnte Plage. Die Tötung der Erstgeburt versinnbildlicht eine Serie von verzweifelten Menschenopfern der Ägypter, um ihren Schöpfergott Re milde zu stimmen und Izfet, das Chaos, aus dem Reich zu verbannen. Das Entsetzen der Menschen über die unerklärlichen Katastrophen kannte keine Grenzen, sie wussten sich keinen anderen Rat mehr.

Beflügelt von der Neudatierung durch das deutsch-dänische Forscherteam ließ es sich der Biologe nicht nehmen, auch den zeitlichen Rahmen für das Drama am Nil zu erstellen. Dabei halfen ihm unter anderem aktuelle Messungen über das Verhalten von Vulkanasche in der

Atmosphäre. Beim Ausbruch des Pinatubo 1991 zum Beispiel hielten sich die Schwefelteilchen knapp drei Jahre lang in den Luftschichten. Wie der Feuerberg auf Santorin wütete der Hexenkessel auf den Philippinen mit Stärke sechs auf dem Vulkanexplosivitätsindex. Eiskernbohrungen in Grönland bestätigen, dass Schwefelteilchen der minoischen Eruption von 1603 bis 1602 vor Christus in der Luft mit hoher Konzentration vorkamen. Die Werte für die Zeit von 1601 bis 1600 vor Christus zeigten dann einen allmählichen Zerfall, der schließlich etwa dreißig Prozent ausmachte – Tendenz weiter fallend. Das bedeutet: Die giftigen Emissionen wirbelten sechzig Monate lang über der Ägäis. Da der santorinische Vulkan in vier Phasen explodierte, rückten immer wieder Aschepartikel nach, die den Wert kontinuierlich auffütterten.

Aber nicht nur die Messwerte grenzen den Vulkanausbruch und damit das Zeitfenster der Biblischen Plagen ein. Der »Papyrus Rind«, eine Handschrift zu mathematische Themen, enthüllte eine weitere nützliche Information. Er besagt, dass am 21. August 1603 vor Christus, drei Tage vor dem ägyptischen Neujahrstag, wie aus dem Nichts ein Donnerknall ertönte. Tags darauf ergoss sich über das Land am Nil ein »hässlicher Regen«. Nur wenig später kam es im Ostdelta rund um Tharo zu kriegerischen Auseinandersetzungen. Die einstige Verteidigungsanlage der Hyksos diente über Jahrhunderte als Ausgangspunkt für Feldzüge oder Karawanen nach Syro-Palästina. Der Ort lag direkt am legendären Horusweg, der Haupthandelsroute im Alten Vorderen Orient. Schon bald darauf fiel das nah gelegene Heliopolis, die mythische Heimstadt des Sonnengottes Atum. Sowohl die Auseinandersetzungen mit »Fremdländern« als auch die Nilseuche beklagt Ipuwer in ausschweifenden Worten. Sie machen deutlich, wie eng die Naturkatastrophen mit politischen Unruhen im Nilland einher gingen. Aus der historischen Chronologie, den Indizien aus den Papyri sowie den Resultaten der modernen Forschung formulierte Siro Trevisanato eine zeitliche Rekonstruktion des Vulkanausbruchs und der Plagen im Pharaonenreich: Die erste minoische Eruption auf Santorin datierte er auf den 21. August 1603 vor Christus. Am 22. August fiel Ascheregen über Ägypten und verseuchte den Nil, der sich blutrot verfärbte. Sieben Tage später, am 29. August, flüchteten die gestressten Frösche an Land. Die Invasion des Ungeziefers erfolgte Mitte oder Ende September. Kurz danach muss der Vulkan ein zweites Mal ausgebrochen sein – begleitet von riesigen pyroklastischen Strömen, Glutwolken, und starken Gewittern in den Aschesäulen. Das giftige Gemisch zog weit übers Mittelmeer und bescherte Ägypten im November ein Übermaß an sauren Niederschlägen, die Äcker und Weidegründe flächendeckend kontaminierten. Den Schaden trugen die Nutztiere davon, die auf den Wiesen grasten. Sie verendeten oder erlitten schwere Verätzungen. Auch Arme und Beine der Einheimischen wiesen schwere Verbrennungen auf. Sie wurden mit alkalihaltigen Salben behandelt. Mehrere Explosionen kennzeichneten den dritten Ausbruch auf Santorin. Ein Inferno, das die beiden Phasen zuvor bei weitem übertraf. Im Februar 1602 vor Christus brach daraufhin im Nilland ein nie da gewesenes Wetterchaos aus. Dicke Hagelkörner zerschlugen die Ernte und stürzten das Volk in eine Hungersnot. Es folgte ein außergewöhnlich tropischer Sommer, der weite Gebiete in eine Oasenlandschaft verwandelte. Im Herbst, als ein Tief das

Klima im Norden Ägyptens prägte, überfiel eine riesige Armee von Heuschrecken die Region. Im März 1601 vor Christus setzte der Feuerberg auf der Kykladeninsel zum vierten Mal an: Mit einem gigantischen Knall schossen Fontänen von Asche in die Stratosphäre. Der Himmel verdunkelte sich über Tage und glühend heißer Bimsstein ergoss sich ins Meer. Im Reich der Pharaonen setzte eine tagelange Finsternis ein. Das Öko-Drama hatte seinen Höhepunkt erreicht.

Die These von Dr. Siro Trevisanato sorgt für heftige Diskussionen in der Fachwelt. Die wenigsten Forscher wollen einer präzisen Datierung des biblischen Geschehens zustimmen. Dennoch: Die Theorie des Biologen ist die einzige, die das Gesamtphänomen nachvollziehbar mit einem konkreten historischen Ereignis in Zusammenhang bringt.

Plage 10
Jahwes härtester Schlag – Die Tötung der Erstgeburt

Nachdem sich die große Finsternis gelichtet hat, trifft die Menschen im Land am Nil Jahwes härteste Strafe: »Und zur Mitternacht schlug der HERR alle Erstgeburt in Ägyptenland vom ersten Sohn des Pharao an, der auf seinem Thron saß, bis zum ersten Sohn des Gefangenen im Gefängnis und alle Erstgeburt des Viehs. Da stand der Pharao auf in derselben Nacht und alle seine Großen und alle Ägypter, und es ward ein großes Geschrei in Ägypten; denn es war kein Haus, in dem nicht ein Toter war.« (Ex. 12, 29–30) Erst die unfassbare Tragödie, die den Lebensnerv des Reiches trifft, bewegt den Regenten, die Israeliten endlich ziehen zu lassen. Seine Untertanen vertreiben die ungeliebten Fremden sogar in aller Eile. Für Moses und seine Leute beginnt die Flucht aus der Fronstadt – ein Abenteuer mit ungewissem Ausgang, das jedoch unter dem Schutz Jahwes steht.

Obwohl die zehnte Plage nicht von einem Naturereignis ausgelöst wird und somit aus dem Rahmen der vorangegangenen neun Katastrophen fällt, sehen sich Forscher immer wieder herausgefordert, auch den Tod der Erstgeborenen rational zu erklären. Experten verschiedener

Fachrichtungen bieten eine breite Palette von Interpretationen über das mögliche Geschehen in der Blutnacht. So geht Trevisanato aufgrund seiner spektakulären Erkenntnisse über den Vulkanausbruch auf Santorin, die dramatischen Auswirkungen auf das Nilland und damit auf die Abfolge der Plagen davon aus, die Ägypter hätten ihre Erstgeborenen aus Verzweiflung selbst getötet, um den Schöpfergott Re gnädig zu stimmen. Doch nach allen bisherigen Befunden wurde der grausame Brauch des Menschenopfers im Pharaonenreich so gut wie nicht praktiziert. Einzig in Abydos entdeckten Archäologen nahe den Bestattungen verschiedener Könige zahlreiche Nebengräber mit den sterblichen Überresten junger Menschen. Wie neuere Untersuchungen ergaben, wurden sie entweder erdrosselt oder vergiftet. Damit es dem allmächtigen Regenten auch im Jenseits an nichts fehle, sollten ihm die Ermordeten als Diener zur Seite stehen. Der Kult, dem Herrscher ein Gefolge mit auf die letzte Reise zu schicken, wurde bereits nach wenigen Jahrhunderten, und zwar bereits irgendwann während der 2. Dynastie (2890–2686 vor Christus), wieder aufgegeben. Ab dem Mittleren Reich (2055–1650 vor Christus) ersetzten mumiengestaltige Statuetten aus Holz, Ton, Wachs, Stein oder Bronze, vorwiegend aber aus blauer Fayence, die menschlichen Begleiter. Die sogenannten Ushebtis – das Wort bedeutet »Antwortende« – wurden Verstorbenen als Beigabe ins Grab gelegt. Die Figürchen sollten für ihren Besitzer einspringen, wenn er zur Arbeit in der anderen Welt aufgefordert wurde. Dann meldeten sich die kleinen Helferlein an seiner Stelle und riefen: »Hier bin ich, ich werde es tun.«

Andere Wissenschaftler zeichnen Szenarien mit unterschiedlichen Begründungsversuchen, warum nur die Erstgeborenen den Tod gefunden haben: Mit jeder Heimsuchung verschlechterte sich die Versorgungslage in Ägypten. Schließlich konnten die Fellachen nach der Verwüstung der Felder durch Hagel und Heuschrecken weder die Äcker bestellen noch die Vorratslager füllen. Denn was die Eiskörner von der Ernte übrig gelassen hatten, vernichteten die gefräßigen Insekten. Es gab nicht mehr genügend Fisch, Fleisch, Korn, Gemüse und Obst, der dauerhafte Mangel schwächte die Menschen zusehends. Am Ende brach eine große Hungersnot aus, die unter den Einheimischen viele Opfer forderte. Da die Israeliten in der klimatisch begünstigten Provinz Goschen wohnten, besaßen sie gesundes Vieh sowie ausreichend Nahrung und blieben daher vom großen Sterben verschont.

Die amerikanischen Immunologen Joel Ehrenkranz und Deborah Sampson machen das Rift-Valley-Fieber-Virus sowie das West-Nil-Fieber-Virus verantwortlich für den Tod der Erstgeborenen: Aufgrund einer außergewöhnlichen Klimaerwärmung entlang der Küsten im östlichen Mittelmeer, vermutlich durch einen El Niño im fernen Pazifik verursacht, vermehrten sich verschiedene Arten von Stechfliegen und Moskitos explosionsartig. Als Überträger der Viren lösten die Insekten zunächst das Sterben des Weideviehs aus, die fünfte Plage. Nach den heftigen Hagelschauern von Plage sieben wuchs die Population der gemeinen Stecher in dem durchfeuchteten Gebiet ins Unermessliche. Zusätzlich schleppten Vögel die Erreger in die Dörfer ein. Ziegen und Schafe, die nahe den Behausungen der Fellachen oder direkt in ihren Hütten lebten, infizierten sich. Beim Füttern, Melken,

Schlachten oder direkten Kontakt untereinander steckten sich die Menschen an.

Wie viele Untersuchungen an Mumien zeigten, galt Leberzirrhose aufgrund von Wurm- oder Parasitenbefall als eine Art Volkskrankheit im Alten Ägypten. Wenn dazu noch eines der gefährlichen Fieber kam, bedeutete das für einen bereits angegriffenen Organismus meist ein schnelles Ende. Die nicht immunisierten Ägypter hatten ein besonderes genetisches Merkmal: Ihnen fehlte ein spezieller Chemokine-Rezeptor, der sich positiv auf das Immunsystem auswirkt. Kein Wunder also, dass damals eine verheerende Epidemie ausbrach, die auch die Erstgeborenen in vollem Umfang traf. Säuglinge und erst kurze Zeit entwöhnte Kinder hingegen genießen eine passive Immunität, den sogenannten Nestschutz. In den letzten Wochen der Schwangerschaft werden über die Placenta Immunglobuline auf das Kind übertragen und bewahren es während der ersten Lebensmonate vor Ansteckung – vorausgesetzt, die Mutter hat eine entsprechende Virusinfektion überstanden und ist daher immun. Die zehnte Plage traf keinen der Israeliten, weil ihre Provinz Goschen bereits von der Hagelkatastrophe verschont blieb. Folgerichtig breiteten sich in der trockenen Region keine Moskitoschwärme und auch keine Fieberwelle aus – so das Fazit der beiden Wissenschaftler.

John S. Marr, führender Epidemiologe des New York City Department of Health, und sein Fachkollege Curtis Malloy führen als plausibles Argument für die zehnte Plage eine Vergiftung der Nahrung, vor allem des Weizens, durch Schimmelpilze an: Die Sporen gelangten durch Heuschreckenkot auf Feldfrüchte und in die Getreidespeicher, wo die tödliche Substanz in dem von den

Unwettern noch feuchten Korn einen idealen Nährboden fand und sich rasant vermehrte. Vermutlich hatten die erstgeborenen Söhne der Familien privilegierten Zugang zu den Vorratslagern. Zudem durften sie doppelte Portionen essen. Schon bald nach dem Verzehr der Mahlzeit starben die Unglücklichen. Bei den Tieren spielte sich Ähnliches ab. Die Stärksten, das heißt die Ältesten, drängten sich vor den Schwächeren zu den Futterstellen und fielen dem unsichtbaren Feind ebenso schnell zum Opfer. Schimmelpilze kommen in der Natur häufig vor, sie verbreiten sich in der Luft und im Boden und befallen organische Substrate jeden Typs. Die Kolonien der Aspergillus-Gattung mit weltweit etwa zweihundert Arten siedeln hauptsächlich auf Heu, Mais und Getreide, Baumwollsamen, Erdnüssen, Pistazien, Kartoffeln und Brot, aber auch im Kompost, auf verfaulenden Früchten, in Holz, Kot und Staubkörnern. Ideale Wachstumsbedingungen finden die Sporen bei warmen Temperaturen im Verbund mit hoher Luftfeuchtigkeit. Genau solche Klimaverhältnisse herrschten in Ägypten nach dem Hagelschlag. Vorwiegend der Aspergillus flavus und der Aspergillus parasiticus bilden lebensgefährliche Gifte (Mykotoxine) wie Aflatoxin B1, den am stärksten Krebs erzeugenden Pflanzenstoff, und Aflatoxin B2. Für Erwachsene bedeuten bei oraler Aufnahme bereits ein bis zehn Milligramm pro Kilogramm Körpergewicht eine tödliche Dosis. Daher werden seit 1976 Höchstmengen für Aflatoxine in bestimmten Lebensmitteln festgesetzt. Aber auch beim Berühren oder Einatmen entfalten die Giftstoffe ihre heimtückische Wirkung auf Mensch und Tier. Im akuten Fall führen Störungen im Immun- und Nervensystem, Herzversagen oder schwere innere Blutungen in Nieren, Lunge und im Verdauungstrakt zum sofortigen Tod. Chronische Vergiftungen verursachen embryonale Missbildungen, Erbgutschäden, kleinzellige Lebertumore und allergische Reaktionen. Vor allem beim Verarbeiten des Lagergetreides können die Ägypter die in der Luft schwebenden Sporen inhaliert oder sie beim Verzehr von Bier und Brot, das aus befallenem Korn hergestellt war, zu sich genommen haben.

Obwohl damals noch nicht als Auslöser der mysteriösen Todesfälle diagnostiziert, machten die Aspergilli flavus, mucor und niger 1923 Schlagzeilen rund um den Globus. Nach der Öffnung des Tutenchamun-Grabes am 17. Februar durch Howard Carter und seinen Geldgeber Lord Carnavon starben Mitglieder des Grabungsteams, allen voran der britische Adlige selbst. Etwas später traf es den Röntgenologen Archibald Douglas Reed, den Konservator des Louvre, George Benedite, Carters Sekretär Richard Bethel und den vom Metropolitan-Museum in New York als Assistent entsandten Arthur Mace, der den letzten Stein in der versiegelten Wand zur Sargkammer entfernt hatte. Aber auch etwa zwanzig Besucher bezahlten die Besichtigung der Gruft im Tal der Könige mit dem Leben. Der amerikanische Eisenbahnmilliardär George Gould brach schon wenige Stunden nach Verlassen der herrschaftlichen Ruhestätte plötzlich tot zusammen, der englische Literaturprofessor La Fleur nach zwei Tagen, andere nach wenigen Wochen. Entsetzt sprach die Welt vom »Fluch des Pharao«.

Erst 1973 lieferte Professor Boleslaw Smyk die wissenschaftliche Erklärung für die Tragödie. Als in Krakau nach der Untersuchung einer fünfhundert Jahre alten Königsgruft zwölf der vierzehn Beteiligten starben, diagnostizierte der polnische Mikrobiologe Pilze der Aspergillus-Gruppe als Verursacher der Todesfälle. Zwar befanden sich die Sporen zum Zeitpunkt des direkten Kontaktes mit den Betroffenen im Zustand der Anabiose, also geschwächter biologischer Tätigkeit, doch nach dem Eindringen in die Atemwege der Forscher entfalteten sie ihre fatale Wirkung im Organismus. In den ägyptischen Gräbern steigerten die Mikroorganismen über mehr als dreitausend Jahre ihr allergisches Potenzial sogar und verdichteten sich zu einem hoch giftigen Konzentrat. Ein gesunder Körper kann den unsichtbaren Angriff abwehren, im schlimmsten Fall leidet der Patient unter Fieberschüben, Kopfschmerzen und Gleichgewichtsstörungen. Ein Immungeschwächter hat dagegen keine Chance. Die Krankengeschichten der »Tutenchamun-Opfer« bestätigen, dass sie allesamt schon vorher mit mehr oder weniger ernsten Lungenleiden zu kämpfen hatten. Während des Zweiten Weltkriegs kamen in Russland Tausende von Menschen und Haustieren um, die über längere Zeit stark verschimmelte Lebensmittel gegessen hatten. Mit Aspergillus flavus verseuchtes Futter ließ in Nordamerika eine Million Zuchtforellen und in England etwa einhunderttausend Truthähne verenden. Die Gefahr eines überraschenden Todes durch das Einatmen toxischer Sporen bleibt nach wie vor überall auf der Welt bestehen.

Einer völlig anderen Spur folgt die Religionswissenschaftlerin Greta Hort: Ursprünglich kam die zehnte Plage nicht als Tod der erstgeborenen Söhne und Tiere über die Ägypter, sondern zeigte sich in der Zerstörung der ersten Feldfrüchte des Jahres. Im Frühlingsmonat Abib, vermutlich im April, in dem auch der Exodus stattfand, stand die Weizen- und Dinkelernte an. Aber die

Heuschrecken hatten davon so gut wie nichts übriggelassen. In Goschen jedoch gab es genug Vorräte, deshalb litten die Israeliten keinen Mangel und blieben von Jahwes Strafgericht unberührt. Ein guter Grund für Moses und seine Sippe, alles Korn, das sie tragen konnten, zusammenzuraffen und das Nilland eilig zu verlassen, bevor die Schergen des Pharao das kostbare Gut beschlagnahmten und die »Ausländer« entweder umbrachten oder ebenfalls an Hunger sterben ließen. Vor der schauerlichen Episode vom Mord an den erstgeborenen Ägyptern steht Jahwes genaue Anweisung für das Passahfest, das hinfort jedes Jahr zum Gedenken an den Auszug aus dem Pharaonenland begangen wird. Ein einjähriges Lamm soll geschlachtet und mit bitteren Kräutern und ungesäuertem Brot, den Matzen, gegessen werden. Nichts darf übrigbleiben. Wie von der Forschung allgemein akzeptiert, verschmelzen in der Feier uralte bäuerliche und nomadische Traditionen. Greta Hort geht davon aus, dass der bedeutendere und ältere Brauch das Backen und Verzehren der ungesäuerten Brote war, das Lammopfer hingegen erst später in das Regelwerk aufgenommen wurde. Darauf basiert ihre These, die Strafe Jahwes bestehe in der Vernichtung des Getreides.

Um von der zehnten Plage verschont zu bleiben, müssen die Israeliten zum ersten Mal selbst aktiv werden. Außer der Einhaltung der genauen Speisevorschriften sollen sie mit dem Blut der geschlachteten Tiere die beiden Pfosten und die obere Schwelle ihrer Türen bestreichen, damit der Tod keinen Bewohner eines markierten Hauses trifft. Einige Forscher führen das schwer zu ergründende Wort Passah, hebräisch »Pessach«, auf diese Anweisung zurück. Offenbar zelebrierten die Nomaden zu bestimmten Anlässen ein kultisches Überspringen von Zelten durch einen Dämon. In der Exodusgeschichte »überspringt« Jahwe die Behausungen der Moses-Schar. Der Alttestamentler Manfred Görg versteht den Begriff eher als »der Schlagende«, abgeleitet aus dem ägyptischen Artikel »pe« und dem Element »sach«. Das heißt: Jahwe schlägt die Gegner der Israeliten. Ursprünglich haben weder der Blutritus noch die Matzen etwas mit dem Exodus zu tun. Die frühisraelitischen Bauern in Kanaan feierten zu Beginn der Vegetationsperiode ein Frühlingsfest. Danach wurden die Herden auf Weiden getrieben, die möglichst weit entfernt von den Feldern und der keimenden Saat lagen. Die wehrfähigen Männer des Stammes begleiteten die Wanderung und ließen das Dorf praktisch ohne Verteidiger zurück. Nach damaliger Vorstellung schützte das Blut des zuletzt gemeinschaftlich verspeisten Lammes die Zurückbleibenden. Ungesäuertes Brot aß man ursprünglich, wenn die neue Ernte begann. Die Vorräte waren vollständig verbraucht, es gab nicht einmal mehr Sauerteig. Die Tradition wurzelt tief in der kanaanäischen Fruchtbarkeitsreligion. Die Menschen wollten der Gottheit demonstrieren, dass sie ganz und gar auf den Segen des kommenden Jahres hofften. Das Alte Testament verbindet den bäuerlichen Brauch mit jener Nacht, in der die Israeliten überstürzt aufbrachen. Die Zeit, um den Brotteig treiben zu lassen, reichte nicht aus.

Auch die Nomaden begingen im Zug des jährlichen Wechsels von den Winterweiden der Wüste zu den Sommerweiden des Kulturlandes ein Fest, das der biblischen Beschreibung vom Passah in vielen Details gleicht. Die Hirten versammelten sich in der Nacht des ersten Frühlingsvollmonds bei ihrem Lokalheiligtum. Sie schlachteten ein Schaf und brieten es am Feuer. In der Glut backten sie Brot aus Mehl und Wasser, Sauerteig kannten sie nicht. Bittere Kräuter ersetzten das Salz. Die Männer trugen einen gegürteten Umhang, Sandalen und ihren Hirtenstab. Das Gemeinschaftsmahl dauerte bis zum frühen Morgen, dann brachen sie auf. Da beim Umzug der Herden viele Gefahren lauerten, sollte der Blutritus vor allem die neugeborenen oder schwachen Menschen und Tiere schützen. Zur Abwehr von Unheil bestreichen die Beduinen bei besonderen Anlässen noch heute die Mittelpfosten ihrer Zelte, die Hälse der Kamele oder die Stirn ihrer Kinder mit dem Blut eines frisch geschlachteten Schafes. Sogar neue Häuser, Autos oder andere Errungenschaften werden ab und an mit dem Glückszeichen geweiht. Blut symbolisiert die Grenze zwischen Leben und Tod, zwischen Heiligem und Profanen, zwischen gefährdetem und geschütztem Bereich. Die jüdische Religion hat die archaischen Traditionen umgedeutet und in ihre Heilsgeschichte eingebunden. Zumindest darüber herrscht in Fachkreisen Einigkeit. Über die Interpretation der zehnten Plage aber streiten Fachleute nach wie vor. Denn die Meinungen gehen weit über die aufgezeigten naturwissenschaftlichen Thesen hinaus.

Die Erstgeborenen – Gottes heiliger Besitz

In erster Linie bezeichnen Theologen jeden realistischen Erklärungsversuch für das Sterben der Ägypter als absurd. Ernst Axel Knauf, Professor für semitische Philologie und biblische Exegese, nennt die zehnte eine »echte theologische Plage«, bei der die Bedeutung der Erstgeburt im Zentrum steht. Im Alten Testament gelten die ersten Abkömmlinge allen Lebens – ob Mensch, Tier oder Pflanze – als heiliger Besitz Gottes. So müssen ihm als rechtmäßigem Besitzer die reifen Erstlingsfrüchte von Äckern, Weinbergen und Bäumen dargebracht werden, damit die Ernte unter seinem Segen steht. Aber auch aus dem Anbau hergestellte Produkte wie Mehl, neuer Wein, Saft, Öl, Gesäuertes und Brotteig stehen auf der Liste der Abgaben. Bei den Tieren unterscheidet die Bibel zwischen reinen, die auf dem Opferaltar sterben, und unreinen, die dem Anspruch Jahwes nicht genügen und ausgetauscht werden: »Die Erstgeburt vom Esel sollst du auslösen mit einem Schaf; wenn du sie aber nicht auslöst, so brich ihr das Genick. Beim Menschen aber sollst du alle Erstgeburt unter deinen Söhnen auslösen. Und wenn dich heute oder morgen dein Sohn fragen wird: Was bedeutet das?, sollst du ihm sagen: Der HERR hat uns mit mächtiger Hand aus Ägypten, aus der Knechtschaft, geführt. Denn als der Pharao hartnäckig war und uns nicht ziehen ließ, erschlug der Herr alle Erstgeburt in Ägyptenland, von der Erstgeburt des Menschen bis zur Erstgeburt des Viehs. Darum opfere ich dem HERRN alles Männliche, das zuerst den Mutterschoß durchbricht, aber die Erstgeburt meiner Söhne löse ich aus. Und das soll dir wie ein Zeichen auf deiner Hand sein und wie ein Merkzeichen zwischen deinen Augen; denn der Herr hat uns mit mächtiger Hand aus Ägypten geführt.« (Ex. 13, 13–16)

In Bezug auf die Menschen meint der Begriff »Erstgeborener« fast immer den ältesten männlichen Spross des Vaters. Er kann sich aber auch auf die Mutter beziehen, um klarzustellen, dass es sich nicht um den ersten Abkömmling des Mannes handelt, oder um die Bedeutung der Gebärenden zu unterstreichen: »Heilige mir alle Erstgeburt bei den Kindern Israel; alles, was zuerst den Mutterschoß durchbricht bei Mensch und Vieh, das ist mein.« (Ex. 13, 2)

Die Register der biblischen Geschlechter heben die Rolle der Erstgeborenen hervor. Über ihre Linie wird der Familienstammbaum fortgeführt, nicht immer erscheinen weitere Söhne in den Auflistungen mit Namen. Töchter stehen stets hinter ihren Brüdern, selbst wenn die Mädchen vor ihnen geboren wurden. Das Erbrecht bestätigt die Vorrangstellung: Der Älteste erhält doppelt so viel wie seine Geschwister. Stirbt der Stammhalter, kann zwar nie der Titel »Erstgeborener«, wohl aber das Erstgeburtsrecht auf den Jüngeren übergehen. Wie die Erzählungen über Jakob, Salomon und David offenbaren, liegt die Entscheidung darüber allein in Gottes Hand. Auch

Männer, die Nachkommen von mehreren Frauen haben, finden in der Schrift praktische Hinweise, wie sie sich zu verhalten haben: »Wenn jemand zwei Frauen hat, eine, die er lieb hat, und eine, die er nicht lieb hat, und beide ihm Kinder gebären, ... und der Erstgeborene ist von der ungeliebten Frau und die Zeit kommt, dass er seinen Söhnen das Erbe austeile, so kann er nicht den Sohn der Frau, die er lieb hat, zum erstgeborenen Sohn machen vor dem erstgeborenen Sohn der ungeliebten; sondern er soll den Sohn der ungeliebten Frau als den ersten Sohn anerkennen und ihm zwei Teile geben von allem, was vorhanden ist; denn dieser ist der Erstling seiner Kraft, und sein ist das Recht der Erstgeburt.« (Dtn. 21, 15–17) Neben besonderer Zuneigung genießt der Älteste auch die Gunst eines speziellen Segens durch den sterbenden Vater, dem er als Oberhaupt der Sippe nachfolgt, sowie das Recht zur Ausübung des Priesteramtes.

Die Erstgeburt jener Tiere, die als makellos und rein angesehen werden wie Rinder, Schafe und Ziegen, fordert Gott als Brand- oder Dankopfer. Für Menschen hält das priesterliche Gesetz eine gnädigere Lösung bereit: Nachdem Jahwe im letzten Augenblick Erzvater Abraham von dem Befehl erlöst hat, seinen einzigen Sohn Isaak zu töten, sind die ältesten männlichen Nachkommen fortan von dem grausamen Ritual ausgenommen. Immerhin müssen sie aber gegen Entgelt ausgelöst werden: »Doch sollst du die Erstgeburt eines Menschen auslösen lassen, und die Erstgeburt eines unreinen Viehs sollst du auch auslösen lassen. Du sollst es aber auslösen, wenn es einen Monat alt ist, ... nach der Ordnung, die dir gegeben ist, um fünf Silberstücke nach dem Gewicht des Heiligtums, das Silberstück zu zwanzig Gramm.« (Num. 18, 15–16)

Die Verse weisen auf eine spätere Epoche hin, als der Tempel von Jerusalem der zentrale Kultplatz war. Die Auslösung konnte aber auch an jedem beliebigen Ort stattfinden, wie ein im zweiten nachchristlichen Jahrhundert verfasster jüdischer Kommentar zum Buch Exodus besagt. Noch heute bezahlen Eltern den Gegenwert von fünf Silberschekeln am 31. Lebenstag ihres erstgeborenen Sohnes. Zu entrichten ist die Gebühr nur bei einer natürlichen Niederkunft, denn bei einem Kaiserschnitt wird der »Mutterschoß nicht durchbrochen«. Nach einer Fehlgeburt ist die Entscheidung eines Rabbiners einzuholen.

Vor diesem Hintergrund versteht Professor Knauf die zehnte Plage als symbolisches Opfer an Gott. Auch Ägypten gehört zu seiner Schöpfungsordnung und schuldet ihm die Darbringung der Erstgeburt, wie sie die Thora verlangt. Da aber die Menschen im Niltal die einschlägigen Gesetze nicht kennen, holt sich Jahwe in der Blutnacht das, was ihm zusteht. Wie die meisten seiner Kollegen spricht auch Professor Manfred Görg nicht von einem historischen Ereignis, sondern von »rhetorischer Dramatisierung in der blumigen Sprache des Alten Orients«. Auf den ersten Blick handelt die Story von einem brutalen Gott, der Leben auslöscht, nur um seine Allmacht zu demonstrieren. Doch es geht nicht um den realen Tod von Menschen und Tieren, sondern um die bildhafte Zerstörung aller Gefahren, die den Israeliten drohen. Die Verfasser der Erzählung greifen Motive auf, die den Ägyptern seit der Pyramidenzeit vertraut waren.

Was der Ausdruck »Schlagen der Erstgeburt« meint, illustrieren Reliefs auf zahlreichen Tempelwänden. Sie zeigen, wie der Pharao den Feind mit der Keule »schlägt«. Die Szene gehört praktisch zum Kanon altägyptischer

Steinmetzkunst. Ebenso bekannt war die Redewendung als literarischer Topos. Wenn jemand sagte, er selbst oder die Götter wollten das Böse mit Stumpf und Stiel ausrotten, benutzte er die Floskel von der »Vernichtung der Erstgeburt derjenigen, die Böses tun«. Auf den Plagenbericht projiziert, heißt das nichts anderes als: In Zukunft können die Ägypter dem Volk Moses' nicht mehr gefährlich werden. Jahwe, der die Angst nimmt und für alle Zeit Hoffnung schenkt, hat die Israeliten als Erstgeborene auserwählt, ihnen befohlen, sich mit einem Schutzritus zu legitimieren, und das Passahfest gestiftet. Er lässt den »Verderber«, der umgeht und nach Blut dürstet, an ihren Häusern vorüberziehen. Die bestrichenen Türpfosten signalisieren, dass in den Behausungen nichts zu holen ist, weil bereits geschlachtet wurde.

Auch wenn Wissenschaftler den ursprünglichen Zusammenhang vom Mord an der Erstgeburt und Passah kontrovers diskutieren, sehen sie im Ritus der zehnten Plage die Grundlage für die Entwicklung der Passah-Theologie. Das Zentralfest im Kalender des religiösen Judentums begehen die Gläubigen alljährlich in Erinnerung an ihre glückliche Herausführung aus Ägypten. Kein anderer Gedenktag wurzelt in einer ähnlich ausführlichen Schilderung über seine Entstehung. Das einmalige Ereignis der Exodusnacht symbolisiert die Geburtsstunde Israels. Noch heute steht das Rekapitulieren des dramatischen Geschehens im Mittelpunkt des Programms bei der häuslichen Feier, die der Familienvater am Sederabend, dem Vorabend des Passah, leitet. In der Vergangenheit gab es mehrere Versuche, das bedeutende Fest zu einer Großveranstaltung aufzuwerten. Als König Josia im 7. Jahrhundert vor Christus den religiösen Kult reformierte und den Tempel von Jerusalem zum Zentralheiligtum ernannte, durften nur noch dort die Opferlämmer geschlachtet werden. Passah wandelte sich vom Gemeinschaftsmahl im kleinen Kreis zur Massenwallfahrt. Doch längst hat es seinen eigentlichen Charakter wieder angenommen. Seit der Zerstörung des Tempels im Jahr 70 nach Christus durch die Römer gehören das Schlachten der Lämmer und der Blutritus nicht mehr zum Zeremoniell. Nach wie vor essen die Juden zu dem Anlass aber ein Fleischgericht, und auch die Matzen dürfen nicht fehlen. Das Gebot, sieben Tage lang auf gesäuertes Brot zu verzichten, steht für einen Neuanfang und als Aufforderung an die Menschen, »den inneren Sauerteig auszumisten«. Der Zweck, die alten Traditionen zu bewahren, liegt nicht in der korrekten Überlieferung von Geschichtsdaten. Vielmehr geht es bei der kollektiven Erinnerung an die Urväter, die einst aus Ägypten auszogen, darum, dass jede Generation in ihrer jeweiligen Lebenssituation den Moment der eigenen Befreiung erkennt und so die Vergangenheit in die Gegenwart holt.

Auszug aus Ägypten – Was die Bibel schreibt

Die zehnte Plage ist schließlich der Auslöser für den Auszug aus Ägypten. Doch auch die Fortsetzung der Geschichte wartet mit Zeichen und Wundern auf. Denn Jahwe hält weiterhin seine schützende Hand über die Seinen und bewahrt sie vor Unglück. Ob in geordnetem Zug mit Zustimmung des Pharao, ob in überstürzter Flucht oder gar von den Einheimischen vertrieben: Nach der Tragödie im Nilland verlassen die Israeliten ihre Siedlungen in der Provinz Goschen. Im Gepäck tragen sie nicht nur den rohen Brotteig und ihre Backschüsseln, sondern auch neue Kleider sowie silbernes und goldenes Geschmeide, das ihnen die Ägypter als Beute überlassen haben. Es ist ein bunter Haufen, der sich unter Moses' Führung auf den Weg macht, denn »viel fremdes Volk« schließt sich dem Treck an. »Sechshunderttausend Mann zu Fuß, ohne die Frauen und Kinder, dazu Schafe und Rinder, sehr viel Vieh« ziehen aus von Ramses nach Sukkoth und von dort weiter nach Etham. Gott führt sie nicht über die Philisterstraße, sondern über einen Umweg durch die Wüste zum Schilfmeer. »Und der HERR zog vor ihnen her, am Tage in einer Wolkensäule, um sie den rechten Weg zu führen, und bei Nacht in einer Feuersäule, um ihnen zu leuchten, damit sie Tag und Nacht wandern konnten. Niemals wich die Wolkensäule von dem Volk bei Tage noch die Feuersäule bei Nacht.«

Schon bald ruft der Herr zur Umkehr und befiehlt, das Lager »bei Pihachiroth, zwischen Migdol und dem Meer, vor Baal-Zephon« aufzuschlagen. Der Pharao soll glauben, dass sich die Israeliten verirrt haben und von der Wüste eingeschlossen sind. Ein letztes Mal will Jahwe das Herz des Herrschers verstocken und ihn zur Verfolgung der Geflohenen animieren. Tatsächlich lässt der Regent anspannen und jagt seinen einstigen Fronarbeitern mit sechshundert Streitwagen und dem ganzen Heer nach. Im Angesicht der Übermacht fürchten sich die Israeliten und machen Moses schwere Vorwürfe. Lieber wollen sie den Ägyptern weiter dienen als in der Einöde sterben. In der fatalen Situation tröstet Gott seinen Frontmann: »Was schreist du zu mir? Sage den Kindern Israel, dass sie weiterziehen. Du aber hebe deinen Stab auf und recke deine Hand über das Meer und teile es mitten durch, so dass die Kinder Israel auf dem Trockenen mitten durch das Meer gehen. Siehe, ich will das Herz der Ägypter verstocken, dass sie hinter euch herziehen, und will meine Herrlichkeit erweisen an dem Pharao und aller seiner Macht, an seinen Wagen und Männern. Und die Ägypter sollen innewerden, dass ich der HERR bin, wenn ich meine Herrlichkeit erweise an dem Pharao und an seinen Wagen und Männern.«

Während der Nacht kommen sich die gegnerischen Parteien nicht nahe, denn Jahwe stellt die Wolkensäule zwischen sie und lässt einen starken Ostwind aufkommen, der das Meer teilt, als Moses die Hand reckt. Das Wasser weicht und bildet rechts und links eine Mauer. Die Israeliten gehen trockenen Fußes durch die Mitte bis zum anderen Ufer. Die Ägypter ziehen hinterher, doch bald bleiben die Räder der Streitwagen stecken, auch die Fußsoldaten kommen nur schwer vorwärts. Am Morgen erhebt Moses auf Gottes Geheiß erneut die Hand. Das Meer kehrt in sein Bett zurück, die Wogen begraben den König, seine Männer und Pferde unter sich. Niemand überlebt. Erst mit diesem finalen Schlag sind die Israeliten endgültig vor dem Zugriff ihrer Feinde sicher. »Und sie sahen die Ägypter tot am Ufer des Meeres liegen. So sah Israel die mächtige Hand, mit der der HERR an den Ägyptern gehandelt hatte. Und das Volk fürchtete den HERRN, und sie glaubten ihm und seinem Knecht Mose.« Aus Dankbarkeit singen die Überlebenden ein Preislied auf Jahwe und seine große Tat.

Die Begeisterung hält jedoch nicht lange an. Nach einem Marsch von drei Tagen durch die Wüste Schur gehen die Trinkvorräte aus. Aber auch an der nächsten Raststation Mara lassen sie sich nicht auffüllen. Der Quell schmeckt bitter. Ein großes Murren erhebt sich. Da zeigt Gott Moses ein besonderes Holz. Der Anführer wirft es in den Brunnen, das Wasser wird süß und genießbar. Erfreulicher gestaltet sich der Aufenthalt in Elim. Mit zwölf Wasserquellen und siebzig Palmbäumen bietet die Oase den idealen Platz zu kurzer Erholung von den Strapazen. Am fünfzehnten Tag des zweiten Monats nach dem Auszug erreicht der Tross die Wüste Sin zwischen Elim und dem Sinai. Diesmal fehlt es an Nahrung. Und wie immer, wenn Schwierigkeiten auftauchen, beginnt das große Jammern: »Wollte Gott, wir wären in Ägypten gestorben, als wir bei den Fleischtöpfen saßen und hatten

Brot die Fülle zu essen.« Moses und Aaron beschweren sich über die Klagen, können ihre Gefährten jedoch beruhigen. Denn der Herr hat versprochen, sein Volk zu ernähren. »Und am Abend kamen Wachteln herauf und bedeckten das Lager. Und am Morgen lag Tau rings um das Lager. Und als der Tau weg war, siehe, da lag's in der Wüste rund und klein wie Reif auf der Erde. Und als es die Kinder Israel sahen, sprachen sie untereinander: Man hu? Was ist das? Denn sie wussten nicht, was es war.« Daher nannten sie das unbekannte Produkt Manna. »Und es war wie weißer Koriandersamen und hatte einen Geschmack wie Semmel mit Honig.« Moses verrät, woher es kommt: »Es ist das Brot, das euch der HERR zu essen gegeben hat.« Von der wundersamen Speise, soll jeder nur soviel sammeln, wie er zum Sattwerden braucht, pro Person einen Krug voll. Aber einige hören nicht und horten einen Vorrat. Am nächsten Morgen ist er voller Würmer und stinkt. Moses wird zornig. Von da an halten sich die Israeliten an seine Anweisung. Schnell merken sie, dass das himmlische Brot nur zum Verzehr in der Frühe taugt. Sobald die Sonne heiß scheint, zerschmilzt es. Im Hinblick auf den siebten, den Ruhetag, an dem sie nichts auf dem Feld finden, dürfen sie am sechsten Morgen die doppelte Menge auflesen. Diesmal verdirbt nichts. Jahwe liefert die Erklärung: »Sehet, der HERR hat euch den Sabbat gegeben; darum gibt er euch am sechsten Tage für zwei Tage Brot. So bleibe nun ein jeder, wo er ist, und niemand verlasse seinen Wohnplatz am siebenten Tage … Und die Kinder Israel aßen Manna vierzig Jahre lang, bis sie in bewohntes Land kamen; bis an die Grenze des Landes Kanaan aßen sie Manna.«

Doch bis Kanaan liegt noch ein weiter Weg vor ihnen.

Immer wieder stehen die Wanderer vor schier unlösbaren Problemen. Und immer dann lehnen sich die Unzufriedenen gegen Moses und Aaron auf. Die Anführer fürchten sogar, gesteinigt zu werden. Aber Jahwe lässt seine Schar nicht im Stich. Als in Raphidim erneut das Wasser ausgeht, befiehlt er Moses, mit seinem Stab an den Fels zu schlagen, und sofort sprudelt das kostbare Nass. Kurz darauf greifen die Amalekiter an. Mit einer ausgewählten Schar stürzt sich Josua in das Schlachtgetümmel, Moses sitzt bis zum Sonnenuntergang auf einem Hügel, seine erhobenen Hände bringen den Israeliten mit Gottes Hilfe den Sieg. Sie ziehen weiter und lagern am Berg Sinai. Jethro, der Priester aus Midian, kommt mit seiner Tochter Zippora und ihren beiden Kindern zu Besuch. Nach Midian war Moses geflüchtet, nachdem er den ägyptischen Aufseher erschlagen hatte. Jethro gab ihm Zippora zur Frau, das Paar bekam zwei Söhne. Bei seiner Rückkehr ins Nilland nahm Moses die Familie mit. Zippora ging mit dem Nachwuchs später aber wieder zu ihrem Vater. Nun gibt es ein Wiedersehen. Jethro erfährt vom Schicksal der Israeliten und ihrer wunderbaren Errettung. Doch er erkennt auch, dass sein Schwiegersohn überlastet ist und nicht mehr länger allein die Geschicke der großen Schar lenken kann. Bisher schlichtete der Anführer von morgens bis abends Streitigkeiten, verkündete die Anweisungen Gottes, beantwortete unzählige Fragen und half, wo er konnte. Auf den Rat des Priesters wird Moses fortan nur noch als Mittler zwischen Jahwe und dem Volk auftreten und ihm die Satzungen und Gebote des Herrn kundtun. Für die weltlichen Anliegen wählt er redliche Männer aus und macht sie zu »Obersten über tausend, über hundert, über fünfzig und über zehn, dass sie das

Volk allezeit richteten, die schweren Sachen vor Mose brächten und die kleineren Sachen selber richteten.« Und noch etwas geschieht: Moses lässt seinen Schwiegervater wieder in sein Land ziehen.

Am ersten Tag des dritten Monats nach dem Auszug aus Ägypten erreichen die Israeliten die Wüste Sinai und lassen sich gegenüber »dem Berge« nieder. Große Ereignisse kündigen sich an. Moses steigt auf den Gipfel. Nur er darf ihn betreten, jeder andere wird mit dem Tod bestraft – so die Botschaft Jahwes. Weiterhin sollen alle ihre Kleider waschen, sexuelle Handlungen unterlassen und sich auf den dritten Tag vorbereiten. Dann will der Herr auf dem Berg Sinai erscheinen. Als es soweit ist, »da erhob sich ein Donnern und Blitzen und eine dichte Wolke auf dem Berge und der Ton einer sehr starken Posaune. ... Der ganze Berg Sinai aber rauchte, weil der HERR auf den Berg herabfuhr im Feuer; und der Rauch stieg auf wie der Rauch von einem Schmelzofen, und der ganze Berg bebte sehr.« Während das Volk am Fuß der Erhebung wartet, klettert Moses in die Höhe. Dort empfängt er, zunächst als mündliches Vermächtnis Jahwes, die Zehn Gebote:

1. »Ich bin der HERR, dein Gott, der ich dich aus Ägyptenland aus der Knechtschaft geführt habe. Du sollst keine anderen Götter neben mir haben. Du sollst dir kein Bildnis noch irgendein Gleichnis machen, weder von dem, was oben im Himmel, noch von dem, was unten auf Erden, noch von dem, was im Wasser unter der Erde ist: Bete sie nicht an und diene ihnen nicht! Denn ich, der HERR, dein Gott, bin ein eifernder Gott, der die Missetat der Väter heimsucht bis ins

dritte und vierte Glied an den Kindern derer, die mich hassen, aber Barmherzigkeit erweist an vielen Tausenden, die mich lieben und meine Gebote halten.

2. Du sollst den Namen des HERRN, deines Gottes, nicht missbrauchen; denn der HERR wird den nicht ungestraft lassen, der seinen Namen missbraucht.
3. Gedenke des Sabbattages, dass du ihn heiligest. Sechs Tage sollst du arbeiten und alle deine Werke tun. Aber am siebenten Tage ist der Sabbat des HERRN, deines Gottes. Da sollst du keine Arbeit tun, auch nicht dein Sohn, deine Tochter, dein Knecht, deine Magd, dein Vieh, auch nicht dein Fremdling, der in deiner Stadt lebt. Denn in sechs Tagen hat der HERR Himmel und Erde gemacht und das Meer und alles, was darin ist, und ruhte am siebenten Tage. Darum segnete der HERR den Sabbattag und heiligte ihn.
4. Du sollst deinen Vater und deine Mutter ehren, auf dass du lange lebest in dem Lande, das dir der HERR, dein Gott, geben wird.
5. Du sollst nicht töten.
6. Du sollst nicht ehebrechen.
7. Du sollst nicht stehlen.
8. Du sollst nicht falsch Zeugnis reden wider deinen Nächsten.
9. Du sollst nicht begehren deines Nächsten Weib.
10. Du sollst nicht begehren deines Nächsten Haus, Knecht, Magd, Rind, Esel noch alles, was dein Nächster hat.«

Moses schreibt alles auf, was Jahwe verkündet hat. Neben den Zehn Geboten notiert er noch viele weitere Rechtsordnungen als eherne Grundlage für ein friedliches

Zusammenleben der Gemeinschaft. Zu den Seinen zurückgekehrt, lässt er junge Stiere opfern. Mit einer Hälfte ihres Blutes besprengt er den zuvor errichteten Altar, mit der anderen die Menge, die auf ihn gewartet hat. Damit besiegelt er den Bund zwischen Jahwe und dem Volk Israel. Die steinernen Tafeln mit dem Gesetzestext bringt der begnadete Gottesmann erst nach einem weiteren Gipfelbesuch mit, der über vierzig Tage und Nächte dauert. »Moses wandte sich und stieg vom Berge und hatte die zwei Tafeln des Gesetzes in seiner Hand; die waren beschrieben auf beiden Seiten. Und Gott hatte sie selbst gemacht und selber die Schrift eingegraben.«

Um den heiligen Besitz aufzubewahren und zu transportieren, zimmern auserwählte, namentlich erwähnte Kunsthandwerker eine Lade aus Akazienholz. Nicht nur ihre Maße, auch die Dekoration aus Gold und die Konstruktion der Tragevorrichtung gibt Jahwe genau vor. Ebenso exakte Bauanleitungen ergehen für die Stiftshütte, den Altar, den Schaubrottisch, das Opfergeschirr und den siebenarmigen Leuchter, die Menora. Nur edelstes Material genügt dem Anspruch des Herrn.

Bevor aber die Arbeit an den Kultobjekten beginnen kann, gefährdet ein folgenschwerer Zwischenfall den eben erst geschlossenen Vertrag mit Jahwe. Während der langen Zeit, die Moses auf dem Berg verbringt, gießen die Zurückgebliebenen aus dem Schmuck der Frauen ein goldenes Kalb. Die Israeliten zweifeln an der Zuverlässigkeit ihres Anführers, sie wollen einen sichtbaren Gott, der sie beschützt. Unter Leitung Aarons bringen sie dem Bildnis Opfer dar und feiern ein sinnenfrohes Fest. Als Moses nach dem Abstieg vom Sinai den Frevel entdeckt, zerbricht er vor Zorn die beiden Tafeln. Den Götzen schmilzt er im Feuer und zerstößt ihn zu Pulver. Ins Wasser gestreut, gibt er es seinen Leuten zu trinken.

Doch es kommt noch schlimmer. Der Diener Jahwes versammelt alle, die seinem Gott noch vertrauen. Diese Männer müssen mit dem Schwert durch das Lager gehen und dreitausend Abtrünnige erschlagen. Anschließend ringt Moses mit Jahwe intensiv um Vergebung der Sünden, die das Volk Israel begangen hat. Am Ende schlägt er zwei neue Tafeln aus dem Stein, erklimmt noch einmal den Gipfel und lässt den Text vom Herrn wieder aufschreiben. Als Trost empfängt er göttliche Versprechen, muss sich aber auch harte Worte anhören: »Gehe, zieh von dannen, du und das Volk, das du aus Ägyptenland geführt hast, in das Land, von dem ich Abraham, Isaak und Jakob geschworen habe: Deinen Nachkommen will ich's geben. Und ich will vor dir her senden einen Engel und ausstoßen die Kanaaniter, Amoriter, Hethiter, Perisiter, Hewiter und Jebusiter und will dich bringen in das Land, darin Milch und Honig fließt. Ich selbst will nicht mit dir hinaufziehen, denn du bist ein halsstarriges Volk, ich würde dich unterwegs vertilgen.«

Am zwanzigsten Tag im zweiten Monat des zweiten Jahres brechen die Israeliten das Lager im Sinai ab und erreichen nach drei Tagen die Wüste Paran. Vor dem langen Zug, der nach Stämmen geordnet marschiert, tragen die inzwischen ernannten Priester die Bundeslade mit den Gesetzestafeln – fortan das bedeutendste Heiligtum der Gläubigen. Viele weitere Stationen folgen auf dem beschwerlichen Weg ins Gelobte Land. Nach dem Strafgericht am Sinai wandelt sich das Verhalten der Auswanderer kurzfristig zu Jahwes Wohlgefallen. Doch beim kleinsten Problem zweifeln sie wieder an ihrer Mission.

Ständig müssen sie ermahnt, gezüchtigt und auf die zahlreichen Regeln hingewiesen werden. Alte Menschen sterben, Säuglinge erblicken das Licht der Welt, Kranke werden behandelt. Immer wieder kommt es zu Scharmützeln und Kämpfen mit einheimischen Sippen, doch die Moses-Truppe steht nach wie vor unter Jahwes Schutz und besteht alle Anfechtungen.

Schließlich landen die Israeliten in Kadesch Barnea an der Grenze zwischen der Sinai-Halbinsel und dem Negev, wo sie »lange Zeit« bleiben. Von dort schickt Moses zwölf Kundschafter aus, um das Gebiet weiter nördlich auszuspionieren. Nach vierzig Tagen kehren die Gesandten zurück. Bis nach Hebron sind sie vorgedrungen. Zwei von ihnen schleppen eine riesige Weintraube auf Tragestangen an, auch Granatäpfel und Feigen präsentieren sie der staunenden Gemeinde. »Wir sind in das Land gekommen, in das ihr uns sandtet; es fließt wirklich Milch und Honig darin, und dies sind seine Früchte.« Die Heimkehrer verkünden jedoch auch schlechte Nachrichten: »Aber stark ist das Volk, das darin wohnt, und die Städte sind befestigt ... Wir vermögen nicht hinaufzuziehen gegen dies Volk, denn sie sind uns zu stark.« Um die Gefahr noch zu unterstreichen, verbreiten sie furchterregende Gerüchte: »Das Land, durch das wir gezogen sind, frisst seine Bewohner und alles Volk, das wir darin sahen, sind Leute von großer Länge. Wir sahen dort auch Riesen ... und wir waren in unseren Augen wie Heuschrecken und waren es auch in ihren Augen.« Da erhebt sich ein Sturm der Entrüstung gegen Moses und Aaron, alle wollen zurück nach Ägypten. Der erneute Vertrauensbruch verleitet Jahwe zu einer drastischen Bestrafung: Die zwölf Kundschafter sterben an einer nicht näher bezeichneten Plage. Alle anderen, die zwanzig oder mehr Jahre zählen, werden nie ihren Fuß auf den Boden des verheißenen Landes setzen, sogar Moses und Aaron nicht. Vierzig Jahre sollen sie und ihre Kinder in der Wüste als Hirten verbringen, bis ihre Leiber aufgerieben sind. Nur Josua und Kaleb bleiben verschont. Den Rebellen Korah und zweihundertfünfzig seiner Genossen, die den Aufstand anführen, verschlingt ein Erdbeben – mitsamt ihren Familien und ihrem ganzen Besitz.

Als die Israeliten endlich Kadesch verlassen, müssen sie einen Umweg nehmen. Obwohl Moses anbietet, nur über die Landstraße zu ziehen, nichts von den Früchten des Landes zu nehmen und das Trinkwasser sogar zu bezahlen, verweigern die Edomiter unter Androhung von Krieg den Durchzug durch ihren Herrschaftsbereich. Am Berg Hor stirbt Aaron. Und wieder spielt sich das gleiche Drama ab. Brot und Wasser fehlen, die Leute sind verdrossen und wollen nicht mehr weiter. Diesmal schickt Jahwe feurige Schlangen. Viele Menschen sterben an den Bissen, und wie schon so oft muss Moses bei Jahwe um Abhilfe bitten.

Natürlich weiß der Allmächtige Rat: »Mache dir eine eherne Schlange und richte sie an einer Stange hoch auf. Wer gebissen ist und sieht sie an, der soll leben. Da machte Mose eine eherne Schlange und richtete sie hoch auf. Und wenn jemanden eine Schlange biss, so sah er die eherne Schlange an und blieb leben.« Weiter geht es über zahlreiche Stationen ins Land der Amoriter. Auch sie sind den Jahwe-Leuten feindlich gesinnt und zetteln einen Krieg an. Die Israeliten besiegen sie, ebenso den König von Basan, und nehmen viele Ortschaften ein. Das gleiche Schicksal ereilt die Midianiter, Moabiter und andere

Stämme. Trotz vieler Rückschläge sind die Auswanderer auf Erfolgskurs.

Kurz bevor sie den Jordan erreichen, beginnt Moses mit seinen letzten Amtshandlungen. Seit Kadesch Barnea weiß er, dass er das Gelobte Land nicht betreten wird. Damals zog er Gottes Zorn auf sich, weil er bei den Beschwerden seiner Truppe über Wassermangel Jahwe nicht genügend gewürdigt hatte. Dennoch ließ ihn Gott erneut ein Wunder vollbringen und das fehlende Nass aus dem Fels schlagen. Wie ihm vom Höchsten geboten, setzt Moses nun Josua als Nachfolger ein. Er wird das Volk über den Fluss ins Gelobte Land bringen. Aber Jahwes treuester Diener darf wenigstens einen Blick in das versprochene Paradies werfen. Zuvor ermahnt er die Israeliten noch einmal eindringlich, die Gesetze zu halten und nicht vom Glauben abzufallen. Dann segnet er die zwölf Stämme und macht ihnen ein letztes Mal ihre auserwählte Rolle deutlich: »Wohl dir, Israel! Wer ist dir gleich? Du Volk, das sein Heil empfängt durch den HERRN, der deiner Hilfe Schild und das Schwert deines Sieges ist! Deine Feinde werden dir huldigen und du wirst auf ihren Höhen einherschreiten.« Danach steigt er aus dem Jordantal auf den Berg Nebo gegenüber Jericho und schaut in das Gebiet, in das sein Volk bald ziehen wird. »Und der HERR sprach zu ihm: Dies ist das Land, von dem ich Abraham, Isaak und Jakob geschworen habe: Ich will es deinen Nachkommen geben. Du hast es mit deinen Augen gesehen, aber du sollst nicht hinübergehen. So starb Mose, der Knecht des HERRN. ... Und er begrub ihn im Tal im Lande Moab ... Und niemand hat sein Grab erfahren bis auf den heutigen Tag. Und Mose war hundertundzwanzig Jahre alt, als er starb. Seine

Augen waren nicht schwach geworden, und seine Kraft war nicht verfallen. Und die Kinder Israel beweinten Mose im Jordantal der Moabiter dreißig Tage, bis die Zeit des Weinens und Klagens über Mose vollendet war.«

Josua führt die Israeliten über den Jordan, der zur Zeit der Ernte über die Ufer getreten ist. Zur ewigen Erinnerung an den großen Tag errichtet der neue Anführer auf Jahwes Geheiß zwölf Gedenksteine mitten im Fluss – genau dort, wo die Füße der Priester stehen, als sie die Bundeslade in die neue Heimat tragen. Zwölf weitere Trümmer lässt er ins Lager Gilgal verfrachten. Ähnlich wie beim Wunder am Schilfmeer bildet sich während des Übergangs ein Wall: Das Wasser, das von oben kommt, staut sich zu einer Wand. Die Flut, die zum Toten Meer hinströmt, nimmt ab und weicht ganz zurück. So marschieren die vielen Menschen auf trockenem Boden ins Gelobte Land. Sobald der Letzte das Bett durchquert hat, schließt sich die Lücke im Jordan. Jetzt machen sich die Israeliten daran, Kanaan zu erobern – Siedlung um Siedlung, Stadt um Stadt. Es geht nicht zimperlich zu, der Feldzug fordert grausamen Tribut. Tausende von Menschen sterben, auch viele Könige werden gefangen genommen und getötet. Nach und nach gelingt es Josua, das ganze Land einzunehmen, »das Jordantal und das Gebirge Israel mit seinem Hügelland, von dem kahlen Gebirge an, das aufsteigt nach Seir hin bis nach Baal-Gad in der Ebene beim Gebirge Libanon, am Fuße des Berges Hermon«.

Den spektakulärsten Streich vollbringen die Israeliten jedoch gleich zu Beginn der Unterwerfungsaktion mit dem Sieg über Jericho. Die Stadt, über die Gott einen Bann gelegt hat, ist verbarrikadiert. Die starken Mauern scheinen unüberwindbar. Doch Jahwe verordnet eine spezielle Taktik: Sechs Tage lang ziehen die Kriegsleute einmal um die Trutzburg, ihnen voran sieben Priester mit sieben Posaunen und der Bundeslade. Erst am siebten Tag werden die Instrumente beim siebenmaligen Umrunden des Bollwerks geblasen. Gleichzeitig erheben die Männer ein großes Geschrei. Die Mauern stürzen ein. Die Eroberer vollenden Gottes Auftrag, ermorden die Bevölkerung und brennen alles nieder. Die erbeuteten Geräte aus Gold, Silber, Kupfer und Eisen weihen sie dem Herrn. Nur die Hure Rahab, die Josuas Kundschaftern Unterschlupf gewährt hat, überlebt mit ihrer Familie die Tragödie. »Zu dieser Zeit ließ Josua schwören: Verflucht vor dem HERRN sei der Mann, der sich aufmacht und diese Stadt Jericho wieder aufbaut! Wenn er ihren Grund legt, das koste ihn seinen erstgeborenen Sohn, und wenn er ihre Tore setzt, das koste ihn seinen jüngsten Sohn! So war der HERR mit Josua, dass man ihn rühmte im ganzen Lande.«

Tod im Schilfmeer

So vielfältig die Ansätze bei der Erforschung der Plagen sind, die Versuche, das dramatische Geschehen nach dem Auszug aus Ägypten mit historischen Fakten und Orten in Einklang zu bringen, stehen dem in nichts nach. Die Probleme liegen vor allem in den Widersprüchen des biblischen Textes. Sie beruhen auf der Tatsache, dass die Erzählung aus der Feder mehrerer Autoren stammt und dazu noch in unterschiedlichen Epochen verfasst wurde. Jeder der Schreiber ließ Kenntnisse und Beobachtungen seiner Zeit einfließen, die er mit fiktiven Elementen mischte.

Als erfundenes Detail schätzt Professor Görg zum Beispiel die Episode vom Gold- und Silbergeschmeide ein, das den Israeliten kurz vor dem Aufbruch von den Ägyptern überlassen wurde: »Und die Kinder Israel hatten getan, wie Mose gesagt hatte, und hatten sich von den Ägyptern silbernes und goldenes Geschmeide und Kleider geben lassen. Dazu hatte der HERR dem Volk Gunst verschafft bei den Ägyptern, dass sie ihnen willfährig waren, und so nahmen sie es von den Ägyptern zur Beute.« (Ex. 12, 35–36) Einerseits betont die Schenkung das

Abhängigkeitsverhältnis der Israeliten von den Machthabern, die sich freuten, die Unruhestifter endlich loszuwerden und sie für die Fronarbeit wenigstens noch entschädigten. Andererseits erscheint es unrealistisch, dass die Untertanen des Pharao ausgerechnet Moses und seine Leute, die ihrerseits genauso glücklich über das Ende ihres Aufenthalts im Nilland waren, so großzügig abfinden. Offensichtlich wird die Beziehung zwischen Israeliten und Ägyptern nicht einhellig beurteilt – einmal positiv, das andere Mal negativ. In diesem Fall stehen beide Seiten gut da: Die Ägypter erweisen sich als spendabel, und die Israeliten bereichern sich nicht ungerechtfertigt. Vielleicht sollte die Anekdote nur begründen, dass die Auswanderer genügend kostbaren Schmuck mit sich führten, um später am Berg Sinai das Goldene Kalb zu gießen. Auf ihrem Weg durch die Wüste können sie das Edelmetall nämlich schwerlich erworben haben.

Auch die Zahl von »sechshunderttausend Mann«, die laut Bibel Moses folgen, bereitet den Experten Kopfzerbrechen. Zusammen mit Frauen, Kindern und Jugendlichen müsste das Volk Israel demnach bis zu zweieinhalb Millionen Angehörige gezählt haben. Wenn Fachleute schon bezweifeln, ob das fruchtbare Nildelta neben den Einheimischen überhaupt so viele Esser ernähren konnte, wäre ihre Versorgung während des Marsches durch den kargen Sinai nahezu unmöglich gewesen. Heute leben auf der Halbinsel nicht mehr als 15 000 Dauerbewohner, die Touristen in den Badeorten an den Küsten natürlich ausgenommen. Zudem ergab die gründliche wissenschaftliche Untersuchung des gesamten Sinai keinerlei Hinweise auf die Präsenz einer derart großen Zahl von Menschen – selbst in Kadesch Barnea nicht, wo sich die

Israeliten längere Zeit aufgehalten haben sollen. Archäologischen Schätzungen zufolge betrug die Gesamtbevölkerung nach der Besiedlung Kanaans um 1100 vor Christus nicht mehr als vierzigtausend. Selbst wenn dabei ein potenzieller Anteil von Nomaden nicht mitgerechnet ist, bleibt die Zahl von zwei Millionen Israeliten zur Zeit der Auswanderung phantastisch.

Der Autor Uwe Zerbst hat die verschiedenen Argumente aus der bisherigen Diskussion zusammengestellt: Einige Zahlen verstehen sich vermutlich als propagandistische Überhöhung. In vielen Fällen wurden sie während des Überlieferungsprozesses durch Abschreibfehler verfälscht. Das zeigt sich vor allem bei der Betrachtung von Parallelstellen einer Geschichte. So listen die hebräischen Niederschriften über die Volkszählungen der Heimkehrer aus Babylon im zweiten Kapitel des Buches Esra und im siebten Kapitel von Nehemia insgesamt dreiundzwanzig Varianten auf. Doch ungenaues Kopieren allein erklärt noch nicht den durchgängigen Trend der überhöhten Angaben. Da sie auch in der griechisch verfassten Septuaginta, in der lateinischen Vulgata und in der deutschen Luther-Version auftauchen, muss sich der systematische Fehler vor den ersten Übersetzungen des Alten Testaments eingeschlichen haben.

Im Hebräischen werden Zahlen in einem komplizierten und nicht immer einheitlichen System als Wörter wiedergegeben. Nach umfassenden Berechnungen und Vergleichen aller Theorien greift Zerbst einen sehr alten Ansatz als Grundlage für sein Modell auf. Denn bereits Flinders Petrie (1853–1942), einer der Pioniere der Archäologie, bemerkte, dass die großen Zahlen aus zwei Teilen zusammengesetzt sind. Dabei steht die erste Angabe für eine

»Einheit« von Zeltgruppen oder Familien, gleichzeitig aber auch für den Begriff »Tausend«, die zweite hingegen für die Gesamtzahl der Individuen. In dieser Doppelbedeutung liegt die Ursache für die spätere Überlieferungsmisere. Während die Zeitgenossen den Unterschied zwischen »Einheit« und »Tausend« noch aus dem Kontext verstanden, ging das Wissen in späteren Generationen verloren. Durch das Zusammenziehen beider Elemente entstanden die gigantischen Zahlen. Während Flinders Petrie von sechshundert Familien, das heißt fünfeinhalbtausend Israeliten, ausging, kamen andere Experten auf fünfeinhalbtausend wehrfähige Männer und etwa zwanzigtausend Personen insgesamt. Uwe Zerbst errechnete für den Beginn und das Ende der Wüstenzeit eine Totalzahl zwischen sechsunddreißigtausend und zweiundvierzigtausend Menschen – eine um vieles realistischere Vorstellung.

In jedem Fall ist ein Treck eines Zweimillionen-Volkes unvorstellbar. Allein die Durchquerung des Schilfmeeres in einer einzigen Nacht bleibt Utopie. Zerbst zitiert, was ein Forscherkollege austüftelte: Die Länge der entsprechenden Kolonne hätte bei einer Marschordnung von fünfzig Menschen pro Reihe und einem Mindestabstand von neunzig Zentimetern nicht weniger als sechsunddreißig Kilometer betragen. Selbst eine militärische Einheit könnte eine solche Formation im freien Gelände nicht dauerhaft einhalten. Ganz abgesehen davon, dass die Anzahl an Frauen, Kindern, Alten und Vieh den Tross noch um ein Vielfaches verlängert hätte. Die Israeliten machten beim Anblick des gegnerischen Heeres jedoch nicht einmal den Versuch, sich zu verteidigen, obwohl die Streitmacht der Ägypter nach dem Urteil von Fachleuten weniger als zwanzigtausend Soldaten aufbot. Das Heer des Pharao wäre somit selbst den schlecht ausgerüsteten und im Kampf unerfahrenen sechshunderttausend wehrfähigen Männern der Moses-Truppe unterlegen gewesen.

Doch für die biblischen Autoren steht ein anderes Element im Fokus der Betrachtung: die Rettung vor den Verfolgern durch Jahwe. Der Alttestamentler Martin Noth sieht in dieser Erzählung den »eigentlichen Kern des Themas von der Herausführung aus Ägypten«. Von dem aufregenden Ereignis liegt nicht nur eine Prosafassung vor (Ex. 14), sondern in dem längeren, sogenannten Moseslied (Ex. 15, 1–19) sowie im kurzen Mirjamlied (Ex. 15, 20–21) auch eine Danksagung in hymnischer Form.

Über den Anteil der verschiedenen Quellen am Schilfmeer-Text herrscht unter Forschern keine übereinstimmende Meinung. Zu den in ihrer literarischen Zugehörigkeit umstrittenen Passagen gehört vor allem ein Teilvers, der »dem Hauptstrom der Überlieferung wie dem weiteren Kontext widerspricht und darum durchweg als historisch zuverlässig gilt«, so der Theologieprofessor Werner Schmidt. »Als es dem König von Ägypten angesagt wurde, dass das Volk geflohen war, wurde sein Herz verwandelt und das Herz seiner Großen gegen das Volk …« (Ex. 14, 5 a). Offensichtlich lag der Fluchtgedanke nicht ganz außerhalb israelitischer Tradition. Zumindest begründet er die unmittelbare Verfolgung durch den Pharao und macht den weiteren Ablauf der Handlung plausibel. Obwohl die Fortsetzung des Verses wiederum das Gegenteil ausdrückt: »… und sie sprachen: Warum haben wir das getan und haben Israel ziehen lassen, so dass sie uns nicht mehr dienen?« (Ex. 14, 5 b)

Wenn Moses mit seinem Volk das Nilland tatsächlich heimlich verließ, musste er damit rechnen, dass ihm die Ägypter nachsetzten, zumindest solange sich der Tross auf den bekannten Straßen fortbewegte. Auch in diesem Punkt widerspricht sich die Bibel. Ausdrücklich heißt es, Gott führte sie »nicht den Weg durch das Land der Philister, der am nächsten war ...« (Ex. 13, 17a). Aber kurz danach steht geschrieben: »Rede zu den Kindern Israel und sprich, dass sie umkehren und sich lagern bei Pihachiroth zwischen Migdol und dem Meer, vor Baal-Zephon; diesem gegenüber sollt ihr euch lagern.« (Ex. 14, 2) Als Migdol identifizierten Archäologen eine Festung am Ostrand des Nildeltas, das Heiligtum des Baal am Sirbonischen See im Nord-Sinai unweit der Philisterstraße, der kürzesten Verbindung zwischen Ägypten und Palästina. Das gefährliche Gewässer könnte sich zumindest der Autor der Priesterschrift als ideales Schilfmeer vorgestellt haben. Zwar erlebte der Chronist das Ereignis nicht als Augenzeuge, wählte aber aufgrund seiner geographischen Kenntnisse einen geeigneten Ort für das Wunder der Errettung, obwohl an den Ufern des Sees kein Schilf wächst. Vielleicht hatte er aber gehört, dass dort vergleichbare Unglücke geschahen, vielleicht besuchte er sogar die Region als Reisender und machte sich persönlich ein Bild vom Sirbonischen See – dem heutigen Bardawil-See.

Seit dem 6. Jahrhundert vor Christus führt eine häufig begangene Piste über den schmalen Landstreifen, der die Lagune vom Mittelmeer trennt. Nachdem die Türken Breschen in den Weg geschlagen haben, ist er jedoch nicht mehr vollständig passierbar. Immerhin kann der Wanderer bei normaler Brandung auch heute noch das »Wunder« erleben, zwischen »Wassermauern trockenen Fußes mitten durchs Meer zu gehen« – vorausgesetzt, die Behörden erlauben den Zugang zu dem militärischen Sperrgebiet. Bei Sturm aber überschwemmen die Wogen schnell den festen Grund. Vorstellungen von plötzlich einsetzender Flut, von heimtückischen Schlammlöchern sowie von See- und Erdbeben verbinden sich seit alters her mit dem eindrucksvollen Platz. Im 1. Jahrhundert vor Christus schreibt der Historiker Diodorus Siculus: »Viele von denen, die die Eigentümlichkeiten der Gegend nicht kannten, sind hier mit ganzen Heeren untergegangen.« Diodors Zeitgenosse, der Geograph Strabon, schildert solch ein Unglück sogar in drastischen Details: »Als die Soldaten an dieser Stelle zurückgelassen waren, überströmte einer Flut gleich eine Woge aus dem Meere die Fliehenden und riss die einen ins Meer und tötete sie, während die anderen in den ausgetieften Stellen tot liegen blieben. Die dann folgende Ebbe ließ das Land wieder hervortreten und zeigte die Leichen der da Liegenden mit toten Fischen vermischt.«

Hoch oben auf einer Sanddüne der Landbrücke errichteten die Menschen ein Heiligtum, in dem sie Baal-Zephon und später seinen hellenistischen Nachfolger Zeus Kasios als Bezwinger des Meeres und Schutzherrn der Seefahrer verehrten. Während der israelischen Besetzung des Sinai grub Professor Eliezer Oren, Archäologe an der Universität Beersheba, in den 1970er-Jahren im Nordteil der Halbinsel. Den Funden zufolge stammt nicht nur die Weihestätte des Baal-Zephon, sondern auch die Festung Migdol aus dem 6. Jahrhundert vor Christus, als die Perser unter Kambyses in Ägypten einfielen. Frühestens in jener Zeit, vermutlich aber erst im 5. Jahrhundert vor Christus entstand die Priesterschrift.

Das Zeitfenster passt. Möglich also, dass der Verfasser den Sirbonischen See als reales Vorbild für das Schilfmeer wählte. Was aber nicht heißt, dass die Israeliten tatsächlich die Nordroute genommen haben. Dagegen spricht einerseits die Auswertung von weiteren achthundert größeren und kleineren Fundstellen auf dem Nord-Sinai durch das israelische Grabungsteam. Aus der vorpersischen Epoche kamen keinerlei Hinterlassenschaften zutage, die auf den Exodus schließen lassen, sondern nur ägyptische Siedlungsreste. Andererseits hätte die Moses-Truppe auf dem Weg von Goschen zur Sirbonischen Nehrung den Horusweg, wie die Philisterstraße im Pharaonenreich hieß, überqueren müssen, und zwar ganz in der Nähe von Sile. In der mächtigen Grenzfestung im nordöstlichen Delta, dem »Tor nach Ägypten«, lagerte die Ausrüstung des Heeres. Von dort aus brachen die Herrscher zu ihren Asienfeldzügen auf. Bedeutende Männer dienten als Kommandanten in dem strategisch wichtigen Posten, darunter Paramessu, der spätere Pharao Ramses I. sowie sein Sohn, Sethos I. Er ließ den Ort, den ägyptische Archäologen erst vor etwa zwanzig Jahren komplett freilegten, auf einem Relief im Tempel von Karnak eindrucksvoll darstellen. Zu den Aufgaben des in Sile stationierten Militärs gehörte es, die Ein- und Ausreise aller Passanten zu überwachen, den Dienstverkehr der Beamten und Kuriere sowie Inhalt und Adressaten ihrer Botschaften genau zu protokollieren und flüchtige Staatsarbeiter zu verfolgen. Selbst nach zwei entlaufenen Sklaven fahndete ein Befehlshaber, die Aktion dokumentierte er in einem Brief. Undenkbar, dass eine größere Menschenmenge das Bollwerk ungehindert passieren konnte. Aber angenommen, die Israeliten erreichten den Sirbonischen See tatsächlich ohne Zwischenfall, so mussten sie nach der Durchquerung des Meeres in jedem Fall auf dem Horusweg weiterziehen und wären spätestens dann den Ägyptern in die Falle gegangen. Denn bis Gaza reihten sich ihre Garnisonen wie Perlen an der Schnur. Entlang des strategisch bedeutsamen Festungsgürtels kontrollierten die Beamten des Pharao sogar jeden Brunnen.

Da Forscher seit Generationen versuchen, das Schilfmeer zu lokalisieren, stehen außer dem Sirbonischen See noch weitere Vorschläge zur Diskussion. Zu vernachlässigen ist die »Bitterseen-Theorie«, weil sie nur »verschiedene Anhaltspunkte« erwähnt, die jedoch zu wenig konkret sind. Die ebenso wenig überzeugende These vom Golf von Akaba basiert auf einer Bibelstelle, die König Salomon erwähnt und »Ezjon Geber, das bei Elath liegt am Ufer des Schilfmeers im Land der Edomiter« (1 Kön. 9, 26). In Ezjon Geber lagen die berühmten Kupferminen des Herrschers. Dort baute er auch seine legendären Schiffe. Vermutlich sollte das Gewässer als Symbol für die Wundertat Jahwes mit Salomons Mission ins Goldland Ophir verwoben werden. Am Roten Meer wuchs jedoch zu keiner Zeit Schilf. Außerdem liegen etwa dreihundert Kilometer zwischen Goschen und Eilat. Mit ihren schnellen Streitwagen hätten die Ägypter eine zu Fuß laufende große Menschenmenge auf jeden Fall eher eingeholt.

Die frühen Christen identifizierten das Nordende des Golfes von Suez mit dem Schilfmeer. Bei seinem Ägyptenbesuch im Jahr 570 schreibt der Märtyrer Antoninus, Patron einer Pilgergruppe aus Piacenza: »Bei Ebbe erscheint ein Bild, die Kriegsgeräte des Pharao und die Spuren der Wagenräder, aber alle Kriegsgeräte in Marmor verwandelt.« Entgegen der Vision des gläubigen Mannes war es früher durchaus möglich, den Golf mehr oder weniger gefahrlos zu überqueren. Neben anderen zeitgenössischen Quellen existiert ein ausführlicher Tagebucheintrag des Reisenden Joseph Russegger vom 15. Oktober 1838. Frei von religiöser Begeisterung schildert er das Abenteuer ganz nüchtern: »Um die Ebbe zum Durchreiten des Meeresarmes zu benützen, der Sues vom arabischen Ufer trennt, brachen wir sehr früh auf. Wir ritten eine Stunde gerade gegen Nord, dann eine Stunde, den Meeresarm durchkreuzend, was der Ebbe wegen ohne Schwierigkeiten geschah, in OOS und wieder eine Stunde in SSO, worauf wir uns Sues gerade gegenüber befanden. Der Boden, worüber wir ritten, ist ein schlammiger Sandboden, theils mit einer Salzkruste, theils noch mit dem Wasser der letzten Fluth bedeckt, das stellenweise den Kamelen bis über die Kniegelenke reichte und ihren Gang ungemein erschwerte. Wählte einst der unkluge, hitzige Pharao eine nur etwas näher gegen die Stadt zu liegende Stelle zur Durchkreuzung des Meeresarmes auf seinem Verfolgungszug gegen die Israeliten und wurde er dort auch nur von einer gewöhnlichen starken Fluth erreicht, so erklärt sich der Untergang seiner Schaaren ganz natürlich, ohne dass wir zu besonderen Hypothesen deshalb unsere Zuflucht zu nehmen brauchten.« Fast hätte ein solches Schicksal Napoleon Bonaparte während seines Ägyptenfeldzugs ereilt. Am 28. Dezember 1798 ritt er in Begleitung seiner Offiziere und einiger Gelehrter von Suez aus durch eine Furt auf die Sinai-Seite, um die sogenannte Mosesquelle zu besuchen. Die Flut überraschte die Gruppe auf dem Rückweg, beinahe wären alle ertrunken. Einer der Generäle blieb mit seinem Holzbein im

Sumpf stecken und konnte nur mit viel Glück gerettet werden.

In den 1990er-Jahren bestätigte eine wissenschaftliche Untersuchung der Amerikaner Doron Nof und Nathan Paldor die alten Berichte. Nach Berechnungen der beiden Ozeanographen verdrängte ein starker Ostwind das Wasser im flachen, engen Golfgebiet. Steigender Winddruck ließ den Wasserspiegel zwischen drei und fast sechs Meter schwanken. Auch atmosphärische Druckunterschiede trugen dazu bei. Schon bei mäßiger Brise konnte das Wasser am Ausgang des Golfes auf einer Länge von einem Kilometer innerhalb von zehn Stunden bis auf den Grund zurückweichen. Legte sich der Wind langsam, kam es zu einer ungefährlichen, graduellen Rückkehr der Fluten. Es blieb genügend Zeit, um das andere Ufer zu erreichen. Wechselte der Wind jedoch abrupt, überschwemmte die Furt bereits nach vier Minuten. Seit der Eröffnung des Suezkanals 1869 sind solche Erscheinungen nicht mehr zu beobachten. Der Bau der Wasserstraße hat die Landschaft verändert und neue Bedingungen geschaffen.

So überzeugend die Berichte klingen mögen, auch am Golf von Suez wächst kein Schilf. Das hebräische Wort »suf« entspricht dem ägyptischen Begriff für Papyrus und bezeichnet eine Süßwasserpflanze. Ein Schilfmeer erwähnen ägyptische Quellen nicht, wohl aber ein Schilfland – und zwar eine sumpfige Region im Norden des Deltas, wo reichlich Papyrus gedeiht. Kein anderer kennt die Topographie des Nildeltas so gut wie Professor Manfred Bietak. Über vierzig Jahre leitet der Direktor des Österreichischen Archäologischen Instituts in Kairo die Grabung in der ehemaligen Hyksos-Residenz Auaris, dem heutigen Tell el-Dab'a. Im Altertum war das gesamte

Gebiet durchzogen von einem Netz aus Seen, Kanälen und Entwässerungsgräben. Seit langem untersucht der Archäologe auch die Versandung verschiedener Flussarme und den damit verbundenen Wechsel von Siedlungsplätzen. Nach Ansicht des ortskundigen Experten führte die geographisch wahrscheinlichste Exodus-Route durch eine Furt des Ballah-Sees. Sie bot die einzige Chance, das Nilland heimlich zu verlassen. Der Weg außen herum hätte einen mehrtägigen Marsch durch wasserlose Wüste bedeutet und war zudem leicht kontrollierbar. Nach Vergleich des Textmaterials für die Bezeichnung »yam suf – Schilfmeer« kommt das Gewässer an der Ostgrenze Ägyptens vor allen anderen in Frage. Auch die Gefahr des Ertrinkens in diesem See durch plötzlich umschlagende Winde und Ansteigen des Wasserspiegels schätzen Fachleuchte als realistisch ein. Seiner Deutung des Schilfmeers entsprechend, verortet Bietak das biblische Baal-Zephon in einem anderen Heiligtum des Gottes in Defenne, etwa fünfundzwanzig Kilometer nordöstlich der Ramsesstadt. Vielleicht lernte Moses den uralten Schleichpfad der Beduinen bereits bei seiner Flucht nach Midian kennen. Nun nutzte der charismatische Gottesmann das Wissen, um die Israeliten unbemerkt an den ägyptischen Checkpoints vorbeizuschleusen und sie auf einen Weg zu führen, auf dem sie wenigstens für einige Tage Trinkwasser fanden. Entgegen allen anderen Lokalisierungen des Schilfmeers lässt sich der Durchzug durch den Ballah-See am ehesten in einen logischen Zusammenhang mit der Wüstenwanderung bringen.

Die Route in die Freiheit

Da die meisten geographischen Angaben der Exodus-Erzählung vage bleiben oder heute nicht mehr nachvollziehbar sind, taugen sie nicht als Navigator für eine Rekonstruktion der weiteren Marschroute. Wenigstens die Stadt »Ramses«, in der die Israeliten laut Bibel Fronarbeit leisteten, ist zweifelsfrei identifiziert. Von dort müssen sie aufgebrochen sein. Ägyptischen Quellen zufolge ließ Pharao Ramses II. 1269 vor Christus im östlichen Nildelta, nahe der damaligen Landesgrenze, eine neue Hauptstadt errichten. Zum Kern der gigantischen Anlage erklärte er den Sommerpalast seines Vaters Sethos I. nahe der verfallenen Hyksos-Metropole Auaris. Hymnen aus der Regierungszeit des Herrschers preisen den Glanz und den Reichtum der Residenz, »innerhalb deren Grenzen die Sonne auf- und untergeht, in deren Umgebung sich jedermann niederlässt und in der jeder Tag einem Festtag gleicht«. Überschwänglich schildern die Texte die Kanäle und Seen, Straßen und Tempel, den Überfluss an Nahrungsmitteln und Weingärten sowie die »leuchtenden Gemächer aus Lapislazuli und Malachit«. Zahlreiche blaue und türkisfarbene Fayencefliesen – vielleicht die

Wandverkleidung aus einem der bejubelten Prachtbauten – entdeckte der ägyptische Archäologe Mahmoud Hamza bereits 1928 auf einem Feld nahe dem Dorf Qantir, ebenso Türstürze und Pfosten mit der Titulatur Ramses' II. 1954 grub sein Kollege Labib Habachi am gleichen Ort neben weiteren Kacheln eine Stele mit der Aufschrift »Piramesse – Haus des Ramses« aus. Habachi vertrat als Erster nachdrücklich die Überzeugung, die Fundstelle berge das einstige Großprojekt Piramesse.

Bis dahin verzeichneten Fachliteratur, Bibelatlanten und Reiseführer das etwa dreißig Kilometer entfernte Tanis, heute San el-Hagar, als Mega-City des bauwütigen Pharao. In den 1920er-Jahren erforschte der Franzose Pierre Montet das riesige Ruinenfeld. Monumentale Überreste von Denkmälern aus der Ramses-Ära, viele sogar mit der Kartusche des Königs geschmückt, verleiteten den Archäologen zu schnell, sich als glücklichen Entdecker der lang gesuchten Stadt zu präsentieren. Doch die Statuen und Obelisken lagen völlig ungeordnet herum, bei manchen fehlten die Sockel. Andere Architekturteile waren in Mauern verbaut, die Inschriften auf dem Kopf stehend. Das Chaos von Tanis fügte sich nicht zu einem wissenschaftlich befriedigenden Gesamtbild. Vor allem aber konnte Montet trotz intensiver Grabung nicht die kleinste Spur von Siedlungsschichten aus dem 13. Jahrhundert vor Christus ausfindig machen.

Erst Professor Bietak, der seit 1966 die Region erkundet, löste das Rätsel. Der Fachmann entwickelte ein topographisches Profil des Nildeltas zur Pharaonenzeit. Seine Schlussfolgerung klingt zunächst verblüffend: »Die Trümmer von Tanis stammen tatsächlich aus Piramesse, sie liegen jedoch am falschen Ort.« Während der Nil heute nur noch über zwei große Arme ins Mittelmeer strömt, schlängelte er sich im Altertum in zahlreichen Verzweigungen durch das Delta. Nach intensiven Studien von Texten und speziellen Reliefkarten gelang es Bietak, einen exakten Plan mit allen inzwischen ausgetrockneten Wasserläufen zu entwickeln. Demnach erhob sich Piramesse an den Ufern des östlichsten, des Pelusischen Nilarms – und zwar genau dort, wo Labib Habachi die farbigen Fliesen ans Licht geholt hatte. Das Flussbett verflachte im Lauf der Zeit immer mehr, weil die jährliche Überschwemmung regelmäßig große Schlammmassen ablagerte. Schließlich verwandelte sich das Gewässer in einen Bach, dann in mehrere Rinnsale, die schließlich versiegten. Der Nil suchte sich neue Wege, die Lebensader der Menschen von Piramesse aber war zerstört. Sie saßen buchstäblich auf dem Trockenen. Etwa zweihundert Jahre nach dem Gründungsdatum mussten die Bewohner ihre prächtige Stadt aufgeben. Ramses' Nachfolger aus der Dynastie der Bubastiden beauftragten ihre Architekten, eine Siedlung in Tanis zu bauen. Der Ort entstand am Tanitischen Nilarm, der in der Ramses-Epoche nach Bietaks Erkenntnissen noch gar nicht aktiv war. Um die junge Machtzentrale repräsentativ auszugestalten, demontierten Tausende von Arbeitern die Tempel und Paläste in Piramesse und schafften die tonnenschweren Prunkstücke in einem spektakulären Umzug in die neue Heimat. In den Weizenfeldern von Qantir verbirgt sich bis heute ein Beweis für das kühne Unternehmen. Einsam im Acker ruhen die wuchtigen Füße einer Statue von Ramses dem Großen. Sie bilden den Sockel einer Kolossalfigur, die Pierre Montet in Tanis fand. Beide Teile kitten die Erklärungslücke im wundersamen Fall Piramesse.

Seit Jahrzehnten arbeiten zwei archäologische Missionen an der Erforschung der legendären Kapitale, die sich über eine Fläche von dreißig Quadratkilometer ausdehnte. In Qantir – hundert Kilometer nordöstlich von Kairo, dicht bei der modernen Bezirkshauptstadt Faqus – gräbt der deutsche Archäologe Dr. Edgar Pusch aus Hildesheim, sein Kollege Professor Bietak im benachbarten Tell el-Dab'a. Da das Gebiet fast lückenlos landwirtschaftlich genutzt wird, können die Wissenschaftler nur nach der Fenstertechnik arbeiten. Das heißt: Sie pachten kleine Flächen gegen Zahlung einer Ernteausfall-Entschädigung und schütten das untersuchte Gelände nach Bergung der Funde am Ende der Kampagne wieder zu.

1996 scannten Geophysiker aus München die Oberfläche des weitläufigen Areals mit dem eigens für Feldmessungen entwickelten Caesium-Magnetometer ab. Damals eine Pionierleistung in der Archäologie. Bis in fünf Meter Tiefe zeichnet das hochpräzise Gerät bauliche Strukturen im Boden auf. Wie auf einem Foto-Negativ erscheint der genaue Verlauf von Lehmziegelmauern und Sandfundamenten. Der aus den Daten erstellte maßstabgerechte Plan dokumentiert die Einzigartigkeit von Piramesse. Im »Venedig Ägyptens« lebten etwa hunderttausend Einwohner. Das Zentrum erhob sich auf einer Insel, die von Verzweigungen des Pelusischen Nilarms umspült wurde. Im Westen breitete sich ein Villenviertel mit großzügigen Straßen aus, im Osten lagen die Arbeiter- und Handwerkerquartiere zwischen engen Gassen. Tempel und Paläste, breite Alleen, ganzjährig bewässerte Gärten und Kanäle bestimmten das Stadtbild. Im Hafen ankerten Schiffe, die den Handelsverkehr mit anderen Mittelmeerstaaten aufrecht erhielten. Weit über die Landesgrenzen hinaus genossen die Metall verarbeitenden Industrieanlagen von Piramesse einen guten Ruf. Die Ruinen eines riesigen Gebäudes deuteten die Forscher als »Auswärtiges Amt«, das mehr als sechstausend Quadratmeter umfasste. Ein anderer gewaltiger Komplex beherbergte die Streitwagengarnison mit einem Exerzierplatz und Werkstätten, in denen die wendigen Gefährte gebaut und repariert wurden. Die königlichen Stallungen boten Raum für mindestens vierhundertsechzig Pferde. Detaillierte Erkenntnisse über den Marstall gewann Dr. Pusch schon zu Beginn seiner Tätigkeit in Qantir, als er durch Zufall auf das betreffende Areal stieß. Anbindesteine für die Tiere, Jochgabel-Knäufe aus Kalzit-Alabaster und eine vollständig erhaltene Trense aus Bronze verrieten dem Archäologen die Funktion der imposanten Anlage.

Obwohl bisher keinerlei Hinweise auf Israeliten in Piramesse gefunden wurden, bleibt die Vorstellung, dass Moses dort ein- und ausging, verlockend. Unabhängig davon, ob sein Volk die Stadt tatsächlich mit aufbaute, kann mit dem »Ramses« der Bibel nur »Piramesse« gemeint sein. Auch die große Zahl von Streitwagen, die der Herrscher zur Verfolgung der Flüchtlinge einsetzte, gewinnt nach Puschs Grabung eine realistische Dimension. »Pithom«, den anderen Ort, an dem die Israeliten für den Pharao schufteten, vermuten Archäologen im Tell el-Retabeh. »Sukkoth«, die erste Station nach dem Aufbruch, lokalisieren sie beim benachbarten Dorf Maskhuta im Wadi Tumilat, etwa eine Autostunde von Piramesse entfernt. An beiden Stätten kamen Hinterlassenschaften aus der Ramses-Zeit zutage. Seit kurzem setzt ein polnisch-slowakisches Team die Grabung fort, bislang jedoch ohne abschließendes Ergebnis.

Um auf dem Landweg vom Nildelta nach Palästina zu kommen, musste der Moses-Treck die Sinai-Halbinsel durchqueren. Geologisch betrachtet, gliedert sich die sechzigtausend Quadratkilometer große Landmasse in zwei Teile. Das auf tausend Meter ansteigende Plateau des Nord- und Zentral-Sinai erstreckt sich vom Mittelmeer in südliche Richtung. Durch einen Sandgürtel davon getrennt, schließt sich das Felsmassiv des Süd-Sinai mit bis zu zweitausendsechshundert Meter hohen Erhebungen an. Goldfarbene Sanddünen, weiße Kalkablagerungen und schwarzrote Feuersteinfelder prägen den nördlichen Abschnitt. Außergewöhnlich breite Wadis zwischen bizarren Granit-, Gneis- und Schieferbergen, Palmenoasen und zahlreiche Quellen machen die südliche Zone zu einer Landschaft von eindrucksvoller Schönheit. Obwohl glühend heiße Tage, bitterkalte Nächte und regional vorherrschender Wassermangel die Halbinsel als lebensfeindlichen Raum erscheinen lassen, war sie seit Urzeiten bewohnt. Die Menschen fristeten zwar ein karges Dasein, wussten aber, mit der Unbill der Natur umzugehen. Vorwiegend zogen Nomaden mit ihren Herden durch die endlose Weite und legten dabei lange Strecken zurück.

Reisenden boten sich auf dem Sinai vier Hauptrouten zur Wahl. Die nördlichste, der Horusweg entlang der Küste, kam für die Israeliten wegen der lückenlosen Überwachung durch die Ägypter nicht in Frage. Eine zweite, weniger bekannte Strecke führte auf fast gerader Linie durch die Wüste Schur – an Kadesch Barnea vorbei – direkt nach Beersheba und Hebron. Die sogenannte mittlere Route lief ebenfalls durch die Wüste Schur leicht südöstlich nach Ezjon Geber am Golf von Aqaba. Vor allem Kaufleute, die schnell vorankommen wollten, nutzten die alte Handelsstraße. Für eine langsam wandernde größere Gruppe hingegen stellte das schroffe Gelände mit nur wenigen Wasserstellen ein nicht zu unterschätzendes Hindernis dar. Der am meisten favorisierte vierte Weg ging zunächst entlang der Ostküste des Golfes von Suez, dann landeinwärts zu den Türkisminen von Serabit el-Khadim, weiter in die Wüste Sin und schließlich in das felsige Gebiet bis zum Berg Sinai, dem heutigen Moses-Berg. Von dort aus sollen die Israeliten nach Norden durch die Wüste Paran zum Toten Meer gezogen sein. Kadesch Barnea, wo sie der Bibel zufolge vierzig Jahre lang blieben, liegt allerdings weit abseits dieser Route. Daher vertritt ein Kreis von Theologen die Auffassung, die Auswanderer seien direkt von Ägypten nach Kadesch Barnea marschiert. Die Sinai-Kapitel halten die Anhänger dieser Theorie für eine spätere Erweiterung. Womöglich zogen auch verschiedene Gruppen von Proto-Israeliten zu verschiedenen Zeiten auf verschiedenen Routen von Ägypten nach Kanaan, und das Exodus-Buch fasst die Trecks zu einer großen Wanderung zusammen.

Nicht nur in Piramesse oder sonst irgendwo im Nildelta, auch auf der gesamten Halbinsel kamen trotz intensiver archäologischer Erforschung keinerlei Hinterlassenschaften ans Licht, die auf den Exodus hinweisen. Andere Spuren menschlicher Präsenz entdeckten Forscher jedoch an zahllosen Orten, denn der Sinai ist seit dem 3. Jahrtausend vor Christus besiedelt. Schon damals bauten die Ägypter dort Türkise, Malachit und Kupfererze ab. Im Alten Reich beuteten die Herrscher zunächst die Minen im Wadi Maghara aus – siebzehn Kilometer südöstlich von Serabit. Offenbar kam es bei den ersten Einsätzen zu Scharmützeln mit der Urbevölkerung. Obgleich sie mitten in der Einöde hausten, errichteten die Arbeiter aus dem Nilland ihr Camp auf einem steilen Berg im Schutz von dicken Mauern. Zwei Reliefs von Pharao Sechemhet (2686–2613 vor Christus), hoch oben in die Felswand gemeißelt, weisen womöglich auf solche Spannungen hin: Der König schwingt die Kampfkeule und zerschmettert einen Feind. Vielleicht hatte die stereotype Szene aber auch magische Funktion und sollte Angreifer abschrecken.

Zwischen und 2000 und 1100 vor Christus schickten die Pharaonen des Mittleren und Neuen Reichs regelmäßig Expeditionen nach Serabit el-Khadim. Der Bergbau war Staatsmonopol und brachte dem an Rohstoffen armen Ägypten große Gewinne. Wie Inschriften belegen, schufteten zwischen fünfhundert und eintausendvierhundert Kumpel während der Wintermonate in den engen Bergstollen. Dazu kamen Schreiber, Priester, Ärzte, Skorpionbeschwörer, Köche und Aufseher. Allein die riesige Mannschaft täglich mit Wasser und Nahrung zu versorgen, erforderte ein ungeheures Organisationstalent. Auf dem zugigen Plateau von Serabit gestalteten Bauleute und Gärtner einen monumentalen Tempel für die Göttin Hathor, »die Herrin des Türkis« und den sinaitischen Lokalgott Sopdu, den »Herrn des Ostens«. In dem siebzig Meter langen Heiligtum stellte jeder Expeditionsleiter eine gemeißelte Stele auf. Die Inschrift nennt den Namen des Pharao, sein Regierungsjahr, die Anzahl der verpflichteten Männer und berichtet von besonderen Ereignissen.

1905 stieß Flinders Petrie in Höhlen nahe der Weihestätte auf seltsame, in den Fels gemeißelte Zeichen, die sich weder als Hieroglyphen noch als Keilschrift deuten ließen. Erst 1915 kam der Ägyptologe Alan Gardiner der wissenschaftlichen Sensation auf die Spur, als er den Code zur Entzifferung knackte. Im Unterschied zu den jüngeren sinaitischen Graffiti aus der Nabatäerzeit nannte er die ungeheure Entdeckung »proto-sinaitische Inschriften«. Offensichtlich hatten einfache Arbeiter in der einsamen Bergwüste das Alphabet erfunden. In der Bilderschrift bedeutet ein Zeichen ein vollständiges Wort. Bei den Schreibern von Serabit hingegen standen die Zeichen nicht mehr für Begriffe wie »Alpu« – »Rind« oder »Beth« – »Haus«, sondern nur noch für den Anfangslaut des semitischen Wortes. Auf diese Weise schufen geniale Köpfe die Konsonantenschrift. Die Vokale ergänzten sie beim Sprechen. Später entwickelten die Phönizier die revolutionäre Erfindung weiter. Sie ermöglichte auch nicht gelehrten Gesellschaftsschichten, lesen und schreiben zu erlernen. Bis dahin blieb das Studium der komplizierten Bilderschrift der geistigen Elite vorbehalten. Bei den Griechen nahmen dann auch die Vokale Buchstabenform an. Die lateinische Variante wurde zu unserem Alphabet. Nach wie vor streitet die Fachwelt über die Urheber der einzigartigen Botschaft. Die meisten Forscher gehen davon aus, dass Kanaanäer um 1500 vor Christus die Zeichen in den Fels ritzten. Ein Außenseiter »enttarnte« sogar Moses persönlich als Graffiti-Schreiber. Die Israeliten, so die kühne These, seien auf ihrer Wanderung in Serabit gelandet und hätten durch Arbeit in den Minen ihr Überleben gesichert. Ein abwegiger Gedanke, waren sie doch erst kurz zuvor dem strengen Regime der Ägypter entronnen.

So viele Experten schon versucht haben, auf dem Sinai die biblischen Orte des Exodus aufzuspüren, so viele Meinungen kursieren. Wadi Hawara soll mit der Bitterquelle

Mara identisch sein, Wadi Gharandel wegen seines Palmenbestands und eines sprudelnden Wasserlaufs mit der Oase Elim. Für Rephidim, wo die Israeliten die Schlacht gegen die Amalekiter schlugen, wird gerne das Wadi Feiran unweit des Katharinen-Klosters angenommen. Bereits zu Beginn des 4. Jahrhunderts gründeten Mönche nahe der Südspitze der Halbinsel den damals völlig von der Welt abgeschiedenen Konvent. Kaiserin Helena stiftete 324 die Kirche und einen Schutzturm. Den eigentlichen Klosterbau ließ Kaiser Justinian im 6. Jahrhundert errichten. 1575 wurde die nach der heiligen Katharina von Alexandrien benannte Exklave des griechisch-orthodoxen Christentums selbständiges Erzbistum. In der Bibliothek hinter den dicken Mauern schlummern dreitausendfünfhundert wertvolle Manuskripte meist religiösen Inhalts. Zu den Kuriosa der Sammlung gehören ein angeblicher Schutzbrief des Propheten Mohammed mit seinem Handabdruck als Siegel sowie ein ähnliches Exemplar von Napoleon. Weltberühmt wurde der sogenannte »Codex Sinaiticus«, eine vollständige Abschrift der Bibel aus dem 4. Jahrhundert, die der deutsche Wissenschaftler Konstantin von Tischendorf 1844 in den verstaubten Kammern aufstöberte.

Seit mehr als eineinhalb Jahrtausenden – ohne Unterbrechung durch Kriege oder andere Ereignisse – feiern Mönche im Katharinen-Kloster die heilige Liturgie. In die Umgebung des geschichtsträchtigen Baus verlegte die frühchristliche Tradition wichtige Stationen der Moses-Geschichte: den Dornbusch, in dem Jahwe seinem Diener erschien; den Fels, aus dem der Anführer der Israeliten Wasser schlug; den Platz, an dem Aaron das Goldene Kalb gießen ließ, und die große Ebene, in der das Volk lagerte. Mit historisch gesicherter Erkenntnis hat das jedoch nichts zu tun. Aber wenigstens können Wallfahrer und Touristen alles auf einer Tour bestaunen. Als die Pilgerin Etheria im Jahr 385 die frisch gekürten Plätze besichtigte und ihre Eindrücke in einem Reisebericht festhielt, gehörte der Aufenthalt einer Fremden noch zu den Ausnahmeerscheinungen in dem abgelegenen Gebiet. Heute überschwemmen täglich Scharen von Besuchern aus den Badeorten am Roten Meer das zu einer Kleinstadt angewachsene Santa Katharina. Und hinter die ehrwürdigen Klostermauern sind längst Telefon, Fax und elektronische Archivierung der kostbaren Handschriften eingezogen. Unter den wenigen Mönchen leben auch Aussteiger wie ein Ex-Berater des griechischen Reeders Onassis oder der ehemalige Besitzer einer deutschen Modefirma.

Über allem erhebt sich der 2285 Meter hohe Moses-Berg. Ein würdiger Ort, an dem der Gottesmann die Zehn Gebote von Jahwe erhalten haben soll. So will es die christliche Tradition. Der Ausblick vom Gipfel über das stumme Steinmeer ist ein besonderes Erlebnis für jeden, der den anstrengenden Aufstieg bewältigt. Als Stätte der Offenbarung ist das Felsmassiv nicht unumstritten, denn es stehen noch zwei weitere Erhebungen in unmittelbarer Nähe zur Diskussion – der 2639 Meter hohe Katharinenberg und der Serbal bei Wadi Feiran, 2070 Meter hoch. Damit nicht genug: Auch der Sin Bishr östlich von Suez und der Hallal an der mittleren Sinai-Route bleiben im Gespräch. Das Alte Testament bezeichnet den Berg schlicht als »Sinai« oder »Horeb«. Wegen der unterschiedlichen Schilderung der Begleitumstände bei der Gotteserscheinung glauben Theologen an zwei

Verfasser der Episode. Die Priesterschrift erwähnt »Blitz und Donner«, also ein Gewitter, das überall auftreten kann. Vielleicht wollte der Autor damit die Erinnerung an Jahwe als ursprünglichen Wettergott bewahren. Der ältere Bericht des Jahwisten hingegen spricht vom »Rauchen des Berges« und vom »Kommen Jahwes« im Feuer«. Das lässt eindeutig auf einen Vulkan schließen, der auf der Sinai-Halbinsel aber nie existierte. In Frage kommen Vulkane im heutigen Saudi-Arabien bei Hegra. So vermutet Martin Noth, »dass der Sinai in Nordwestarabien gelegen hat und dass wir das Itinerar eines Wallfahrtsweges zum und vom Sinai vor uns hätten«. Möglich, dass auch die Nähe zum Wohngebiet der Midianiter dokumentiert werden sollte, die nach arabischen Quellen eher auf der Ostseite des Golfes von Akaba anzutreffen waren und nicht südlich von Edom, wie die Bibel schreibt. Oder der Verfasser wollte auf den ursprünglichen Lebensraum der Aramäer anspielen, die mit den Vorfahren der Israeliten zusammenhängen. Wenn auch sachliche Gründe auf das nordwestarabische Vulkangebiet hinweisen, kann der »Sinai« – wie die meisten anderen Stätten des Exodus – nicht mehr eindeutig lokalisiert werden. Für die Botschaft des Alten Testaments spielt das jedoch keine Rolle.

Bitterwasser, Wachteln und Manna – Die Wunder der Wüste

Entlang welcher Route die Israeliten auch immer zogen, das »Abenteuer Wüste« machte ihnen zu schaffen. Selbst im Zeitalter von Funktelefonen und Satellitenortung nimmt ein Trip durch endlose Sand- und Felsmeere nicht immer einen glücklichen Ausgang. Wer ohne entsprechende Ausrüstung, ohne genügend Wasser und Nahrung aufbricht, gerät schnell in große Not. Plötzlich aufziehende Sandstürme, bittere Kälte bei Nacht, glühende Hitze am Tag, giftige Pflanzen, Schlangen und Skorpione bedrohen den von der Zivilisation verwöhnten Menschen. Nicht anders erging es den Moses-Leuten. Kaum haben sie die Fesseln der Fron abgeworfen, fangen sie an zu »murren«. Das Motiv zieht sich durch die gesamte Wüstenwanderung und stellt die Israeliten keineswegs in gutes Licht. Ihre Unzufriedenheit steigert sich zu schweren Anklagen und ernsthafter Auflehnung, was Gottes Zorn und Strafe nach sich zieht. Die Auswanderer haben Hunger und Durst und fürchten sich vor feindlichen Attacken. An den harten Kampf ums Überleben fernab ihrer bequemen Umgebung sind sie nicht gewöhnt. Obwohl sie im Nilland schwer arbeiten mussten, gab es immer ausreichend zu essen und zu trinken. In Erinnerung an satte Zufriedenheit schreit das Volk unterwegs bei jedem Problem nach den »Fleischtöpfen Ägyptens«. Damit die Expedition ins Gelobte Land nicht scheitert, lässt Jahwe seinen Knecht Moses »Wunder« vollbringen. Den unglaublich klingenden Geschehnissen liegen natürliche Gegebenheiten zugrunde, die zum Teil bis in die Gegenwart zu beobachten sind. Die Autoren des Alten Testaments kombinierten die ihnen bekannten Fakten mit dem Eingreifen Gottes und verpackten sie als sein Geschenk an die notleidenden Israeliten. Stets verfolgten die Schreiber das übergeordnete Ziel, den Glauben an Jahwe zu propagieren und das Vertrauen auf ihn zu fördern: Nur wenn sich der Mensch gehorsam verhält, erfährt er Hilfe vom Himmel, heißt die religiöse Botschaft.

Das erste Wunder bahnt sich an, als schon bald nach dem Aufbruch die Trinkvorräte ausgehen, das Wasser aus der angesteuerten Quelle Mara sich aber als ungenießbar erweist. Mit den Worten »ich bin der HERR, dein Arzt« verheißt Jahwe dem Volk Gesundheit und Segen, sofern es die Gebote und Gesetze achtet. Er lässt Moses als Heiler auftreten, der das Wasser »kuriert«, indem er ein Holz hinein wirft. Der Quell wird süß, die Wanderer können ihren Durst stillen. Brunnen, die zeitweise bitteres Wasser führen, sind im Sinai auch heute keine Seltenheit. In einem Tal am Ende des Wadi Gharandel liegt die Quelle »Ain Malha – die salzig-bittere Quelle«, entsprechend dem hebräischen »Mara«. Wegen des hohen Salz- und Mineralgehalts im Boden müssen die Beduinen das Trinkwasser-Reservoir bis zu zwanzig Meter tief bohren. Sie kennen den Wechsel von bitter zu süß und umgekehrt, aber kein Gewächs, das den Wandel bewirkt. Die Berberitze (Berberis vulgaris), die Forscher ins Gespräch brachten, kann zwar nach Auskunft von Botanikern als eine von wenigen Pflanzen dem Wasser Bitterstoffe entziehen. Ihr Hauptwirkstoff, das Alkaloid Berberin, macht sie giftig und heilend zugleich. Aber der Strauch, hierzulande auch als Sauerdorn oder Essigbeere bekannt, ist eigentlich nur in Europa und Mittelasien heimisch. So bleibt es vorerst ein Rätsel, auf welches Holz die Episode von Mara anspielt. Hydrologen erklären das »Wunder« eher mit dem für die Region typischen Ansteigen und Abfallen des Grundwasserspiegels. Nach den oft heftigen Winterregen dauert es einige Wochen, bis sich unter der Erde genügend Nass sammelt und in die Brunnen sickert. Die Zufuhr verdünnt den alten Bestand und neutralisiert den Geschmack. Im Sommer sackt der Spiegel dann wieder ab, manchmal um einige Meter. Die hohe Konzentration von Sulfaten verursacht das bitter-salzige Aroma.

Selbst das »Hervorzaubern« von Wasser aus einem Felsen (Ex. 17, 1–7) klingt für Ortskundige nicht wie Hexerei. Vor allem der Süden der Halbinsel bietet an vielen Plätzen ein reiches Wasservorkommen. Über das undurchlässige rote Granitgestein fließen selbst geringe Niederschlagsmengen in kleine Täler ab und machen den Boden dort fruchtbar. So gedeihen mitten in der Wüste üppige Gärten mit Pfirsichen, Aprikosen, Granatäpfeln, Mandeln oder Weintrauben. Quellen, Sickerrinnsale und stellenweise auftretende Bodenfeuchtigkeit lassen Palmen, Akazien und Tamarisken wachsen. Sogar in Wadis, wo der unerfahrene Wanderer nur Sand und trockene Erde sieht, finden die Einheimischen etwas zu trinken.

Sie halten Ausschau nach schwarzen Granitadern, die sich durch den Fels ziehen. Unter der Erdoberfläche laufen die Bänder weiter und hindern das Wasser am Versickern. Wenn die Beduinen an solchen Orten mit den Händen eine sogenannte »Tmile« graben, wird der Grund schnell feucht, und in kürzester Zeit können sie genügend sauberes Wasser schöpfen. In Gebieten mit Kalkstein weisen Moose und Flechten oft auf unsichtbares Fließwasser hin. Manchmal genügt wirklich ein kräftiger Schlag auf den verwitterten Fels, um das verborgene Bächlein freizulegen. Major C. S. Jarvis, in den 1930er-Jahren britischer Gouverneur im Sinai-Gebiet, erlebte ein derartiges »Wunder«: Ein Sergeant seines Kamelkorps schlug beim Graben nach Wasser zufällig mit voller Wucht auf einen Kalksteinfelsen. Die dünne Oberschicht platzte ab und aus den Poren im weichen Gestein schoss ein dicker Strahl. Die Episode schildert Werner Keller in seinem Bestseller »Und die Bibel hat doch recht«.

Nicht nur den Durst der Israeliten stillt Jahwe durch seinen Helfer Moses. Er beschert ihnen auch ausreichend Fleisch (Ex. 16, 13). Es kommt in Gestalt unzähliger Wachteln, die am Abend das Lager bedecken. Keine Erfindung der Bibelautoren, sagen Ornithologen. Als einzige unter den Hühnervögeln ziehen die wendigen Leichtgewichte zum Überwintern nach Palästina und Nordafrika. In früheren Zeiten brachen sie in riesigen Massen auf. Doch längst haben der Rückgang geeigneter Lebensräume und die Jagd entlang der Route in den Süden die natürlichen Bestände stark dezimiert. Heute stammen die zum Verzehr angebotenen Wachteln und ihre Eier fast ausschließlich aus der Zucht. Noch um 1920 fingen die Ägypter jährlich drei Millionen der höchstens 125

Gramm schweren Vögelchen ein und exportierten sie als Delikatesse für Feinschmecker nach Europa. Im Pharaonenreich ging das Wachtelküken als Buchstabe W und U sogar in die Hieroglyphenschrift ein.

Zu ihrem Interkontinentalflug erheben sich die Schwärme eigentlich im Dunkeln und fliegen in geringer Höhe während der Nacht. Doch laut Exodusbericht regneten sie gerade am Abend förmlich auf das Lager herab. Recherchen brachten den bekannten Zoologen Vitus B. Dröscher auf eine interessante Idee: Vor Jahrzehnten beobachteten Kollegen in Deutschland große Wachtelgeschwader, die sich vom Lichtermeer der Stadt, die sie überflogen, irritieren ließen. Die Vögel gingen nieder, rasteten am darauffolgenden Tag und starteten erst wieder in der Dämmerung. Auf ihrem Weg über die Wüste, so Dröschers Gedanke, könnten die geschätzten Leckerbissen von den zahlreichen Lagerfeuern der Israeliten angelockt worden sein. Um satt zu werden, müssen die Moses-Leute viele tausend Tiere gefangen haben.

Der Wissenschaftler erklärt auch das zweite Wachtelwunder. Die seltsame Geschichte beginnt kurz nach dem Aufbruch vom Berg Sinai. Erneut klagen die Israeliten über die schlechte Versorgung. Da erhebt sich ein Wind, vom Meer her kommen Wachteln geflogen und fallen plötzlich in Massen zu Boden »eine Tagereise weit rings um das Lager, zwei Ellen hoch auf der Erde.« Zwei Tage und eine Nacht sammeln die Hungrigen die gestrandeten Vögel ein und dörren sie. »Als aber das Fleisch noch zwischen ihren Zähnen war und ehe es ganz aufgebraucht war, da entbrannte der Zorn des HERRN gegen das Volk, und er schlug sie mit einer sehr großen Plage. Daher heißt die Stätte ›Lustgräber‹, weil man dort das lüsterne Volk begrub.« (Num. 11, 31–34) Welche Plage Jahwe schickt, sagt die Bibel nicht ausdrücklich. Aber offenbar gab es nach dem Genuss des Fleisches viele Todesopfer. Wie Dröscher ausführt, berichteten schon antike Autoren über Vergiftungen durch Wachteln. Ärzte nennen die rätselhafte Krankheit »Coturnismus«, entsprechend dem lateinischen Namen der Vögel »Coturnix coturnix«. Einige Stunden nach dem Essen klagen Patienten über Übelkeit, Atembeschwerden, Sprachstörungen, Muskelschmerzen und Lähmungserscheinungen. Lange glaubten Fachleute, die Vögel hätten den giftigen Samen des Schierlingskrautes aufgepickt. Experimente belegen hingegen, dass Wachteln das Kraut überhaupt nicht anrühren. Bereits ein Zehntelgramm des Samens tötet sie.

Der amerikanische Ernährungswissenschaftler Louis E. Grivetti führt das Phänomen auf außergewöhnlichen Stress zurück, dem die Flugkünstler auf ihrem Zug ausgesetzt sind. Wenn sie etwa nahe Europa mit letzter Kraft einem Orkan entkommen oder über afrikanischen Gefilden in einen Sandsturm geraten, erzeugt die Panik vorübergehend Giftstoffe im Muskelfleisch, die später jedoch wieder abgebaut werden. Speziell im Frühjahr und Herbst fegt der quälend heiße Chamsin aus Südost bis Ost über Ägypten und den Sinai. In den Psalmen wird das Ereignis noch einmal aufgegriffen (Psalm 78, 26–31) – mit ausdrücklicher Erwähnung des Ost- und Südwinds. Besonders die Angabe, dass die Vögel in so großer Zahl wie ausgedörrt vom Himmel stürzen, lässt auf einen Chamsin schließen. Noch heute treten in ländlichen Gebieten rund ums Mittelmeer vor allem im Herbst Fälle von Coturnismus auf, wenn auch selten. Internisten der Medizinischen Hochschule von Athen studierten 2004 am Laiko-Hospital den Verlauf der schwer zu diagnostizierenden Krankheit an Fallbeispielen. Alle Patienten wiesen heftige Symptome auf, doch sie überlebten. Offenbar reagiert nur ein empfindlicher Organismus auf die Giftstoffe. Denn einige der Untersuchten teilten ihre Mahlzeit aus wilden Wachteln mit Menschen, die danach nicht die geringsten Beschwerden hatten. Zuchtwachteln gelten dagegen als ungefährlich.

Zu Wasser und Fleisch gehört Brot. Jahwe schickt es in Form von Manna (Ex. 16, 13–36). Schon im Altertum kursierten unterschiedliche Berichte über die rätselhafte Himmelsspeise. Einerseits verstehen Bibelkundler die Erzählung nach wie vor als Wunder Gottes, andererseits suchten Botaniker nach handfesten Indizien. In seiner umfangreichen Dissertation aus dem Jahr 1983 hat der Autor Paul Maiberger eine Fülle von etymologischen, textkritischen, theologischen, historischen und naturwissenschaftlichen Aspekten über »das Brot des Himmels« zusammengestellt. Es gibt sogar mehrere Pflanzen, die als »Manna« bezeichnete Früchte tragen – so der Johannisbrotbaum, das sogenannte Manna-Gras, die Manna-Flechte oder die Manna-Esche. Aber nur das Produkt der Tamariske (Tamarix mannifera) entspricht der biblischen Beschreibung »wie weißer Koriandersamen« und im Geschmack »wie Semmel und Honig«. Als Strauch oder Baum ist die Tamariske auf dem Sinai verbreitet, wenn auch nicht mehr so flächendeckend wie vor Jahrhunderten oder Jahrtausenden. Frühe Pilger konnten im Katharinen-Kloster ganze Fässer voller Manna bestaunen. Die Mönche sammelten es in den umliegenden Wadis und verschenkten es an Besucher. Noch vor zwei Generationen sollen die Beduinen ihren Tee mit den winzig kleinen Kügelchen gesüßt haben.

1927 klärte eine Expedition der Hebräischen Universität Jerusalem unter Leitung von Friedrich Simon Bodenheimer, dass Manna durch Schildläuse entsteht. Die Schmarotzer saugen aus der Tamariske große Mengen Saft. Denn das nur spärlich darin enthaltene Nitrogen brauchen sie zur Entwicklung der Larven. Den Überschuss an Flüssigkeit scheiden die Läuse als sogenannten Honigtau wieder aus. Nachts spritzen sie zahllose glasklare bis milchig-weise Tröpfchen von sich, die wie Perlen an den Zweigen kleben oder zu Boden fallen – für Ameisen ein Leckerbissen. Laut chemischer Analyse enthält das Sekret Glukose, Fructose und Spuren von Pectin. Weil die Watte ähnliche Konsistenz in der Sonne schnell schmilzt, müssen Sammler am frühen Morgen aktiv werden – so wie es das Alte Testament empfiehlt. Nur nach regenreichen Wintern produzieren die Tamarisken genügend Saft, um die Schildläuse den Sommer über zu versorgen. Fallen in einem Jahr keine Niederschläge, gibt es auch kein Manna. Allerdings wird das »Brot der Engel«, wie der 78. Psalm die Himmelsspeise nennt, heute kaum noch beachtet. Die meisten Beduinen kennen es gar nicht mehr.

Dass sich die große Zahl der Israeliten nicht vierzig Jahre lang ausschließlich von mageren Wachteln und winzigen Körnchen ernährt haben kann, steht außer Frage. Mögen eingefleischte Realisten die Wasser- und Speisewunder auch nur als »erstes Handbuch für das Überleben in der Wüste« bezeichnen, so steckt doch eine tiefere Bedeutung hinter den nachvollziehbaren Fakten: Die Menschen sollen nicht zweifeln, Gott sorgt für sie. Genau wie bei den Plagen wählten die Autoren Naturphänomene als Basis für die Botschaft vom allmächtigen Jahwe. In die Manna-Erzählung verwoben sie eine zweite, ursprünglich selbständige Überlieferung: die Heiligung des Sabbat, die schon in der Schöpfungsgeschichte anklingt. Das Volk entdeckt sozusagen den Ruhetag, denn am siebten Morgen gibt es nichts zu ernten, der Vorrat reicht bis zum nächsten Sonnenaufgang. Das Neue Testament knüpft später an die wundersame Speisung mit dem Vers an: »Sie säen nicht, sie ernten nicht, und ihr himmlischer Vater ernährt sie doch.« Und im Vaterunser heißt es: »Unser täglich Brot gib' uns heute.«

Bibelleser, die bei den Wundern allein an göttliche Fügung glauben, lehnen eine Erklärung der Phänomene ab. Andere können die naturwissenschaftlichen Erkenntnisse akzeptieren, ohne gleichzeitig die Heilsbotschaft in Frage zu stellen. In Übereinstimmung mit vielen seiner Kollegen geht der Alttestamentler Werner H. Schmidt davon aus, dass die Geschichten ursprünglich als Einzelsagen existierten und »nur locker in einen Handlungszusammenhang eingebunden sind«. Denn jede Erzählung setzt neu ein, keine nimmt auf die andere Bezug, die Schauplätze wechseln. Aus den verschiedenen Überlieferungen gestalteten die Autoren schließlich eine Gesamtkomposition. Personen wie Moses und Aaron bilden die verbindenden Elemente zwischen den Stationen.

Bundesschluss am Sinai

In den Ablauf der Wüstenwanderung haben die Redaktoren bei der Zusammenstellung des Pentateuch einen umfangreichen Block eingebaut – die sogenannte Sinai-Perikope (Ex. 19–Num. 10). Der Bericht umfasst die Ankunft am Gottesberg, die Vorbereitung des Volkes, die Erscheinung Jahwes mit der Verkündung der Zehn Gebote und den Bundesschluss. Dem wurden später noch die Rechtssammlung des Bundesbuches sowie genaue Anweisungen für die Stiftshütte, die Bundeslade und den Kult hinzugefügt. Der Komplex ist schwer zu analysieren, nicht einmal in Fachkreisen herrscht Einigkeit über den Anteil der verschiedenen Quellenschriften. Ein Indiz für den komplizierten Entstehungsprozess der Texte während des Exils oder kurz danach sehen Theologen darin, dass Moses immer wieder den Berg besteigen, mit Jahwe reden und dem Volk mitteilen muss, was Gott ihm gesagt hat. Die Kernaussage der ausführlichen Passage liegt aber klar auf der Hand: Am Berg Sinai vollzieht sich die entscheidende Offenbarung Jahwes und die endgültige Bindung des Volkes an den einen Gott. Er erhebt Israel über alle Völker der Erde, erklärt es zu seinem besonderen Eigentum und erwählt es zu einem heiligen Volk von Priestern. Als politische Einheit existierte Israel während des Exodus noch nicht. Was jene Gruppe, die am Berg Sinai gelagert haben mag, wirklich erlebte, bleibt im Dunkel der Geschichte. Doch es muss etwas geschehen sein, das zum Fundament der jüdischen Religion wurde. Der Alttestamentler Martin Noth zieht ein behutsames Fazit: »Die Bindung des Volkes an seinen Gott … bildete den eigentlichen Inhalt des Bundesschlusses der Sinai-Tradition; und von den verschiedenen Gesetzen, die später als Fixierungen der Bundesverpflichtungen nach und nach der Sinai-Tradition zugewachsen sind, geht keines sicher bis auf den Grundbestand der Überlieferung, die meisten nicht einmal bis auf die ältere literarische Fassung zurück. Dass diese Sinai-Tradition … von einem tatsächlichen Vorgang herkommt, kann nicht bezweifelt werden. Freilich bleibt dieser Vorgang geheimnisvoll, und selbst seine geschichtlichen Voraussetzungen und Zusammenhänge sind nicht mehr sicher aufzuklären.«

Das Gesetzescorpus enthält zum Teil sehr altertümliche Vorschriften aus der vorstaatlichen Epoche Israels. Im Lauf der Zeit wuchs es zu einer Sammlung aus 613 Anordnungen und Bestimmungen an. Sie teilen sich in Gesetze, die von einem konkreten Fall ausgehen, und in generelle Gebote und Verbote. Die apodiktischen Vorschriften entsprechen überwiegend den Zehn Geboten. Nachdem Moses alle Rechtsordnungen von Jahwe erfahren hat, schreibt er die Worte des Herrn im Buch des Bundes nieder und liest sie den Israeliten vor. »Und sie sprachen: Alles, was der HERR gesagt hat, wollen wir tun und darauf hören.« (Ex. 24, 7) Dann besprengt Moses das Volk mit dem Blut geopferter Stiere. Der Ritus, der an die Nacht des Auszugs aus Ägypten erinnert, besiegelt den Bundesschluss zwischen den Israeliten und Jahwe. Damit verpflichten sich beide Seiten zur Einhaltung des Vertrags. Theologen gehen davon aus, dass das Bundesbuch während der religiösen Reform unter König Josia in die Sinai-Handlung eingebettet wurde.

Der Anteil der Priesterschrift an der Sinai-Perikope bezieht sich vor allem auf den religiösen Kult. Die Quelle schildert bis ins kleinste Detail, wie das Wanderheiligtum, die Stiftshütte, aussehen soll. Zudem erfolgen genaue Anweisungen für die Konstruktion der Bundeslade, des Schaubrottisches, des Siebenarmigen Leuchters – der Menora – sowie der Opferaltäre. Auch die Kleidung der Priester, Salböl und Räucherwerk, Kultgeräte und Steuer für das Heiligtum unterliegen strengen Regeln (Ex. 25–31 und 35–40). Die vorgeschriebene Ordnung spiegelt jedoch bereits die späteren Zeremonien im Tempel von Jerusalem wider. Durch die »Rückverlegung« in die als Ideal propagierte Epoche der Wüstenwanderung gewinnt die Jahwe-Verehrung im zentralen Heiligtum der Stadt Davids an Bedeutung und Legitimation. Als die Priesterschrift entstand, war der Prachtbau von den Babyloniern längst geplündert und geschändet. 587 vor Christus hatte König Nebukadnezar Jerusalem erobert und die Oberschicht der Bevölkerung ins Exil an den Euphrat verschleppen lassen. Obwohl sie dort ihren Gottesdienst ungehindert ausüben durften, machten sich die führenden Köpfe Gedanken, wie das Leben nach der Rückkehr in die Heimat aussehen sollte. Mit dem Priesterkodex verfassten sie eine kultische Ordnung für die Jahwe-Gemeinde in der nachexilischen Ära. Die Gesetze vom Sinai sieht der Ägyptologe Jan Assmann als Medium der Befreiung von der Despotie des Pharao. Das Buch Exodus überzeichnet das Nilland als eine Welt der Gesetzlosigkeit, als Inbegriff von Menschenschinderei und Knechtung, eben als Sklavenhaus. »Obwohl die Fülle von Gesetzen und Regeln, die Jahwe vorgibt, auch als Variante von Unterdrückung verstanden werden könnte, steht die Welt, in die Israel einzieht, indem es aus Ägypten auszieht, als Welt der Freiheit da.«

Die lange Litanei von trockenen Verordnungen im 2. Buch Moses lockert das 32. Kapitel mit einer saftigen Story auf. Trotz aller Versprechungen und Beteuerungen brechen die Israeliten schon kurz nach der Gottesoffenbarung und der Verkündung der Zehn Gebote den Bund. Zu lange weilt Moses auf dem Berg, niemand glaubt mehr an seine Rückkehr. Die Männer bedrängen Aaron, ihnen ein Götterbild zu machen. So fertigt Moses' Bruder ohne Widerspruch aus dem Schmuck der Frauen ein goldenes Kalb. Die Menge bringt dem Bildnis Opfer dar und feiert ein rauschendes Fest. Eine schwere Verfehlung, die den Zorn Jahwes und seines Vermittlers nach sich zieht. Als Moses im Lager ankommt, zerschmettert er vor Wut die Gesetzestafeln und schmilzt das Objekt im Feuer ein. Dann ruft er die Leviten zusammen und befiehlt ihnen, mit ihren Schwertern alle zu töten, die an der frivolen Feier teilgenommen haben. Dreitausend Menschen sterben. Am nächsten Tag bittet Moses um Vergebung für den Fehltritt seiner Gefährten. Doch Jahwe wird das Volk »schlagen«, wie es heißt. Vermutlich sah Aaron im gottgleichen Apis-Stier das Vorbild für sein Werk. Den uralten ägyptischen Kult um die Inkarnation des Osiris kannte er aus dem Land am Nil. Auch in anderen Kulturen des Alten Orients spielte das majestätische Tier als

Symbol für Kraft und Fruchtbarkeit eine große Rolle. Beim »Goldenen Kalb« der Bibel handelte es sich auch eher um einen gut entwickelten Jungstier. Das Fest am Fuß des Berges Sinai hatte mit dem »Tanz ums Goldene Kalb« im heutigen Sinn von schnöder Mammonverehrung aber nichts zu tun.

Wie Theologen glauben, geht die Erzählung wohl kaum auf ein historisches Ereignis im Sinai zurück, sondern ist auf König Jerobeam I. (926–907 vor Christus) gemünzt. Hintergrund ist die politisch brisante Lage nach der Teilung des Reiches. Im nördlichen Israel wählten die Stämme Jerobeam an die Macht, im südlichen Juda regierte Rehabeam als Erbe seines Vaters Salomon. Um die Bindung seiner Untertanen an das zentrale Heiligtum in Jerusalem und damit an seinen Konkurrenten aufzuheben, reaktivierte Jerobeam zwei alte Kultzentren in Bet-El und Dan. In den Heiligtümern ließ er goldene Stierbilder aufstellen. (1. Kön. 12, 28–30) Als sichtbare Gestalt des unsichtbaren Gottes sollten die glänzenden Idole im Allerheiligsten die Herrlichkeit und Macht Jahwes repräsentieren. Die Autoren des Deuteronomium, die für den polemischen Teil des Textes (Ex. 32, 7–14) verantwortlich zeichnen, siedelten den Vorgang jedoch in der Zeit der Wüstenwanderung an. Mit den gleichen Worten wie im Buch der Könige lassen sie die Israeliten das Goldene Kalb am Berg Sinai empfangen: »Das ist dein Gott, Israel, der dich aus Ägyptenland geführt hat.« Eigentlich als Kritik an Jerobeam gedacht, wird die Aktion im Sinai als Abfall von Jahwe gebrandmarkt. Gesetzestreue deuteten den Stierkult in Bet-El und Dan sogar als Ursache für die spätere Zerstörung des Nordreichs im Jahr 722 vor Christus. Der Staat musste untergehen, weil der Herr schon Jahrhunderte zuvor Abtrünnige schwer bestrafte, gilt doch die Verehrung von Götzen als »Ursünde« der Israeliten. Deshalb fällt das Urteil über die Maßnahmen des eigenwilligen Regenten so ungemein hart aus (1 Kön. 12, 30–13,10 und 14, 4–16). Der älteste Kern der Erzählung vom Goldenen Kalb polemisiert allerdings nicht gegen das Abbild (Ex. 32, 1–6). Sonst hätte der Verfasser die Herstellung als Verstoß gegen das erste Gebot gewertet und die aktive Rolle Aarons kritisiert, den das Alte Testament als Hohepriester wirken lässt und meist positiv bewertet. Aber genau wie sein Bruder Moses darf auch er am Ende das Gelobte Land nicht betreten. Er stirbt am Berg Hor (Num. 20, 22–29).

Moses – Frontmann zwischen Fiktion und Fakten

Seinem Diener Moses gewährt Jahwe vom Berg Nebo nahe Jericho wenigstens noch einen Blick in das Gelobte Land jenseits des Jordan. Vierzig Jahre lang hat der geduldige Anführer die Israeliten durch die Wüste geleitet und dabei eine Last und Verantwortung getragen, die kaum ein Sterblicher zu bewältigen vermag. Im Angesicht der Verheißung Gottes endet das Leben des Mannes, den allein die ersten sechs Bücher des Alten Testaments über siebenhundert Mal erwähnen. In seiner einzigartigen biblischen Vita folgt ein dramatisches Ereignis dem anderen – von der Geburt bis zum Tod. Die drei großen monotheistischen Weltreligionen – Judentum, Christentum und Islam – würdigen ihn als bedeutenden Propheten. Bis in die Gegenwart interpretieren Theologen, Philosophen, Archäologen, Historiker, Psychologen, Naturwissenschaftler, Schriftsteller, Maler, Bildhauer und Regisseure die charismatische Gestalt immer wieder aufs Neue und versuchen, einen Beleg für seine irdische Existenz zu finden. Die Veröffentlichungen über ihn gehen in die Zigtausende, und dennoch gibt es kein verbindliches Ergebnis. Moses hütet das Geheimnis um seine Person nach wie vor.

Dabei lassen ihn die Bibelautoren in vielen Rollen auftreten: als Mörder, Rebell und Politiker, als Zauberer, Wundertäter und Wüstenexperte, als Held und Feldherr seines Volkes, als Gesetzgeber, Richter und Religionsstifter. Modern ausgedrückt, trifft der Begriff »Manager Jahwes« am besten das Wirken des Multitalents. Denn unermüdlich verkündet und vollstreckt der Auserwählte den göttlichen Willen, seien es gute oder schlechte Botschaften, Wohltaten oder Strafen. Zudem muss er ständig zwischen dem Herrn und dem ungehorsamen Volk vermitteln. Oft ist die Situation so brenzlig und Jahwes Zorn so gewaltig, dass sein Frontmann die ganze Kunst der Fürbitte in die Waagschale werfen muss, um das Schlimmste abzuwenden.

Nur ab und an schimmern in den Erzählungen menschliche Schwächen des fast unfehlbaren Charakters durch: So können die Israeliten die Amalekiter nur bezwingen, wenn Moses den ganzen Tag über mit erhobenen Händen den Sieg beschwört. Doch seine Arme werden müde, und die Gefährten müssen ihn stützten. Im späteren Verlauf der Wanderung ist er vom Schlichten der unzähligen Streitfälle überfordert und ernennt einen Kreis von Getreuen, die ihm fortan bei der Regelung weltlicher Anliegen helfen. Und als er das Goldene Kalb erblickt, überkommt ihn unbändige Wut, so dass er die Gesetzestafeln zerbricht.

Das Bild, das die Forschung von Moses zeichnet, veränderte sich im Lauf der Zeit. Frühe Deutungen reichten vom Mondgott über eine mythische Herrscher-Persönlichkeit bis zum alleinigen Autor des Pentateuch. Im 19. und 20. Jahrhundert entzauberten bibelkritische Gelehrte die Magie um den Gefolgsmann Jahwes jedoch mehr und mehr. Taten, die ihm das Alte Testament zuschreibt, entlarvten sie als Produkte späterer Überlieferung, die Plagen und Wunder führten sie auf Naturphänomene zurück. Die Identifikationsfigur des Judentums wurde als reine Legende verbucht. Dem Theologen Rudolf Smend geht das zu weit. Er glaubt, dass die Verfasser der ältesten Quellen Moses nicht einfach erfunden haben. Er trug einen ägyptischen Namen, wurde am Pharaonenhof erzogen, bei den Midianitern weiter unterrichtet und nahm sich dort eine Fremde zur Frau. Dass ausgerechnet ein solcher, von ausländischen Einflüssen geprägter Mann ihrem Gott Jahwe unmittelbar gegenüber treten durfte, hätten sich die stolzen Israeliten in der Phantasie nicht ausdenken können. Ein gesichertes Indiz für Smends Überlegung gibt es nicht. Historisch gesehen, bleibt Moses weiterhin ein Phantom. Wenigstens sein Name weist auf die reale Welt hin. Nicht nur in Zusammensetzungen wie Thutmose, Ptahmose oder Ahmose war er im Nilland von alters her gebräuchlich, sondern besonders in der Ramessidenzeit auch in der Kurzform beliebt. Wie eine Stele aus Piramesse dokumentiert, lebte in der Stadt ein Offizier namens Mose, der als Krönung seiner militärischen Laufbahn aus der Hand des Pharao die höchste Auszeichnung, das sogenannte »Ehrengold«, empfing.

Obwohl kein einziger Hieroglyphentext Moses erwähnt, haben Inschriftenfunde Ägyptologen inspiriert, den Mann der Bibel mit ausländischen Persönlichkeiten zu vergleichen, die um die Wende vom 12. zum 13. Jahrhundert vor Christus im Pharaonenreich prominente Ämter bekleideten. Im Deltagebiet wirkte ein gewisser »By« oder »Beja«. Vermutlich war er Kanzler unter

Sethos II. (1200–1194 vor Christus) und spielte nach dem Tod des Herrschers eine aktive politische Rolle als Königsmacher für den Nachfolger Siptah (1194–1188 vor Christus). Wahrscheinlich ist es der gleiche Mann, den der Papyrus Harris »Syrer« und »Großer« nennt und ihm den Beinamen Irsu gibt – »der sich selbst (zum Amtsträger) gemacht hat«. So der Übersetzungsvorschlag des Alttestamentlers Manfred Görg. Ähnlich gewürdigt, erscheint Moses als »sehr angesehener Mann in Ägyptenland vor den Großen des Pharao und vor dem Volk« (Ex. 11, 3). Andere Forscher identifizieren Irsu mit dem auf der Stele von Elephantine erwähnten Anführer der Asiaten, die unter Ramses III. (1183–1152 vor Christus) einen Aufstand anzettelten und des Landes verwiesen wurden. Einige Fremdlinge, die in Ägypten eine bedeutende Rolle spielten oder der Regierung als Rebellen Probleme bereiteten, hinterließen also durchaus Spuren.

Seit Jahrzehnten kennen Fachkreise eine weitere Vergleichsfigur, den sogenannten »Royal Butler«. 1972 entdeckte das Grabungsteam des israelischen Bergbauexperten Professor Beno Rothenberg in Timna, dem historischen Kupferzentrum Ezjon Geber, ein in die Felswand gemeißeltes Relief. Die einzeilige Inschrift unter der Opferszene mit Ramses III. und der Göttin Hathor meldet: »Vollzug einer Inspektion durch den königlichen Hofbeamten Ramesses-em-per-Re (Ramses im Haus des Re)«. Sein Zweitname Bn-'zn, der in einem anderen Text belegt ist, weist den hohen Funktionär als Semiten aus. In der Szene vor Ort kannte er sich demnach bestens aus. Sicher kontrollierte der Gesandte des Pharao nicht nur den Fortgang des Kupferabbaus, sondern schlichtete in diplomatischer Mission zwischen den ägyptischen Aufsehern und den semitischen Arbeitern. Die Männer, vermutlich Schasu, mussten Frondienst leisten. Denn ihr Stamm versuchte mehr als einmal, sich der Zentralgewalt zu entziehen. Das Dauerproblem veranlasste mehrere Herrscher zu Strafexpeditionen. Aufständische, die nicht in die Minen abgeordnet wurden, ließen sie gefangen nehmen und als Sklaven an den Nil verschleppen. Die erfolgreiche Aktion unter Sethos I. (1292–1279 vor Christus) illustrieren Reliefs im Tempel von Karnak.

Der Vergleich der Moses-Figur mit Beja oder Ramesses-em-per-Re heißt für die meisten Forscher aber noch lange nicht, den Helden des Alten Testaments mit einem der beiden Männer zu identifizieren. Die Inschriften und Erkenntnisse tragen lediglich dazu bei, einen möglichen Hintergrund aufzuzeigen, aus dem die Verfasser der Bibel vielleicht geschöpft haben. Die Kategorie »erfolgreicher Aufsteiger in der Fremde« war den Autoren zumindest nicht unbekannt. Auch die Gestalt des Joseph, den seine Brüder nach Ägypten verkauften, ließen sie in eine ähnliche Rolle schlüpfen. Selbst wenn Moses als Einzelperson nicht nachweisbar ist, vereinen sich in ihm doch Erinnerungen an Menschen mit ähnlichen Funktionen, die als Wanderer zwischen der syro-palästinisch und der ägyptischen Welt gelebt haben. Den Anführer einer frühisraelitischen Sippe, die nach Kanaan zog, um dort einen Staat zu etablieren, erhob die Bibel in eine unvergleichliche Position: Als Begründer des Jahwe-Glaubens und »Stifter von Israel« wurde Moses zum Mythos.

Kanaan – Alte und neue Heimat der Israeliten

Kanaan, das den Israeliten von Gott verheißene Land, in dem Milch und Honig fließen, umfasste den heutigen Staat Israel, das Westjordanland, den Gaza-Streifen, das westliche Jordanien, die syrische und libanesische Küste sowie das Binnenland im Süden Syriens. Auf einem Tontäfelchen aus Mari am Euphrat sind die Kanaanäer im 18. Jahrhundert vor Christus zum ersten Mal schriftlich erwähnt. Sie sprachen eine semitische Sprache, die mit dem Altsyrischen und Althebräischen eng verwandt ist, und erfanden vermutlich bereits in jener Zeit ein alphabetisches System. Bedeutende Handelsstraßen aus Europa, Asien und Afrika führten nach Kanaan, in den Mittelmeerhäfen Gaza, Aschkalon und Tyros boomten die Geschäfte. Zahlreiche Stadtstaaten und kleine Königreiche erblühten. Die Urbevölkerung schuf eine eigenständige Kultur von hoher Qualität. Die Kontakte mit Menschen aus aller Herren Länder und der ständige Zustrom von Einwanderern machte die Einheimischen aber auch empfänglich für neue gesellschaftliche und religiöse Einflüsse. Nach und nach avancierte Kanaan zu einem der wichtigsten wirtschaftlichen und kulturellen Knotenpunkte des

Altertums. Seine strategisch günstige Lage weckte jedoch immer wieder die Begehrlichkeiten benachbarter Großmächte. Im Lauf der wechselvollen Geschichte marschierten Ägypter, Hethiter, Babylonier, Assyrer, Perser, Philister, Griechen und Römer ein.

Auch Topographie und Klima bieten eine bemerkenswerte Vielfalt. In Nord-Süd-Richtung gesehen, gliedert sich Kanaan in vier Zonen. Im Westen liegt die Küstenebene, ihr folgen das Hügelland Schefela und – als Teil des großen Grabenbruchs, der sich bis Ostafrika hinzieht – das Jordan-Tal mit dem Toten Meer, dem tiefsten Punkt der Erde. Im Osten schließt sich das jordanische Hochland an. Weiter nördlich bildet ein zweiter, leicht nach Osten verschobener Graben die Bekaa-Ebene zwischen den Gebirgen Libanon und Antilibanon. Das Landschaftsbild wechselte im Altertum zwischen Dünen, Lagunen und Sümpfen, ausgedehnten Waldgebieten, fruchtbaren Tälern, Weideland, Steppen, zerklüfteten Felsregionen sowie Sand- und Mergelwüsten. Heute sind die berühmten Zedernwälder sowie die Sümpfe verschwunden. Während das mediterrane Klima dem Küstenstreifen und der Schefela ausreichend Regen beschert, nimmt die Niederschlagsmenge zum Jordan-Tal hin abrupt ab, steigt zum jordanischen Hochland hin wieder an, um jenseits der Hänge in Richtung der östlichen Trockensteppe beinahe auf Null zu sinken. Zusätzlich zu dem West-Ost-Gefälle verringert sich der Regenanteil auch von Norden nach Süden ziemlich unvermittelt, so dass bei Gaza die Wüste fast bis zum Mittelmeer reicht. Die großen Unterschiede an Bodenqualität, Vegetation und Klima beeinflussten die Kultivierung und Besiedlung Kanaans. In den geeigneten Regionen wurden vor allem Getreide,

Wein und Oliven angebaut sowie Rinder und Pferde gezüchtet.

Bereits im 8. Jahrtausend vor Christus, während der neolithischen Revolution, entstanden die ersten kleinen Bauerndörfer. Die Jäger und Sammler wurden sesshaft, bestellten Äcker und domestizierten Schaf, Ziege und Esel. Um 3300 vor Christus schlossen sich die Siedler in größeren Gemeinwesen zusammen. Dafür wählten sie geeignete Plätze an Flüssen oder Bächen, um die Wasserversorgung der Bewohner zu sichern. Bevorzugt wurde zudem die Nähe zu den Handelsrouten, die Ägypten, Syrien und Mesopotamien damals einrichteten. Im 3. Jahrtausend vor Christus, der Frühbronzezeit, wuchsen die Siedlungen zu Städten mit starken Befestigungsmauern heran. Eigentlich waren es mehr zentrale Ortschaften, denn die Pracht und Größe der mesopotamischen Vorbilder wie Uruk, Ur oder Babylon erreichten die meisten Gründungen auch später kaum.

Mit dem Beginn der sogenannten proto-urbanen Kultur suchten die kanaanäischen Stämme ihren Platz in der aufstrebenden internationalen Wirtschaftsgemeinschaft. Es galt, die wachsende Bevölkerung zu ernähren und den Aufschwung nicht zu verpassen. Deshalb mussten die Bauern Regenfeldbau und Weidewirtschaft, die bislang nur den Eigenbedarf deckten, auf Überschuss produzierenden Ackerbau mit intensiver Bewässerung umstellen. Da die anfallenden Aufgaben immer komplexer wurden, spezialisierten sich die Mitglieder eines Stammes jeweils auf einen Handwerkerberuf, im Fachjargon »ethnische Arbeitsteilung« genannt. Allein die Expansion in der Landwirtschaft erforderte eine bürokratische Infrastruktur und den gebündelten Einsatz gelernter Kräfte. Das

Gleiche galt für die Durchführung und Überwachung öffentlicher Bauprogramme. Ausgrabungen belegen, dass bereits eine Art von Stadtplanung existierte. In einigen urbanen Zentren lagen die Wohngebiete getrennt von öffentlichen Einrichtungen wie Palästen, Verwaltungsgebäuden und Tempeln. Die Häuser innerhalb der Mauern waren aus solidem Stein oder aus Lehmziegeln auf Steinfundamenten errichtet. Neben den sesshaften Kanaanitern lebten aber viele Sippen weiterhin als Nomaden, die sich in Stämmen organisierten. Die Schasu, wie ägyptische Quellen sie nennen, wohnten in Zelten, züchteten Vieh und zogen mit ihren Herden auf der Suche nach guten Weideplätzen umher.

Da es keine kanaanäischen Aufzeichnungen aus jener Epoche gibt, ist die politische Situation schwer zu rekonstruieren. Wie Forscher annehmen, wechselten sich die Städte in der Vorherrschaft über ihre Nachbarn ab. Dennoch war es keine ruhige Zeit. Allein in Jericho wurden die Befestigungsanlagen siebzehn Mal repariert. Vermutlich lösten Gebietsstreitigkeiten oder interne Fehden die zahlreichen Konflikte aus. Aber auch die Beziehungen zum wichtigsten Nachbarstaat Ägypten scheinen nicht immer friedlich verlaufen zu sein. Ab und an griff das Heer des jeweiligen Pharao Siedlungen im Süden Kanaans an, ohne das Land jedoch damals schon unter Kontrolle zu stellen. Die Herren vom Nil schätzten ihren Handelspartner, produzierte er doch im großen Stil Wein, Olivenöl, Getreide, Stoffe sowie eine spezielle Form von Krügen für Transport und Lagerung der Waren, die mit Eselskarawanen über Land geliefert wurden. Vor allem anderen aber brauchten sie aus den Wäldern im libanesischen Hinterland große Mengen von Zedernholz zum Bau von

Schiffen und Dachkonstruktionen. Die Stämme wurden vom Hafen Byblos aus verschifft, was der Stadt fast immer die besondere Freundschaft zum Pharao sicherte. Der lokale Fürst durfte sich sogar als »ägyptischer Bürgermeister« betiteln. Andere Orte wie Hazor oder Megiddo unterhielten enge Kontakte zu Zentral- und Nordsyrien.

Um 2200 vor Christus endete die blühende Ära. Womöglich brachte die von Wissenschaftlern nachgewiesene Trockenperiode das Wirtschaftssystem in den Staaten des fruchtbaren Halbmonds aus dem Gleichgewicht. An Euphrat und Tigris ging das Imperium von Akkad unter. In Ägypten brach das Alte Reich zusammen. Damit verloren die größeren Siedlungen in Süd- und Mittelkanaan ihre Existenzgrundlage. Die ökonomische Katastrophe zog ein abruptes Erlöschen der proto-urbanen Kultur nach sich, denn die auf Handel und Export ausgerichteten Orte konnten nicht mehr gehalten werden. Der Norden des Landes hingegen erlebte zwar eine Rezession, musste aber die Städte nicht aufgeben. Die Krise hatte auch gesellschaftliche Folgen. Mit der fortschreitenden Konjunkturschwäche machten sich immer mehr Bauern wieder auf Wanderschaft. Wie in der Vorzeit wohnten sie in Zelten und hielten Tiere, bepflanzten aber an den jeweiligen Aufenthaltsorten Gärten, produzierten Wein, Öl und Obst.

Erst zweihundert Jahre später gewann das Nilland im Mittleren Reich unter Pharao Mentuhotep II. seine politische und wirtschaftliche Stabilität zurück. Die Wiedereröffnung der Karawanenwege verbesserte die Situation schlagartig. Ägypten und Kanaan sowie die Nachbarreiche in Mesopotamien, Nordsyrien und Phönizien wuchsen zum ersten Weltwirtschaftsraum zusammen. Auch Kleinasien, Zypern, Kreta und Mykene traten auf den

Plan. Große Mengen an Luxuswaren, Gebrauchsgütern und Rohstoffen gingen im Tauschhandel über die Grenzen. Die Küsten von Syrien und Kanaan wurden zur Drehscheibe des internationalen Handels.

Um 1800 vor Christus löste der wachsende Wohlstand im Land am Jordan eine neue Welle der Urbanisierung aus. Die ersten »richtigen« Städte entstanden, in den Bergen reihte sich ein Dorf ans andere. In jener Zeit verstärkten die Pharaonen ihren Einfluss auf Kanaan. Mit dem Anspruch, die Bevölkerung zu überwachen und für die Interessen ihres Staates zu instrumentalisieren, traten die ersten ägyptischen Gouverneure ihr Amt an. Nicht alle Einheimischen ließen sich die Bevormundung gefallen. Rebellischen Orten wie Sichem schickten die neuen Machthaber das Heer vor die Tore. Die ägyptischen »Ächtungstexte«, die mit einer Art Zauber aufrührerische Untertanen symbolisch »töteten«, belegen die problematische Situation. Zudem begannen die Ägypter, Schasu-Leute zu rekrutierten, die in der Wüste südöstlich des Toten Meeres lebten. Die ortskundigen Männer wurden in erster Linie in den nahe gelegenen Kupferminen von Ezjon Geber als Hilfs- und Facharbeiter angelernt und ausgebildet. Andere Gruppen von Kanaanäern traten jedoch freiwillig in den Dienst der Pharaonen und wanderten in das für seinen Reichtum berühmte Nachbarland aus.

Die Migrationsströme im 2. Jahrtausend vor Christus funktionierten ähnlich wie die von heute. Einerseits suchten gefragte Spezialisten, Kaufleute mit guten Kontakten oder Handwerker, die bessere berufliche Chancen erwarteten, ihr Glück bei den Nachbarn im Süden. Andererseits wollten vor allem notleidende Menschen ihr Schicksal in der Fremde wenden. Viele hatte ihre Existenz durch

Arbeitslosigkeit, Krankheit, Krieg, politische Verfolgung oder Naturkatastrophen verloren. Am Ziel ihrer Träume mussten sie sich jedoch meistens zu sehr ungünstigen Bedingungen verkaufen, nicht selten als Sklaven. Vergleichbar den USA als Land der unbegrenzten Möglichkeiten, galt das im Hinblick auf Immigration liberale Pharaonenreich im Altertum als Paradies für »Asiaten«. So nannten die Ägypter alle Fremden aus östlichen Regionen. Doch während die einen zu Erfolg und hohen Ehren kamen, scheiterten die anderen und fristeten ein klägliches Dasein. Regelmäßig verzeichnen die Quellen auch Einwanderer auf Zeit. Denn wenn in Dürreperioden Nomadensippen im Sinai keine Weideplätze mehr für ihre Herden fanden, gewährte ihnen das Land am Nil vorübergehend Unterschlupf.

Nachdem Thronstreitigkeiten und der Zerfall der Zentralgewalt in Ägypten den Kollaps des Mittleren Reiches besiegelt hatten, nutzte eine Koalition wehrhafter Kanaanäer das Chaos aus. Zwischen 1750 und 1650 vor Christus überfiel ein Verbund von Stadtkönigen mit seinem Gefolge das Nildelta, übernahm die politische Kontrolle und etablierte eine lokale Dynastie. Als Hyksos, »Herrscher der Fremdländer«, gingen die Invasoren in die Geschichte ein. Die neuen Herren gründeten die Stadt Auaris und regierten kurzfristig sogar über das gesamte Reich. Mit ihren Streitwagen, einer militärtechnischen Innovation, lehrten sie die Ägypter das Fürchten. Erst nach mehr als hundert Jahren erholte sich das Land von dem Schock. Kamose, der letzte Pharao der Zweiten Zwischenzeit, drängte die Feinde zurück ins Delta. Aber erst seinem Bruder Ahmose, Begründer des Neuen Reiches, gelang es 1532 vor Christus, Auaris nach dreijähriger

Belagerung zu erobern und die Hyksos endgültig aus Ägypten zu vertreiben.

In den stark befestigten Städten Kanaans suchten sie Zuflucht – mit gravierenden Konsequenzen für das Land. Um jeden weiteren Angreifer aus dem vorderasiatischen Raum abzuschrecken, exerzierten die Pharaonen der 18. Dynastie fast jährlich Strafexpeditionen. Eine Stadt nach der anderen wurde entweder zerstört oder von der Armee besetzt. Thutmosis I. unternahm einen Feldzug durch Kanaan und drang bis zum Euphrat in Syrien vor. Wie er auf einer Inschriftenstele festhalten ließ, erklärte er das gesamte Gebiet zu seinem Machtbereich. Die Kontrolle über den Norden konnte Ägypten zwar wegen des heftigen Widerstands der syrischen Stadtstaaten auf Dauer nicht aufrecht erhalten. In der Schlacht von Megiddo im Jahr 1470 vor Christus errang Thutmosis III. jedoch den entscheidenden Sieg über die südliche Provinz mit der Hauptstadt Gaza. Die Fürsten der Stadtstaaten mussten dem Herrscher als Vasallen dienen. Im Gegenzug garantierte Ägypten die Sicherheit der Siedlungen. Zusätzlich hatten die Statthalter empfindlich hohen Tribut abzuliefern und in den eigenen Reihen mit Rebellen und intriganten Konkurrenten zu kämpfen. Die Amarna-Briefe, die diplomatische Korrespondenz von Amenophis III. und seinem Nachfolger Echnaton aus dem 14. Jahrhundert vor Christus, spiegeln die vielfältigen Konflikte. Einerseits beteuern die kanaanäischen Aristokraten ihre Loyalität dem Pharao gegenüber, erörtern lokale Probleme und bitten um militärische Hilfe, andererseits schwärzen sie ihre Kollegen schamlos an und bezichtigen sie des Verrats. Jedes Stadtoberhaupt buhlte um die Gunst der Besatzer und versuchte gleichzeitig, sich so viel persönliche Macht wie möglich zu verschaffen. Die Auswirkungen bekamen die Untertanen zu spüren. Wie Dokumente belegen, trieben die Kleinkönige mit ihnen Sklavenhandel, schickten sie zur Fronarbeit in ägyptische Staatsgüter und Tempel oder zwangen sie, Soldaten einzuquartieren.

Kein Wunder, dass sich große Teile der Bevölkerung dem System der Ausbeutung entzogen und flüchteten. Jeder, der seinen Posten verließ, wurde zum Gesetzlosen. Es bildeten sich Banden, die vom Raub lebten oder sich als Söldner verdingten. Andere streiften umher und vegetierten als Obdachlose ohne jeglichen Besitz dahin. Viele Outlaws schlossen sich unabhängigen Gemeinschaften an und verschafften sich irgendwie das Notwendigste zum Überleben. Ägyptische Quellen nennen diese Menschen »Apiru«, in keilschriftlichen Zeugnissen tauchen sie als »Hapiru« auf. Daraus entstand der Begriff »Hebräer«, ein Name für die Proto-Israeliten, die damit ihre Herkunft als Bewohner des Kulturlandes offenbaren. Der Alttestamentler Manfred Görg bezeichnet die Apiru als »Grundstock des späteren Israel«. Als weiteres Element kommen die Schasu hinzu, die mehrheitlich in der Wüste zu Hause waren. Doch nach den ägyptischen Feldzügen verschwanden in den Bergen viele Dörfer von der Bildfläche. Den frei gewordenen Raum nutzten vorübergehend Schasu-Sippen als Weide- und Ackerland. Die Bauern und Viehzüchter operierten als Lokalnomaden auf überschaubarem Gebiet. Da das zum Teil schwer zugängliche Hochland von den Stadtstaaten kaum zu kontrollieren war, flüchteten sich auch Apiru-Gruppen in die entlegenen Regionen. Es scheint sogar zu gemeinsamen Aktionen gekommen zu sein. Denn im 13. Jahrhundert vor Christus griff Pharao Sethos I. nahe Bet-Shean die Rahamiter an, eine Schasu-Sippe, die mit den Apiru vom Berg Yarmut verbündet war.

Als mögliche Ahnherrn Israels stehen zudem die Aramäer zur Diskussion. Historisch dokumentiert sind sie zum ersten Mal in den Inschriften des assyrischen Herrschers Tiglat-Pileser I. (1114–1076 vor Christus). Wie bei den Apiru in Kanaan lässt sich auch im Norden Mesopotamiens eine Fluchtbewegung aus den Städten in die Berge feststellen. So musste sich der König mit »aramäischen Ahlamu« auseinandersetzen. »Ahlamu« ist ein westsemitisches Wort und bedeutet »Jungvolk«. »Aramäer« geht zweifellos auf einen Stammes-, Orts- oder Landschaftsnamen zurück. Ihre Verwandtschaft mit den Israeliten betont das Alte Testament in vielen Passagen. »Mein Vater war ein umherirrender Aramäer«, heißt es im sogenannten kleinen geschichtlichen Credo Israels (Dtn. 26, 5). Die Erzväter-Erzählungen im Buch Genesis schildern ausführlich den harten Alltag von Wanderhirten zwischen Wüste und Kulturland. Ob die Patriarchen Abraham, Isaak und Jakob historische oder fiktive Gestalten sind, darüber streitet die Wissenschaft nach wie vor. Archäologische Beweise existieren nicht. Auch die Herkunft der Ur-Aramäer ist nicht eindeutig geklärt. Ihre Vorfahren stammen vermutlich von der Arabischen Halbinsel. Im 19. oder 18. Jahrhundert vor Christus sollen sie in einer ersten Welle in den Norden des Zweistromlandes, die heutige Osttürkei, gezogen sein. Etwa fünfhundert Jahre später führte eine zweite Wanderbewegung die Aramäer nach Kanaan. Zunächst suchten sie besiedeltes Gebiet nur in den Sommermonaten auf und kehrten dann wieder an den Rand des Kulturlandes, in die Wüste und Berge, zurück. Erst als andere Nomadenvölker wie die Amalekiter und Midianiter von Süden her nachdrängten und ihnen den Lebensraum streitig machten, versuchten sie, in Städten sesshaft zu werden. Ein Prozess, der mehrere Jahrzehnte dauerte. So zumindest lauten die klassischen Thesen. Der Philologe Ernst Axel Knauf hingegen versteht die aramäische Wanderung nicht als »Hervorbrechen einer neuen Ethnie – oder gar Kultur – aus der Wüste«, sondern als »Umschichtung von Bevölkerung und Macht von den Städten zu den Stämmen, die um 1200 den Alten Vorderen Orient umgestaltet hat ... Die Verwandtschaft, die das biblische Israel mit den Aramäern behauptet und mit den Israel real verwandten Kanaanäern bestreitet, mag auf der Erinnerung an die eigene Stammes- und Staatenbildung zur gleichen Zeit in einem ähnlichen, anti-urbanen Prozess beruhen.«

Historisch gesehen, liegt die Keimzelle des späteren Staates der Israeliten tatsächlich im kanaanäischen Bergland. Denn aus den Bauerngemeinschaften der Apiru bildete sich eine starke soziale und politische Einheit – ein Stamm, der damals schon Israel hieß. So jedenfalls betitelte Pharao Merenptah (1213–1202 vor Christus) eine Bevölkerungsgruppe, die er 1208 vor Christus unterwarf. Als Erster dokumentierte der Herrscher den Namen schriftlich. Auf seiner Siegesstele steht »Israel« neben den Städten Aschkalon, Gaza und Jenoam als Teil von Kanaan: »Kanaan ist mit allem Schlechten erobert: Aschkalon ist fortgeführt, und Geser (Gaza) gepackt; Jenoam ist zunichte gemacht, Israel liegt brach und hat keinen Samen.« Das agrarische Sprachbild will sagen: Wie damals üblich, ließ der Sieger in dem eroberten Gebiet keine wehrfähigen Männer zurück. Wer nicht im Kampf gefallen war, wurde als Gefangener an den Nil verschleppt. Im Hinblick auf die Exodus-Geschichte gewinnt Merenptahs Notiz große Bedeutung. Die Israeliten, die in Ägypten Frondienst leisteten, hatten ihre Wurzeln in Kanaan. Dorthin wollten sie zurück, in das von Jahwe verheißene Land, ihre alte Heimat.

Der Exodus – Ein Ereignis mit vielen Deutungen

In einem großartigen Gemälde schildern die Moses-Erzählungen, was Gott alles in Bewegung setzte, damit sich sein Versprechen erfülle. Bevor die Israeliten Ägypten verlassen konnten, schickte er schreckliche Plagen über das Land. Die Verfolgung durch den Pharao ließ er in einem Desaster enden, auf ihrem langen Weg durch die Wüste bewahrte er die Wanderer vor dem Verhungern und Verdursten. Forscher haben jedes Detail des Exodus-Berichts unter die Lupe genommen, um herausfinden, ob sich der Auszug aus Ägypten mit einem historischen Ereignis deckt. Die Frage der Datierung entwickelte sich zum Dauerbrenner. Echnaton (1350–1335 vor Christus), der die alten Götter absetzte und Aton zum alleinigen Gott erhob, stand als Pharao der Vertreibung zur Diskussion. Seine religiöse Revolution wurde als Parallele zur Einführung des Jahwe-Glaubens gedeutet. Ebenso im Gespräch blieb Ramses II. (1279–1213 vor Christus), denn die Stadt Ramses der Bibel bezieht sich offensichtlich auf seine Neugründung Piramesse. Inzwischen herrscht in Fachkreisen jedoch insoweit Konsens, dass die Autoren Prozesse aus verschiedenen Epochen verarbeitet haben, in denen Begegnung und Auseinandersetzung zwischen Kanaanäern, Proto-Israeliten und Ägyptern eine Rolle spielten.

Die Rückschau reicht bis in die Zeit der Hyksos, die zwischen 1750 und 1650 vor Christus als »Herrscher der Fremdländer« ins Nilland einfielen. Apophis, einer ihrer bekannten Könige, soll in der Residenz Auaris bereits eine Art Ein-Gott-Glauben gefördert haben. Der Kult erhob den orientalischen Baal, vereint mit dem ägyptischen Seth, zum zentralen Bezugsgott. Doch der Trend setzte sich nicht durch. Im 14. Jahrhundert vor Christus erlebte Ägypten jedoch, wie Pharao Echnaton den Sonnengott Aton für kurze Zeit zum alleinigen Gott erhob und das Reich ins Chaos stürzte. Aus jener Zeit stammt ein Text, der Apophis noch im Nachhinein abschätzig beurteilt: »Apophis machte sich den Seth zum Herren und diente keinem Gott im ganzen Land außer ihm.« Nach der spektakulären Echnaton-Pleite wollten die Herrscher nichts mehr mit dem Monotheismus zu tun haben und verunglimpften oder vertrieben alle, die es jemals versuchten.

Wie Manfred Görg vermutet, könnte das Vordringen der Hyksos von Kanaan ins Nilland der Auslöser für die intensive biblische Betrachtung der ägyptisch-proto-israelitischen Beziehungen gewesen sein, die auf beiden Seiten ein Trauma zurückließ. Die Furcht, in Abhängigkeit von dem starken Nachbarn zu geraten, zieht sich wie ein roter Faden durch die Geschichte Israels. Vielleicht, so Görgs Kollege Jan Assmann, blieb die Ära der Hyksos auch in Kanaan als mündliche Überlieferung lebendig. Die Bibelschreiber kannten den Stoff und kehrten dann die Fakten um: Aus den erfolgreichen Fremdherrschern wurden proto-israelitische Fronarbeiter, aus der Macht der Hyksos die Unterdrückung der Moses-Leute und aus der Vertreibung der Kanaanäer die Auswanderung und Befreiung der Jahwe-Anhänger. Die Ägypter andererseits behielten die Besatzer in schlechter Erinnerung. Dass die »elenden Asiaten«, die sie für minderwertige Kreaturen hielten, ihre gottgleichen Pharaonen entmachteten, verstanden die Menschen am Nil als Verlust ihrer Identität. Nur wenn sie die verhassten Fremden aus dem Land warfen, konnte die gerechte Weltordnung wieder hergestellt werden. Wie sehr sich das Grauen über die Eroberer aus der Fremde im Gedächtnis der Einheimischen eingebrannt hatte, dokumentiert der Bericht des Manetho aus dem 3. Jahrhundert vor Christus. Mehr als tausend Jahre nach der »Operation Hyksos« schrieb der Priester in seiner Geschichte Ägyptens, die dank des jüdischen Geschichtsschreibers Flavius Josephus in Fragmenten erhalten blieb: »Unerwartet zogen aus dem Osten Menschen unbekannter Rasse siegesbewusst gegen das Land. Sie eroberten es ohne Schwierigkeit und ohne Schlacht. Und als sie ihre Herrschaft errichtet hatten, verbrannten sie die Städte und zerstörten die Göttertempel. Die Einwohner behandelten sie auf das Abscheulichste, etliche massakrierten sie ... Schließlich machten sie einen von ihnen zum König.«

Neuere Funde aus Tell el-Dab'a, der ehemaligen Hyksos-Residenz Auaris, hellen das düstere Bild jedoch auf. Manfred Bietak, Chef der Ausgrabungen vor Ort, sieht in den Fremdherrschern nicht mehr – wie bisher angenommen – Invasoren, sondern reguläre Einwanderer aus verschiedenen Teilen Vorderasiens, auch aus Kanaan. Die Ägypter nutzten ihre Dienste als Seefahrer, Schiffbauer, Soldaten, Handelsagenten, Minenarbeiter und Expeditionsspezialisten. Schon bevor die Hyksos offiziell die Regierung im Delta übernahmen, hatte Auaris nach Aussage des Archäologen mit der enorm hohen Zahl von 30 000 Einwohnern den Sonderstatus eines Freistaats mit eigener Verwaltung. Als das ägyptische Königtum im Lauf des 18. Jahrhunderts vor Christus bröckelte, kontrollierten die Asiaten bereits Marine, Militär und Außenhandel, und ihre Führer traten in den Rang eines Pharao. 1532 vor Christus vertrieb Ahmose, Begründer der 18. Dynastie, die Fremdherrscher und verfolgte sie bis in ihre Festung Scharuhen in Südkanaan. Die erzwungene Flucht sowie die kanaanäischen Traditionen der Hyksos führte zu ihrer Gleichsetzung mit dem Volk der Bibel. Immerhin steht der spektakuläre Rauswurf als einziger, historisch verbürgter Exodus aus Ägypten in den Geschichtsbüchern. Wie Bietak betont, hat die Sache aber einen entscheidenden Haken: »Die Hyksos waren Städter, und von den Israeliten wissen wir, dass sie aus einer bäuerlichen Kultur gewachsen sind.«

Ahmoses Nachfolger hatten die Lektion gelernt: Nie wieder sollten Asiaten über Ägypten gebieten. Als Konsequenz aus dem Desaster zogen sie gegen Kanaan zu Felde und machten es zur ägyptischen Provinz. Einige hundert Jahre ging alles gut. Als Arbeiter oder gefragte Spezialisten lebten zwar weiterhin zahllose Ausländer am Nil. Aber meist kamen sie als Kriegsgefangene ins Land. So konnten die Ägypter die Fremden disziplinieren und gleichzeitig Nutzen aus ihnen ziehen. Die aufmüpfigen Schasu, die Sethos I. aus ihrer Heimat deportierte, wurden wahrscheinlich in den großen Metallbetrieben von Piramesse eingesetzt. Das Know-how der Kupferverarbeitung hatten sie in den Minen von Ezjon Geber erworben.

Vor allem unter dem bauwütigen Ramses II., dem Sohn und Nachfolger Sethos' I., brauchte Ägypten Heerscharen von Helfern, um die gigantischen Projekte des ehrgeizigen Königs zu vollenden. Den biblischen Bericht über den Einsatz der Israeliten in der Ramsesstadt könnte eine Passage aus dem Papyrus Ipuwer untermauern. Der Text besagt, dass Apiru gemeinsam mit Soldaten Steine für die Torpylone eines monumentalen Gebäudes Ramses' II. herangeschafft haben. Bei aller Vorsicht, diese Apiru mit den Hebräern gleichzusetzen, verblüfft die Übereinstimmung im Zusammenhang mit den Baumaßnahmen des Pharao. Das Alte Testament nennt zwar nicht seinen Namen, doch den der Stadt, in der die Israeliten schuften mussten: Ramses. So wurde die Datierung des Auszugs in seine Regierungszeit zur gängigen These. Neuere Erkenntnisse interpretieren Ramses II. in Bezug auf den Exodus eher als übergreifende Identifikationsfigur, als Symbol für die Großmacht Ägypten. Der König der Superlative war eine internationale Persönlichkeit, sein Ruhm drang bis in den letzten Winkel des Alten Vorderen Orients. In der Zeit, als die Bibel entstand, kannte ihn jeder als Inbegriff eines Pharao. Alle Probleme, die jemals zwischen Israeliten und Ägyptern aufkamen, knüpften die Autoren an diesen Regenten, charakterisierten ihn daher als Despoten, Menschenschinder und Starrkopf.

Schon kurz nach dem Tod des legendären Herrschers im Jahr 1213 vor Christus spitzte sich die innenpolitische Situation zu. Die ohnehin schon hohe Zahl der unfreiwilligen Gastarbeiter im Deltagebiet wuchs durch ständigen Zustrom von Einwanderern bedrohlich an. Die Ägypter fürchteten, der brodelnde Unruheherd könne explodieren und die staatliche Ordnung ins Wanken bringen. Die

Angst der Einheimischen vor Überfremdung macht auch das erste Kapitel des Exodus-Buches zum Thema – eine weitere historische Facette. Ausländer wie der bereits erwähnte Irsu übten damals offenbar eine wichtige Mittlerfunktion zwischen Asiaten und Ägyptern aus. Der Mann aus Syrien soll Pharao Siptah (1194–1188 vor Christus) dank seiner guten Beziehungen als Kanzler sogar zum Amt verholfen haben. Vielleicht verfolgte er aber auch persönliche Machtinteressen. Jedenfalls wirft seine politisch bedeutende Rolle Licht auf die angespannten Verhältnisse. Irsus weiteres Schicksal bleibt im Dunkel. Doch wie schon unter den Hyksos bestand die Gefahr, dass Semiten die Oberhand am Nil gewannen. Deshalb wies Sethnacht (1186–1183 vor Christus), der nach dem kurzen Intermezzo der asiatenfreundlichen Regentin Tausret (1188–1186 vor Christus) den Thron bestieg, eine Gruppe von Aufständischen aus. Eine kürzlich publizierte Inschrift feiert ihn als Helden, »der sich seiner Feinde durch Vertreibung entledigt hat«. Es ist nicht von der Hand zu weisen, dass Elemente aus dieser chaotischen Epoche Ägyptens in die Exodus-Erzählung einflossen.

Kaum hatte Sethnachts Nachfolger Ramses III. (1183–1152 vor Christus) Ordnung im Land geschafft und die Unruheregionen der Schasu jenseits der Grenzen befriedet, musste er sich dem Kampf gegen einen bislang unbekannten Feind stellen. An den Küsten der Ägäis hatten Menschen plötzlich Städte und Reiche aufgegeben und sich zu Wasser oder über Land in den Süden aufgemacht, um dort eine neue Heimat zu finden. Die sogenannten Seevölker eroberten eine Region nach der anderen. Im Jahr 1177 vor Christus standen sie vor den Toren Ägyptens. Mit einem Überraschungscoup zur See machte der Pharao die Schiffe der Invasoren manövrierunfähig, seine Truppen überwältigten die Eindringlinge an Land. Szenen des grandiosen Sieges ließ der Herrscher auf den Wänden seines Totentempels in Medinet Habu einmeißeln. Doch Ramses III. war schlau. Er rottete die kampferprobten Gegner nicht aus. Das Volk der Peleset »vertrieb« er geschickt aus dem Land, indem er ihm ein Siedlungsgebiet in der Provinz Kanaan überließ. Damit hatte er neue Vasallen gewonnen, die das Pharaonenreich an der Nordgrenze sicherten. Nach dem Stamm, den die Bibel »Philister« nennt, hieß fortan auch das Land: Palästina.

Ursache für den Aufbruch der Seevölker war eine anhaltende Trockenperiode, die um 1200 den gesamten östlichen Mittelmeerraum erfasste. Das fanden Paläo-Botaniker durch Pollenanalysen heraus. Etwa zweihundert Jahre später mussten auch die Einwohner von Piramesse die prächtige Stadt aufgeben. Ihre Lebensader, der Pelusische Nilarm, versandete und trocknete allmählich aus. Damit war die Residenz vom Mittelmeer abgeschnitten. Auch die Seen, Teiche und Kanäle führten nicht mehr genügend Wasser. In der brackigen Brühe brüteten Stechmücken, die Frösche nahmen überhand. Malaria und andere Krankheiten befielen die Menschen, der Mangel an Frischwasser zwang sie schließlich zur Umsiedlung. Die Passagen über die Plagen, die letztlich den Auszug aus Ägypten auslösten, schildern ähnliche Szenen. Die Kunde vom Ende der berühmten Metropole drang sicher weit über die Landesgrenzen hinaus und blieb im Gedächtnis der Menschen haften. Die Verfasser des Buches Exodus kannten die Karriere der Stadt, erwähnten sie doch schon ihren Aufbau. Denkbar, dass sie auch Motive der sterbenden Natur bei ihrem Untergang aufgriffen.

Der Auszug der Proto-Israeliten aus Ägypten – eine pralle Geschichte ohne festes Datum, aber voller Erinnerungen an historische Begebenheiten, an Zeiten der Knechtschaft und Befreiung. Nie hielt sich das gesamte Volk Israel in Ägypten auf. Sicher wanderten im Lauf der Zeit einzelne Gruppen ins Nilland ein und traten vorübergehend in Dienst bei den gefürchteten Nachbarn. Denkbar, dass irgendwann eine charismatische Persönlichkeit wie Moses seine Leute nach Kanaan führte, wo sie dann im Verbund mit anderen Stämmen einen Staat gründeten. Als die Fünf Bücher Moses konzipiert wurden, saß die Oberschicht der Israeliten im Babylonischen Exil und hoffte sozusagen auf einen zweiten Exodus, diesmal aus dem Reich am Euphrat. Im Jahr 539 nach Christus durfte die alte Elite in die Heimat zurückkehren, musste sich dort aber mit denen arrangieren, die nicht verschleppt worden waren. Daher erklärten sich beide Gruppen einerseits zu Nachkommen Abrahams, des Stammvaters der Daheimgebliebenen, dem Jahwe das Land versprochen hatte. Andererseits bekannten sich alle zu ihrem gemeinsamen Aufenthalt im Exil, und zwar sowohl in Babylon als auch in Ägypten. Aus diesem Grund »versetzten« die Redaktoren das gesamte Volk an den Nil. Aus Sicht der meisten Wissenschaftler ist »der Exodus« somit eine literarische Erfindung – die fiktive Chronik eines Volkes, das seine Existenz und auserwählte Rolle auf den Glauben an Jahwe zurückführt. Um die Geschichte plausibel zu machen, illustrierten die Autoren ihr Werk mit den historischen und geographischen Fakten, die sie kannten. So kommen die verschiedenen, sich teilweise widersprechenden Angaben zustande.

Im Zentrum der atemberaubenden Heilsgeschichte steht jedoch als feste Größe die religiöse Botschaft: »Gott hat uns geleitet und in das Land geführt, in dem wir wohnen.« Dieses Bekenntnis erneuern die Juden noch heute alljährlich beim Passah-Fest im Gedenken an den Exodus. Doch selbst mehr als dreitausend Jahre nach den biblischen Ereignissen ist der Kampf um Territorium nicht abgeschlossen. Als die Römer im Jahr 70 nach Christus den Tempel von Jerusalem zerstörten und das Reich eroberten, mussten die Juden den Exodus aus ihrem eigenen Land antreten. 1948 aus der Diaspora in den modernen Staat Israel zurückgekehrt, fingen die Auseinandersetzungen mit den Nachbarn sofort wieder an. Seither bestimmen Kriege, Terroranschläge, gescheiterte Abkommen und endlose politische Auseinandersetzungen das Verhältnis zwischen Israelis, Palästinensern und arabischen Staaten. Vom Tauziehen um Jerusalem, Gaza und andere Gebiete künden fast täglich Schlagzeilen rund um den Globus. Insofern ist das Alte Testament beinahe ein aktuelles Buch.

Die Rückkehr der Plagen

Ob Vulkanausbrüche, Erdbeben, Wetterextreme, Ungezieferplagen oder Epidemien – Naturkatastrophen gibt es seit Menschengedenken und in allen Ländern der Erde. Doch im Unterschied zu früher sind die »Geißeln der Menschheit« zum weltweiten Megathema avanciert. Und das nicht ohne Grund, denn die Schlagzahl der immer wiederkehrenden Desaster hat sich in den letzten fünfzig Jahren um ein Vielfaches erhöht. Sie sind keine Einzelphänomene mehr, sondern bestimmen das Geschehen auf der Erde. Internationale Forscherteams veröffentlichen ständig neue Studien, die belegen: Das Gleichgewicht des blauen Planeten ist empfindlich gestört.

Schuld daran ist vor allem der Mensch in seinem Bestreben, den Lebensstandard mit neuen Technologien in ungeahnte Sphären zu katapultieren. Die Aktivitäten der Industriegesellschaften haben der Natur schwer zugesetzt. Klima belastende Gase wie Kohlendioxid, Methan und Lachgas sowie Fluorchlorkohlenwasserstoffe wurden in unkontrollierbaren Mengen in die Luft geblasen und führten zu einer Verstärkung des Treibhauseffekts. Fabrikschlote, Autos und Privathaushalte spucken jährlich etwa fünf Milliarden Tonnen Kohlendioxid aus.

Die Konsequenzen klingen dramatisch: Die Sünden der Zivilisation verursachten eine Atmosphärenverschiebung, die eine Erderwärmung auslöste. In den letzten zwei Jahrzehnten, so die alarmierende Nachricht der Wissenschaftler, stieg die weltweite Temperatur ungewöhnlich rasch an. Inzwischen liegt der Wert bei rund 0,6 ° Celsius, ein Ende ist nicht in Sicht. Die Natur antwortet darauf mit apokalyptischen Unwetterkatastrophen, die Tausende von Menschen das Leben kosten und sie in den materiellen Ruin treiben. Laut Statistik der Weltgesundheitsorganisation, die sämtliche Desaster seit 1888 minutiös aufzeichnet, nehmen Wetteranomalien mit siebenundfünfzig Prozent längst den ersten Platz ein. Tektonische Ursachen wie Erd- oder Seebeben und Tsunamis machen nur etwa zwanzig Prozent aus, während biologische Katastrophen wie SARS, BSE, Aids und andere Seuchen das Schlusslicht der Aufstellung bilden.

Sorgenkind Nummer Eins bleibt das Klima und seine Auswirkungen auf die Menschheit. Die Folgen lassen sich leicht beobachten: Die Packeisgrenze im nördlichen Polarmeer zieht sich immer weiter zurück, Gletscher schmelzen, Permafrostböden weichen auf, und der Meeresspiegel ist weltweit bisher um etwa zwanzig Zentimeter gestiegen. Die Prognosen für die Zukunft klingen düster, sollte das Drama um die Erderwärmung noch länger andauern. Den Spezialisten zufolge kommt es zu einem vermehrten Aufgebot an Katastrophen. So rechnen sie mit verheerenden Hurrikanen an der amerikanischen Ostküste, mit extremen Dürreperioden in den tropischen und subtropischen Regionen, mit vernichtenden Sintfluten in Südamerika aufgrund eines verstärkten El-Niño-Effekts und weltweit mit Schwärmen von Ungeziefer, die als Krankheitsüberträger für Epidemien sorgen.

Auch Europa darf sich nicht in Sicherheit wiegen, wie das Orkantief Kyrill deutlich vor Augen führt. Der Sturm zog vom Atlantik über Nordengland und Dänemark in Richtung Ostsee und Baltikum. Dabei hinterließ er eine Schneise der Verwüstung. In Deutschland wüteten 2007 allein sechzig Tornados und versetzten die Bevölkerung in Angst und Schrecken. Die Jahrhundertfluten an Elbe und Oder von 2002 und 2006 lassen ahnen, was passiert, wenn extreme Niederschlagsmengen in industrialisierten Staaten zum Normalfall werden. Zweihundert Menschen starben, der Gesamtschaden für die Bundesrepublik belief sich auf über neun Milliarden Euro. Aber auch der Rekordsommer von 2003 macht Wissenschaftlern zu schaffen. Im Weltklimabericht der IPCC (Intergovernmental Panel on Climate Change, Zwischenstaatlicher Ausschuss für Klimaänderungen, oft als Weltklimarat bezeichnet) wird er ausdrücklich erwähnt, denn Hitzewellen wie diese könnten zur Regel werden. Damals meldeten die Wetterstationen Rekordtemperaturen von mehr als 40 ° Celsius am Tage. Laue Nächte mit mehr als 20 ° Celsius erinnerten zwar an exotische Abende in den Tropen, bescherten dafür aber Gesundheit gefährdende Schlafstörungen. Vor allem Kinder, ältere Menschen und Kranke litten unter den außergewöhnlichen Temperaturen. Nach Schätzungen des Deutschen Wetterdienstes forderte die Hitzewelle damals siebentausend Todesopfer. Tragisch waren auch die wirtschaftlichen Schäden. Besonders die Landwirte stöhnten unter der dreimonatigen Trockenperiode. Die Dürre verursachte erhebliche

Ernteausfälle, die einige Bauern an den Rand ihrer Existenz brachten. Die Bilanz gleicht einer Warnung: Das Rekordjahr 2003 gehört zu den größten europäischen Naturkatastrophen der letzten fünfhundert Jahre.

Klimaszenarien bis zum Jahr 2100 besagen, dass die durchschnittlichen Temperaturen in Deutschland zwischen zwei und vier Grad Celsius ansteigen. Damit erhöht sich nicht nur die Anzahl der Sommertage, sondern es kommt auch zu einer Verschiebung der Klimazone um etwa 300 Kilometer nach Norden. Für den Badetourismus an Nord- und Ostsee vielleicht verlockende Aussichten, für den Süden, Südwesten und Nordosten Deutschlands aber eine Schreckensvision. Denn für diese Gebiete diagnostizieren Klimaforscher einen Rückgang der sommerlichen Niederschläge um etwa fünfzig Prozent. Wassermangel und Waldbrände könnten dann schon bald auf der Tagesordnung stehen.

Damit aber nicht genug: Die heißen Tage wirken sich ebenfalls auf das Leben in stehenden Gewässern und den Meeren aus. In nahezu allen Bundesländern Deutschlands beobachten Forscher eine massenhafte Zunahme von Algengewächsen und Quallenschwärmen, die das Ökosystem nachhaltig aus dem Takt bringen. Im Gegenzug liefert der Winter Niederschläge im Akkord, wie Rechenmodelle vorgeben. Bis zu achtzig Prozent mehr Regen als heute stellen die Wissenschaftler in Aussicht, die meisten davon als starke Schauer. Überschwemmungen von ungeahntem Ausmaß sind die Folge – für Mensch, Flora und Fauna ein Fiasko. Nicht einmal moderne Deiche können die Flutkatastrophen im Zaum halten, wenn das große Wasser kommt. Nimmt die Treibhauskonzentration weiterhin zu, dann heißt es ebenfalls für die Küstenbewohner in Zukunft »Land unter«. Experten rechnen mit schweren Sturmfluten, die Höhen bis zu drei Meter über dem Normalpegel erreichen. Die errechneten Werte liegen damit um sechzig bis achtzig Zentimeter über den gemessenen Zahlen der Katastrophen von Helgoland 2007 oder Hamburg 1962.

Vor dem Hintergrund dieser Entwicklung und Daten ließe sich das apokalyptische Szenario der Zukunft unseres Daseins auf der Erde endlos weiter ausgestalten. Fakt ist: Das Klimaproblem betrifft jeden – früher oder später. Doch glaubt man den Experten, so ist die Welt noch zu retten. Für ein Langzeitprojekt gingen die Max-Planck-Institute gemeinsam mit anderen wissenschaftlichen Einrichtungen eine außergewöhnliche Partnerschaft ein. Fortan arbeiten kluge Köpfe aus unterschiedlichen Fachgebieten gemeinsam an der Erforschung des sogenannten Erdsystems. Die Gemeinschaft hat sich zum Ziel gesetzt, neben der Einzelbetrachtung der Ozeane, der Atmosphäre, der Erdschichten und Umweltfragen den globalen Wandel und seine Wechselwirkungen gründlich zu untersuchen. Den Spezialisten ist klar, dass jede Änderung – ob in der Luft, im Wasser oder an Land – das gesamte System der Erde auf viele Hunderttausend Jahre beeinflusst. Mit weltweiten Messungen, Satellitenfernerkundungen und Modellrechnungen wollen sie das Problem im Kern erfassen und die Rückkoppelungen auf die einzelnen Bereiche aufdecken. Wie es im Erläuterungstext der »Partnerschaft Erdsystemerforschung« lautet, wird die etwa viereinhalb Milliarden alte Erde »auf großen Zeit- und Raumskalen« untersucht, um »regionale, globale und langfristige Vorgänge zu verstehen«. Die Erkenntnisse übertragen die Wissenschaftler in unterschiedliche Rechenmodelle, die wie Module miteinander verknüpft werden. Erst die schematische Gesamtdarstellung erlaubt ein Urteil über die komplexen Zusammenhänge des blauen Planeten. Sechs große Themenfelder hat sich das Team vorgenommen, darunter die Verteilung und Verfügbarkeit von Wasser, die Wirkung des Klimawandels auf einzelne Regionen weltweit und welche Möglichkeiten bestehen, das Erdsystem auf lange Sicht sinnvoll zu steuern. Ein Mammutprojekt, das Hoffnung gibt. Vielleicht erlauben die Erkenntnisse der Wissenschaft, die Naturkatastrophen der Zukunft zumindest in den Griff zu bekommen. Verhindern lassen sie sich nicht – wie die Geschichte zeigt.

Nachwort

Wollte ein Autorenteam heute ein ähnliches Szenario entwerfen wie im Buch Exodus, könnten die Schreiber aus einer Fülle von exakt dokumentierten Ereignissen wählen. Im Unterschied zu ihren Kollegen aus dem Altertum brauchten sie sich nicht einmal vom Schreibtisch zu erheben, um an optische, akustische oder schriftliche Informationen zu kommen. Die vernetzte Welt liefert praktisch alles frei Haus. Nicht nur jeder größere Autobahnunfall aus Deutschland flimmert wenig später über die Mattscheibe, sondern auch das aktuelle Geschehen aus fernen Ländern. Ich erinnere mich noch gut, wie ein Hubschrauber Säcke mit Filmrollen über dem Studiogelände abwarf, damit der Bericht des Korrespondenten noch am gleichen Tag ins Programm kam. Längst überspielen Reporter ihre Bilder vom letzten Winkel der Erde direkt in die Nachrichtensendungen. Auch große Events aus Politik, Sport oder Gesellschaft übertragen die Sender live. Zudem horten Bibliotheken Millionen von Bänden, in denen Wissen aus Jahrtausenden darauf wartet, aktiviert zu werden. Es gibt praktisch nichts, was nicht zu recherchieren wäre. Das Handwerkszeug für eine saftige Story liegt also parat.

Schon allein aus der Erinnerung fallen mir sogenannte »Jahrhundertunglücke« ein: allen voran der Tsunami vom 26. Dezember 2004 mit Hunderttausenden von Toten, der Ausbruch des Mount St. Helens, die verheerende Lawine von Galtür, das Erdbeben im iranischen Bam oder die Überflutung von New Orleans. Solange die Erde besteht, übt die Natur von Zeit zu Zeit Rache, zeigt den Menschen gnadenlos die Grenzen, die sie trotz moderner Technologie nicht zu überschreiten vermögen. Keine Frage, dass sich die Plagen der Bibel auf reale Vorfälle beziehen, die vor Jahrtausenden den Alten Vorderen Orient erschütterten. Abgesehen von Naturkatastrophen haben sich in unserer Zeit andere Ereignisse tief ins Gedächtnis eingegraben – so der Reaktorunfall von Tschernobyl oder der Mord an John F. Kennedy im November 1963. Angehörige meiner Generation wissen noch genau, was sie gerade getan haben, als die Nachricht um die Welt ging, so tief sitzt der Schock. Die Liste ließe sich fortsetzen. Eine Tragödie übertrifft jedoch alles, was wir uns bis dahin vorstellen konnten. Niemand hätte vor zwanzig Jahren geglaubt, dass zwei Flugzeuge ins World Trade Center von New York rasen und wir vor dem Fernseher zusehen, wie die Türme einstürzen und Tausende von Menschen sterben. Keiner unserer Zeitgenossen wird die Bilder jemals vergessen. Es sind Augenblicke, in denen die Welt den Atem anzuhalten scheint.

Deshalb können wir auch den Verfassern des Alten Testaments vertrauen, mögen bestimmte Dinge noch so phantastisch klingen. Wer hätte gedacht, dass der Turm von Babylon, »dessen Spitze bis an den Himmel reiche«, wirklich existierte? Und dass der vermeintliche Frevel des Überdimensionalen nur eine herrschaftliche Floskel war –

zu Ehren der Götter Mesopotamiens. Denn die Bibel zitiert fast wörtlich das Bauprogramm von König Nebukadnezar. Ebenso wusste lange Zeit kaum jemand, dass Manna kein übernatürliches Wunder ist, sondern ein biologisches Phänomen. Ich habe es bei Dreharbeiten selbst gefunden, und damals ist es mir wie Schuppen von den Augen gefallen: Die Bibel hat wirklich recht. Das Erlebnis hat mein Verhältnis zum Buch der Bücher jedenfalls intensiviert.

Von Anbeginn hat sich der Mensch in seinen Grundzügen nicht verändert. Er strebt nach Besitz, Macht und Erfolg, fürchtet Krankheit, Unglück und den Tod. Den Gewalten der Natur steht er ohnmächtig gegenüber. So legt er sein Schicksal in die Hände Gottes, wie immer er heißen mag. Und dieser Gott belohnt ihn, straft ihn bei Fehlverhalten aber auch. Genau davon erzählen die Wunder und Plagen. Das Buch Exodus vermittelt die Erfahrungen eines Volkes mit sich selbst, seiner Umwelt und seinem Gott Jahwe. Eine Geschichte, die ewige Wahrheit besitzt.

Helga Lippert

Die Mahnworte des Ipuwer

(Der Anfang ist völlig zerstört.)

Die Türhüter sagen: »Laßt uns gehen und plündern!«,
die Zuckerbäcker …
Der Wäscher weigert sich, seine Last zu tragen,
die Vogelfänger stellen sich in Schlachtordnung auf,
die Sumpfbewohner tragen Schilde,
die Brauer (sind im Aufruhr).
Ein Mann betrachtet seinen Sohn als Feind,
und Verwirrung …
(Einer ruft) zum anderen: »Komm mit Macht (zu Hilfe)!«,
Botschaft …
… dieses, was euch bestimmt wurde in der Zeit des Horus,
zur Zeit der (Neunheit) …
Der Vornehme geht in Trauer wegen dem, was in der Welt
geschieht,
(während der Elende stolz) einherschreitet;
die Beduinen sind allerorten Ägypter geworden.

Wahrlich, das Gesicht ist bleich …
was die Vorfahren vorausgesagt haben, (ist Wirklichkeit) …

(Wahrlich, das …) auf Erden ist voll von Banden,
man zieht zum Pflügen mit dem Schilde aus.
Wahrlich, der Milde sagt: …
Wahrlich, (das Gesicht) erbleicht, denn der Bogenschütze steht bereit;
Verbrechen ist überall, denn es fehlt an Autorität.
Wahrlich, Plünderer sind überall,
und der Diener nimmt, was er findet.
Wahrlich, der Nil bringt Flut, doch man pflügt nicht für ihn;
alle sagen: »Wir wissen ja nicht, was in der Welt geschehen wird.«

Wahrlich, die Frauen sind unfruchtbar, man wird nicht mehr schwanger,
ncihts kann der Schöpfer mehr bilden, wegen des Zustands der Welt.
Wahrlich, die Bettler besitzen jetzt Reichtum;
wer sich keine Sandalen leisten konnte, häuft Schätze auf.
Wahrlich, den Sklaven der Leute ist traurig zumute,
und die Großen mischen sich nicht aus (Freude) unter ihre Leute.
Wahrlich, die Herzen sind gewalttätig, Pest geht durch das Land,
Blut ist überall, kein Mangel an Tod,
und das (Toten)kleid meldet sich, bevor man ihm nahekommt.
Wahrlich, viele Tote sind im Fluß begraben;
der Strom ist zum Grab, und das Grab ist zum Strom geworden.
Wahrlich, die Wohlhabenden sind voller Klage und die Armen voller Freude,

jede Stadt sagt: »Laßt uns die Mächtigen aus unserer
Mitte vertreiben!«
Wahrlich, die Menschen sehen aus wie Trauervögel;
voller Schmutz ist das Land, es gibt jetzt keinen mehr mit
weißen Kleidern.
Wahrlich, die Welt dreht sich wie eine Töpferscheibe,
der Räuber häuft Schätze auf, und (der Vornehme) ist ein
Dieb.
Wahrlich, die Großzügigen sind...
und der Bürger sagt: »Wehe, was soll ich tun?«

Wahrlich, der Fluß ist Blut, und doch trinkt man von ihm;
man schreckt vor den Leichen zurück und dürstet nach
Wasser.
Wahrlich, Tore, Säulen und Wände sind verbrannt,
während die Halle des Palastes noch überdauert.
Wahrlich, das Schiff der Südleute schwankt, die Städte
sind zerstört,
und Oberägypten ist zur leeren (Wüste) geworden.
Wahrlich, die Krokodile sind satt von ihrem Fang,
die Menschen gehen aus freien Stücken zu ihnen...
Wahrlich, der Menschen sind wenig,
und der seinen Bruder in die Erde bringt, ist
allgegenwärtig.
Hat der Weise gesprochen, ist er schon auf der Flucht.
Wahrlich, der Sohn guter Herkunft (erkennt) nur Mangel,
und das Kind seiner (Haus)herrin wird zum Sohn seiner
Sklavin.

Wahrlich, Wüste ist durch die Welt hin ausgebreitet,
die Gaue sind zerstört,
und fremde Barbaren sind nach Ägypten gekommen.

Wahrlich, angelangt sind ...
und nirgends gibt es mehr Ägypter.
Wahrlich, Gold und Lapislazuli, Silber und Türkis,
Karneol, Amethyst und andere edle Steine
sind um den Hals der Sklavinnen gehängt;
aber die vornehmen Frauen irren durch das Land,
die Damen sagen: »Hätten wir doch etwas zu essen!«
Wahrlich, ... edler Frauen,
ihr Leib trauert wegen ihrer Lumpen,
und ihr Herz erschrickt, wenn man (sie) grüßt.
Wahrlich, die Kästen aus Ebenholz sind erbrochen,
das kostbare Holz zersägt man für Betten.
Wahrlich, die (Pyramiden) bauten, sind Ackerbauer
geworden,
und die im Gottesschiff waren, sind angekettet.

Wahrlich, man fährt jetzt nicht mehr nach Byblos,
und was sollen wir tun,
um Zedern für unsere Mumien (zu bekommen),
mit deren Produkten man die Priester bestattet,
mit deren Öl man die (Beamten) balsamiert –
bis hin von Kreta kommen sie nicht mehr!
Es fehlt an Gold, und (Material) fehlt für jegliches
Handwerk;
denn die Vorratshäuser des Staates sind geplündert.
wie großartig ist es schon, wenn die Oasenleute mit ihren
Festgaben kommen:
Matten und Kräutern und Vogelfett (usw.)!

Wahrlich, Elephantine und Thinis, die (oberägyptischen)
Gaue –
sie liefern keine Abgaben mehr wegen des Aufruhrs.

Es fehlt an Getreide, Holzkohle, Brennholz ...
Wozu dient ein Schatzhaus ohne seinen Inhalt?
Froh ist ja das Herz des Königs,
wenn Geschenke zu ihm kommen,
aber jedes Fremdland (sagt jetzt): »Alles gehört uns!«
Was sollen wir dagegen tun? Alles geht zugrunde!

Wahrlich, das Lachen hat aufgehört, man tut es nicht mehr,
denn Trauer ist es, was die Welt erfüllt, vermischt mit Klage.
Wahrlich, jedem Habenichts geht es gut,
doch die Ägypter waren, sind jetzt Fremde, die man fortweist.
Wahrlich, alle Leute verlieren das Haar,
man kann einen von guter Herkunft nicht unterscheiden von dem, der nichts ist.
Wahrlich, (man wird taub) von dem Lärm,
keine Stimme setzt sich durch in dieser Zeit des Lärmes,
und es gibt kein Ende für den Lärm.
Wahrlich, Groß und Klein (sagen:) »Ach wäre ich tot!«,
die kleinen Kinder sagen: »Hätte er mir doch nie das Leben gegeben!«
Wahrlich, die Kinder der Beamten schlägt man an die Mauer,
und den ersehnten Nachwuchs setzt man aus.
Wahrlich, die ein Grab hatten, wirft man in die Wüste,
und die Kunst der Balsamierer wird zunichte.
Wahrlich, was man gestern noch sah, ist zugrunde gerichtet,
das Land bleibt seiner Schwäche überlassen, wie beim Schneiden von Flachs.

Wahrlich, das gesamte Delta ist nicht mehr verborgen,
Unterägpyten vertraut auf gebahnte Wege.
Was soll man tun? Es gibt kein … überall,
und man sagt »Wehe der geheimen Stätte« –
sie gehört denen, die sie nicht kennen, als würden sie sie kennen,
die Nomaden verstehen sich auf die Kunstfertigkeit des Deltas.

Wahrlich, die Bürger sind über Mühlsteine gebeugt,
und die in feines Leinen gekleidet waren, hat man geschlagen.
Die nie den Tag gesehen haben, kamen ungehindert heraus (aus dem Gefängnis?).
Die auf den Betten iherer Ehemänner lagen,
»laßt sie auf Matten schlafen« (sagt man).
Die sagt: »Die Last von Myrrhen ist zu schwer für mich«,
die wird beladen mit Krügen voller (Wasser),
(nicht länger) kennt sie die Sänfte,
und ein Hausdiener fehlt –
es gibt kein Heilmittel dagegen!
Sie leiden, die Damen wie die Dienerinnen,
die Sängerinnen sitzen an Webstühlen in der Spinnstube,
und was sie (der Göttin) Meret singen, ist Klage.
die Geschichten erzählten, beugen sich über den Mühlstein.
Wahrlich, alle Dienerinnen sind grob in ihrer Rede,
und wenn ihre Herrin spricht, ist es dem Gesinde lästig.
Wahrlich, die Bäume sind zerstört und die Äste entlaubt,
der Diener läuft seinem Haushalt davon.
Die Leute werden sagen, wenn sie dies hören:
»Den meisten Kindern fehlt das Brot«;

es gibt keine Nahrung für … –
wie schmeckt so etwas heute?

Wahrlich, die Beamten hungern und leiden Not,
und Diener bedient man … wegen der Klagen.
Wahrlich, der Hitzige sagt:
»Wüßte ich, wo ein Gott ist, dann würde ich ihm
opfern!«
Wahrlich, Recht ist (zwar) im Lande dem Namen nach,
aber Unrecht tun sie, wenn sie sich darauf berufen.
Wahrlich, wer rennt und kämpft wegen seiner Habe,
dem nimmt ein Räuber all seinen Besitz.
Wahrlich, (selbst) alles Vieh weint,
die Herden klagen über den Zustand der Welt.
Wahrlich, die Kinder der Beamten schlägt man an die
Mauer,
und den ersehnten Nachwuchs setzt man aus,
(der Schöpfer) Chnum klagt, weil er müde wird.

Wahrlich, der Terror tötet,
Furcht hält den ab, der gegen eure Feinde handeln sollte.
Wenige nur sind vollkommen, der Rest aber taugt nichts.
……
Weshalb gebt ihr ihm? Er ist nicht zu erreichen.
Trauer ist es ja, was ihr ihm gebt!
Wahrlich, ein Sklave (hat die Herrschaft?) über das Land,
und der Siegreiche sendet an alle.
Ein Mann schlägt seinen leiblichen Bruder –
was ist es, das getan wird?
Ich spreche zu einem, der zugrunde gerichtet ist.
Wahrlich, die Wege sind (unsicher), die Pfade (von
Räubern) überwacht;

man sitzt im Gebüsch,
bis ein nächtlicher Wanderer kommt, um sein Gepäck zu plündern.
Geraubt wird, was er bei sich hat, und er wird noch mit Schlägen »beschenkt«,
nachdem er sinnlos erschlagen wurde.

Wahrlich, untergegangen ist, was gestern gesehen wurde,
die Welt bleibt ihrer Schwäche überlassen, wie Schneiden von Flachs,
die Bürger gehen und kommen voll Kummer...
O gäbe es doch ein Ende mit den Menschen,
kein Empfangen mehr und keine Geburt!
Dann wäre die Welt frei von Lärm und ohne Streit.
Wahrlich, man nährt sich von Gras
und spült es mit Wasser hinunter;
es gibt keine Samen und Kräuter wegen der Vögel,
und (der Fraß) wird den Schweinen weggenommen –
ein hungriges Gesicht ist kein erfreulicher Anblick!
Wahrlich, Getreide fehlt überall,
man ist von Kleidern entblößt, und das Salböl ist verdorben,
ein jeder sagt: »Es gibt nichts!«
Der Speicher ist leer, sein Wächter zu Boden gestreckt,
eine elende Sache für mein Herz!...

Hätte ich doch meine Stimme sofort erhoben,
dann hätte sie mich vor dem Leid gerettet, das damals entstand!
Wahrlich, die Akten des Geheimen Kabinetts sind fortgeholt,
die Geheimnisse in ihm sind offengelegt.

Wahrlich, Zaubersprüche sind enthüllt,
Beschwörungen sind wertlos, weil alle Welt sie kennt.
Wahrlich, das Gericht ist aufgebrochen, seine Urteile
fortgeholt;
die Sklaven sind zu Sklavenhaltern geworden.
Wahrlich, die (Beamten) sind erschlagen und ihre Akten
geraubt –
wie weh ist mir, weil (diese) Zeit so trostlos ist!
Wahrlich, die Listen der Kataster-Schreiber sind zerstört,
das Korn Ägyptens ist allgemeines Gut.
Wahrlich, die Gesetze der Kammer sind hinausgeworfen,
man trampelt ja darauf in den Straßen,
und das Gesindel zerreißt sie in den Gassen.
Wahrlich, der Arme ist zum Rang der Götterneunheit
gelangt,
jene Vorschriften des »Dreißigerhauses« sind enthüllt.
Wahrlich, das Große Gefängnis ist eine öffentliche Stätte,
der Arme geht aus und ein in den Gerichtshöfen.
Wahrlich, die Kinder der Großen sind auf die Straße
geworfen.
Der Wissende sagt: »So ist es«,
der Törichte sagt »nein«,
und erfreulich findet es nur der, der nichts begreift.

Seht doch, das Feuer will hochauf lodern,
sein Brand fährt heraus gegen die Feinde des Landes!
Seht doch, Dinge sind getan, die noch niemals geschahen –
ein König ist fortgenommen (aus dem Grab?) vom
Gesindel!
Seht doch, der als Falke begraben war, ist gepackt,
was die Pyramide verbarg, ist geleert worden!
Seht doch, das Land wird arm gemacht an Königtum

durch wenige Menschen, die keinen Plan haben.
Seht doch, (man) ist dabei, sich zu empören
gegen die starke Uräusschlange des Re, welche die Beiden
Länder befriedet hat.
Seht, das Geheimnis der Welt,
dessen Umriß unbekannt war, ist enthüllt,
die Residenz ist in einer Stunde zusammengestürzt!
Seht, Ägypten ist dabei, Gift (?) zu speien,
und er, der Gift gespien hat gegen das Land,
hat den starken Mann gepackt durch das Elend.
Seht, die Urschlange ist aus ihrer Höhle genommen,
enthüllt sind die Geheimnisse der Könige Beider Ägypten.
Seht, die Residenz ist voll Furcht wegen der Not,
mein Herr aber wird den Aufruhr niederwerfen, ohne
Gegenwehr!
Seht, das Land hat sich mit Banden gefüllt,
der Feige raubt die Habe des Tapferen.
Seht, die Urschlange treibt im Wasser wie die »Müden«,
wer sich keinen Sarg machen konnte, besitzt ein Grab.
Seht, die Grabbesitzer sind hinausgeworfen,
wer sich kein Begräbnis leisten konnte, besitzt Schätze.

Seht doch den Wandel unter den Menschen:
Wer sich keine Hütte bauen konnte, besitzt (jetzt)
Mauern.
Seht, die Behörde des Landes ist durch die Welt verstreut,
und der (sie) vertrieben hat, sitzt im Königspalast.
Seht, die vornehmen Damen sind jetzt auf Flößen,
die hohen Beamten im Arbeitshaus;
wer nicht (einmal) auf dem Boden schlafen konnte,
besitzt ein Ruhebett.
Seht, der Wohlhabende schläft durstig,

der sich Reste erbettelte, trinkt Starkbier.
Seht, die feine Kleider trugen, sind in Lumpen,
der nichts für sich weben konnte, besitzt feinstes Leinen.

Seht, der sich kein Boot zimmern konnte, besitzt Schiffe,
ihr (einstiger) Besitzer schaut nach ihnen, aber sie gehören
ihm nicht.
Seht, der ohne Schatten war, der hat jetzt Schatten,
und die Schatten (Zuflucht) hatten, sind mitten im Sturm.
Seht, wer die Leier nicht kannte, besitzt eine Harfe,
für den man nie sang, lobpreist die (Sangesgöttin) Meret.
Seht, wer Opferständer aus Bronze besaß –
kein einziger iherer Krüge ist jetzt geschmückt.

Seht, wer ohne Frau schlief as Mangel, findet edle
Damen,
und den man nicht ansah, spielt sich auf.
Seht, der Habenichts verfügt über Schätze,
und der Vornehme spendet ihm Lob.
Seht, die Armen des Landes sind reich geworden,
und der Besitzende ist ein Habenichts.
Seht, die Knechte sind zu Dienstherren geworden,
und der ein Bote war, sendet jetzt einen anderen.
Seht, wer keinen Brotlaib hatte, besitzt einen Speicher,
seine Scheune ist mit dem Besitz eines anderen gefüllt.
Seht, dessen Haar ausfiel, der kein Salböl hatte,
besitzt nun Krüge mit wohlriechenden Myrrhen.
Seht, die keine Schachtel hatte, besitzt eine Truhe,
die ihr Gesicht im Wasser beschaute, hat einen Spiegel.

Seht, glücklich ist ein Mensch, der seine Nahrung
verspeist.

Verzehre deine Güter in Herzensfreude,
ohne dich von jemand hindern zu lassen!
Richtig ist es für den Menschen, seine Nahrung zu essen,
(denn) Gott weist sie dem zu, den er schätzt.

Seht doch, wer von seinem Gott nichts wußte, der opfert ihm
mit dem Weihrauch eines anderen, den (er) nicht kennt …
Seht, große Damen, die Reichtümer besaßen,
geben ihre Kinder für Betten her!
Seht doch, ein Mann, (dem eine) Dame als Frau (gegeben wird),
deren Vater beschützt ihn, daß niemand ihn tötet!
Seht, die Kinder der Beamten sind Sklaven (…),
die Kälber ihrer Kühe gehören den Plünderern!
Seht, die Pächter treiben Unrecht mit den Rindern der Armen,
……
Seht, wer nicht für sich schlachten konnte, der schlachtet jetzt Vieh,
wer nichts zu zerlegen hatte, sieht jetzt alle (Teile des Bratens).
Seht, die Pächter erschlagen die Gänse,
die den Göttern dargebracht werden an Stelle der Ochsen.
Seht, die Sklavinnen … opfern Vögel,
und ihre Herrinnen …
Seht, die vornehmen Damen irren umher,
…, ihre (Kinder?) sind zu Boden gestreckt aus Todesfurcht.
Seht, die Großen des Landes irren umher
und haben keine Aufgabe, weil es an allem fehlt!
Seht, die Ruhebetten hatten, (liegen) auf dem Boden,

wer im Schmutze schlief, breitet ein Kissen!
Seht, vornehme Damen leiden Hunger,
aber die Pächer sind satt von dem, was ihnen zubereitet wird.

Seht, kein Amt ist an seiner richtigen Stelle,
wie eine verirrte Herde, die keinen Hirten hat.
Seht, das Vieh läuft dahin, niemand hütet es,
jedermann holt sich davon und stempelt es auf seinen Namen.
Seht, ein Mann wird erschlagen neben seinem Bruder,
und der läßt ihn im Stich, um sich selber zu retten.
Seht, wer kein Gespann hatte, besitzt Herden,
wer keine Ochsen zum Pflügen fand, ist Viehhalter.
Seht, wer kein Saatgut hatte, besitzt Scheunen,
und wer sich Getreide ausleihen mußte, verteilt es (nun).
Seht, wer keine Leute hatte, verfügt über Dienerschaft,
wer ein (hoher Beamter) war, führt seine Aufträge selber aus.
Seht, den Machthabern des Landes wird nicht gemeldet,
daß die Lage der Untertanen ins Verderben führt.
Seht, alle Handwerker arbeiten nicht (mehr),
(denn) die Feinde haben das Land seiner Künste beraubt.
Seht, der die Ernte (berechnet), versteht nichts davon;
wer niemals pflügte, besitzt jetzt (Ackerland).
... geschieht, aber wird nicht gemeldet,
der Schreiber ... seine Arme in seinem Inneren.

Zerstört ist ... in seiner Zeit,
ein Mann sieht das ... seines Gegners.
Der Schwache bringt Kühlung (dem Hitzigen?),
... fürchtet sich.
......

Zelte stellen sie auf wie die Wüstenbewohner.
Zerstört ist, daß die Gefolgsleute ausführen,
was ihre Herren ihnen anvertrauen, (denn) sie haben
keinen Respekt;
sind es fünf Leute, dann sagen sie:
»Geht doch auf dem Weg, den ihr kennt – wir sind
(gerade erst) angelangt!«

So weine denn, Unterägypten!
Der königliche Speicher ist Gemeingut für jedermann,
der ganze Königspalast ist von seinen Vorräten entleert.
(Dabei) gehören ihm Gerste und Emmer,
Vögel und Fische,
gehören ihm weiße Gwänder und feinstes Leinen,
Kupfer und Öl,
gehören ihm Eeppiche und Matten,
..., Sänften und alle guten Produkte.
Wenn versäumt wird, Abhilfe zu schaffen im Staate,
dann wird man nicht frei werden (von Not).

Vernichtet die Feinde der herrlichen Residenz,
mit erfahrenen Behörden ... in ihr ...
der Bürgermeister geht ja dahin ohne Geleit (?) ...
Vernichtet die Feinde jener herrlichen Residenz,
... man kann nicht widerstehen ...
Vernichtet die Feinde jener herrlichen Residenz,
mit vielen Heiligtümern – wahrlich, ...

Gedenket einzutauchen ...
den Leidenden, wenn seine Glieder krank sind.
Respektiert ... wegen seines Gottes;
er möge schützen ...

Gedenket, Heiligtümer zu errichten, mit Weihrauch zu
räuchern,
aus dem Wasserkrug zu spenden am frühen Morgen.
Gedenket der fetten Graugänse, der Blässgänse und
Enten,
(um) Gottesopfer für die Götter darzubringen.
Gedenket, Natron zu kauen und Weißbrot zu bereiten
durch einen Mann am Tage der »Kopfbefeuchtung«.
Gedenket, Flaggenmasten aufzustellen und Opfertafeln
zu meißeln,
und daß der Priester die Kulträume säubert,
der Tempel weißgetüncht ist wie Milch,
(dazu) den Duft der Opferkammer angenehm zu machen
und die Opferbrote aufzustellen.
Gedenket, die Vorschriften zu bewahren und Daten
einzuhalten,
den zu entfernen, der unrein in das Priesteramt eingeführt
wurde,
(denn) so zu tun, ist töricht
und bedeutet, das Herz zu strafen …
… Tag, welcher der Ewigkeit gebietet, dieser Monat …
Gedenket, Ochsen zu schlachten …
Gedenket, … Graugänse auf die Flamme zu legen …
……

Seht, weshalb sucht er (Menschen) zu schaffen,
wenn der Scheue nicht vom Gewalttätigen unterschieden ist,
so daß er Kühlung auf die Hitze brächte?
Wohl sagt man: »Er ist ein Hirte für jedermann,
keine Schlechtigkeit ist in seinem Herzen«,
aber dürftig ist seine Herde, wenn er sie den Tag lang
gehütet hat,

(denn) hitzig sind ihre Herzen.
O hätte er doch ihr Wesen erkannt im ersten Geschlecht,
dann hätte er (sie) mit Unheil geschlagen und den Arm
gegen sie ausgestreckt,
hätte sein Vieh vernichtet und ihre Erben, wenn man noch
gebären wollte!

Verhärtung des Herzens ist entstanden,
Bedrängnis ist auf allen Wegen.
So ist jenes (Unheil) nicht vorbeigegangen,
solange diese Götter in ihrer Mitte waren
und der Same hervorging aus den Menschenfrauen.
Man kann (sie) jetzt nicht auf dem Wege finden,
denn Handgemenge ist aufgekommen,
und vertrieben (sind sie) durch das Unheil, das sie
entstehen ließen.
Es gibt keinen Lotsen zu ihrer Stunde –
wo ist er denn heute?
Schläft er etwa? Man sieht ja seine Macht nicht!
Als wir in Trauer waren, konnte ich dich nicht finden.
Man kann dich nicht anrufen, bist du doch frei von Zorn
dagegen – Strafe des Herzens ist das!
Die Empörer aber, die im Munde aller Leute sind,
jetzt sit die Fruch vor ihnen (größer)
als vor Millionen von Menschen.
Nicht sieht (man ...) gegen die Feinde,
......
Jener ..., der den Umsturz bewirkt hat,
seine Aussprüche sind es, die den Mund aller Leute
füllen ...
Das Land fällt durch die (Leute? des) Seth,
verbrannt sind die Statuen, zerstört ihre Gräber ...

Der Herr des Alls hat (zwar) bewirkt, daß Himmel und
Erde sich trennen,
aber Furcht ist auf jedem Gesicht, wenn er (kommt?).
Was den betrifft, der (auch) dich angreift –
wer sollte dagegen einschreiten, wenn du ihn
verabscheust?

Beseitigt sind Hu, Sia und Maat, die mit dir waren,
und Umsturz ist es, was du durch die Welt gehen läßt,
zusammen mit Lärm und Aufruhr –
siehe, einer kämpft gegen den anderen,
denn man mißachtet, was du befohlen hast!
Wenn drei Männer dahingehen auf dem Weg,
dann findet man nur noch zwei Männer,
denn die Mehrheit tötet die Minderheit.
Ist denn ein Hirte, wer das Sterben liebt?
Dann magst du befehlen, (so) zu tun!
Geantwortet wurde: »Geliebt ist der eine, gehaßt der
andere,
so sind ihre Bilder gering auf allen Wegen.«
Du aber hast veranlaßt, daß es so wurde, Lüge hast du
gesprochen!
Die Welt ist verwildert, die Menschen sind zugrunde
gerichtet,
man wird nicht mehr unter die Lebenden gezählt.

Alle diese Jahre über ist Streit,
ein Mann wird (sogar) auf dem Dach seines Hauses
erschlagen,
während er wacht in seinem Grenzhaus.
(Nur) wenn er tapfer ist, rettet er sich und bleibt so am
Leben.

Man legt einen Hinterhalt gegen den Bürger –
er geht auf dem Weg, bis er das Hindernis sieht:
versperrt ist der Weg, und verwirrt hält er an;
geraubt wird, was er bei sich hat, und er wird noch mit
Schlägen »beschenkt«,
nachdem er sinnlos erschlagen wurde.
O würdest du doch etwas von ihrem Elend empfinden,
dann würdest du sprechen: »Leiden …«
……

Schön aber ist es, wenn die Schiffe stromauf segeln,
wenn … sie nicht raubt.
……
Schön aber ist es, wenn das Netz eingezogen wird,
wenn Vögel zusammengebunden werden …
Schön aber ist es, wenn (die Verstecke der Räuber?) für sie
versiegelt
und die Wege wieder begehbar sind.
Schön aber ist es, wenn die Hände der Menschen
Pyramiden bauen,
wenn Teiche gegraben und Baumgärten für die Götter
angelegt werden.
Schön aber ist es, wenn die Menschen trunken sind,
wenn sie Met trinken und ihre Herzen froh sind.
Schön aber ist es, wenn der Mund voll Jauchzen ist,
wenn die Dorfältesten dastehen
und den Jubel aus ihren Häusern betrachten,
gekleidet in feines Leinen …
Schön aber ist es, wenn Betten bereitet,
wenn die Kopfstützen der Großen wohlverwahrt sind,
jedermanns Wunsch erfüllt ist durch ein Lager im
Schatten,

die Tür abgesperrt hinter dem, der im Freien schlief.
Schön aber ist es, wenn feinstes Leinen ausgebreitet ist
am Neujahrstag …
……

Man kann niemand finden, der aufsteht und sie
schützt …,
jeder kämpft für seine Schwester und um sich selber zu
schützen.
Wenn es Nubier sind, können wir uns selber schützen,
die Kämpfer sind zahlreich, um die Bogenschützen
abzuwehren.
Sind es Libyer, dann treiben wir (sie) zurück,
und die Nomaden sind (schon) im Frieden mit Ägypten.
Wie aber kommt es, daß jeder seinen Bruder tötet?
Der Nachwuchs, den wir ausgehoben haben, ist zu
Feinden geworden
und ist dabei, zu zerstören.
So kommt es, daß die Asiaten vom Zustand des Landes
Kenntnis haben,
während doch (sonst) alle Ausländer es fürchten.
Das Gefühl der Leute ist daher,
man solle Ägypten nicht (dem) Wüstensand überliefern,
denn siegreich ist es wegen (seiner) festen Grenzen …
……

Was Ipuwer sprach, als er der Majestät des Allherrn
Antwort gab:
… alles Vieh –
es nicht zu kennen, ist dem Herzen angenehm.
Du hast getan, was ihnen wohltut, hast ihre Leute am
Leben erhalten,

(aber) sie verhüllen ihre Stirn aus Furcht vor dem
Morgen.
So ist es, wenn ein Mann altersschwach geworden ist,
bevor er stirbt,
und sein Sohn ist (noch) ein Kind ohne Verstand.
Er hat begonnen, …,
er öffnet seinen Mund noch nicht, um mit euch zu
sprechen,
da habt ihr ihn (schon) gepackt und getötet …
Weinen …

Literatur (Auswahl)

Die Bibel, nach der Übersetzung Martin Luthers, rev. Fassung 1984

Aharoni, Yohanan: *Das Land der Bibel. Eine historische Geographie.* Neukirchen-Vluyn 1984

Assmann, Jan: *Ägypten. Eine Sinngeschichte.* München, Wien 1996

Assmann, Jan: *Moses der Ägypter. Entzifferung einer Gedächtnisspur.* Frankfurt/M. 2000

Begrich, Joachim: *Die Chronologie der Könige von Israel und Juda.* Tübingen 1929

Bichler, Max / Breitenecker, Katharina / Steinhauser, Georg / Sterba, Johannes: *Zur Identifikation von Bimssteinfunden aus Grabungen in Tel Megadim und Aegina Kolona.* In: Timelines. Studies in Honour of Manfred Bietak, Vol. III. Leuven, Paris, Dudley 2006

Bietak, Manfred: *Die Identifizierung der Stadtanlage Tell el-Dab'a – Quantir mit Auaris und der Ramsesstadt.* In: Tell el-Dab'a II. Wien 1975

Bietak, Manfred: *Der Aufenthalt »Israels« in Ägypten und der Zeitpunkt der »Landnahme« aus heutiger archäologischer Sicht.* In: Ägypten & Levante Bd. 10, 2000

Bietak, Manfred: *Ausgrabungen in dem Palastbezirk von Avaris. Vorbericht Tell el-Dab'a Ezbet Helmi 1993–2000.* In: Ägypten & Levante Bd. 11, 2002.

Bietak, Manfred / Forstner-Müller, I.: *Eine palatiale Anlage der frühen Hyksoszeit (Areal F/II). Vorläufige Ergebnisse der Grabungskampagne 2006 in Tell el-Dab'a.* In: Ägypten & Levante Bd. 16, 2006

Bietak, Manfred / Marinatos N.: *The Minoan Paintings of Avaris.* In: The Seventy Great Mysteries of Ancient Egypt. Ed. by B. Manley, London 2003

Brunner-Traut, Emma: *Alltag unter Pharaonen. So lebten die Alten Ägypter.* Freiburg im Breisgau 1998

Burkhardt, Helmut / Grünzweig, Fritz / Laubach, Fritz: Das Große *Bibellexikon.* Sonderausgabe. Gießen 2004

Donner, Herbert: *Geschichte des Volkes Israel und seiner Nachbarn in Grundzügen.* Göttingen 1984

Doumas, Christos: *Die Wandmalereien von Thera.* München 1996

Dröscher, Vitus B.: *Und der Wal schleuderte Jona an Land. Die Tierwunder der Bibel naturwissenschaftlich erklärt.* Hamburg 1987

Finkelstein, Israel / Silbermann, Neil A.: *Keine Posaunen vor Jericho. Die archäologische Wahrheit über die Bibel.* München 2004

Forstner-Müller, Irene / Müller, W.: *Neueste Ergebnisse des Magnetometersurveys während der Frühjahrskampagne 2006 in Tell el-Dab'a / Qantir.* In: Ägypten & Levante 16, 2006.

Friedmann, Richard Elliott: *Wer schrieb die Bibel?* Köln 2007

Friedrich, Walter: *Feuer im Meer.* Heidelberg 2004

Görg, Manfred: *Die Beziehung zwischen dem Alten Israel und Ägypten. Von den Anfängen bis zum Exil.* Darmstadt 1997

Hornung, Erik: *Die Mahnworte des Ipuwer.* In: Dichtung am Hofe der Pharaonen. Gesänge vom Nil. Zürich 1990

Hort, Greta: *The Plagues of Egypt.* In: Zeitschrift für alttestamentliche Wissenschaft. Berlin 1957–1958

Humphreys, Colin: *The Miracles of Exodus.* A Scientist's Discovery of the Extraordinary Natural Causes of the Biblical Stories. 2004

Kaiser, Otto: Einleitung in das Alte Testament. Gütersloh 1984

Kaiser, Otto (Hrsg.): *Texte aus der Umwelt des Alten Testaments.* 3 Bände. Gütersloh 1982–1997

Keel, Othmar / Küchler, Max (Hrsg.): *Herders großer Bibelatlas.* Erfstadt 2007

Keller, Werner: *Und die Bibel hat doch Recht. Forscher beweisen die Wahrheit des Alten Testaments.* Düsseldorf 1989

Klebs, Luise: *Die Reliefs und Malereien des Mittleren Reiches.* Hildesheim, Zürich, New York 1990

Koch, Klaus: *Geschichte der ägyptischen Religion.* Stuttgart, Berlin, Köln 1993

Kratz, Reinhard G.: *Die Komposition der erzählenden Bücher des Alten Testaments.* Stuttgart 2000

Lang, Bernhard: *Jahwe, der biblische Gott. Ein Portrait.* München 2002

Lang, Bernhard: *Die Bibel.* Frankfurt 2004

Lehmann, Johannes: *Moses – Der Mann aus Ägypten. Religionsstifter, Gesetzgeber, Staatsgründer.* Hamburg 1983

Lessing, Erich: *Das Heilige Land. Landschaften, Archäologe, Religion.* München 1987

Lohfink, Norbert: *Studien zum Pentateuch.* Stuttgart 1988

Kitchen, K. A.: *Pharao Triumphant. The Life and Times of Ramses II.* Cairo 1990

Knauf, Ernst Axel: *Die Umwelt des Alten Testaments.* Stuttgart 1994

Maiberger, Paul: *Das Manna. Eine literarische, etymologische und naturkundliche Untersuchung.* Wiesbaden 1983

Marr, John S. / Malloy, Curtis D.: *An epidemiologic analysis of the ten plagues of Egypt.* In: Caduceus, Vol. 12, 1996

Noth, Martin: *Geschichte Israels.* Göttingen 1986

Pusch, Edgar B.: *Auf dem Weg zu einem Stadtplan der Ramses-Stadt.* In: Hildesheimer Jahrbuch für Stadt und Stift Hildesheim, Bd. 70/71. Hildesheim 1998/99

Roeder, Günther: *Die ägyptische Götterwelt.* Düsseldorf 1998

Rothenberg, Beno: *Timna.* London 1972

Schmidt, Werner H.: *Exodus, Sinai und Mose.* Darmstadt 1983

Schiestel, Robert: *The Statue of an Asiatic Man from Tell el-Dab'a, Egypt.* In: Ägypten & Levante 16, 2006

Schmid, Herbert: *Die Gestalt des Mose.* Darmstadt 1986

Schneider, Thomas: *Ausländer in Ägypten während des Mittleren Reiches und der Hyksoszeit (Ägypten und Altes Testament, 42).* Teil 1: Die ausländischen Könige. Wiesbaden 1998; Teil 2: Die ausländische Bevölkerung. Wiesbaden 2003

Smend, Rudolf: *Das Mosesbild von Heinrich Ewald bis Martin Noth.* Tübingen 1959

Smend, Rudolf: *Die Entstehung des Alten Testaments.* Stuttgart 1989

Steinhauser, Georg / Sterba, Johannes H. / Bichler, Max / Huber, Heinz:

Neutron activation analysis of Mediterranean volcanic rocks. An analytical database for archaeological stratigraphy. In: Applied Geochemistry 21, 2006, 1362–1375

Trevisanato, Siro Igino: *The Plagues of Egypt.* Archaeology, History and Science Look at the Bible. New Jersey 2005

Tubb, Jonathan N.: *Völker im Lande Kanaan.* Stuttgart 2005

Vollweiler, Nicole / Mangini, Augusto: *Blättern im Buch der Klimageschichte. Stalagmiten zeugen vom Klima der letzten Jahrtausende.* In: Ruperto Carola 3/07. Forschungsmagazin der Universität Heidelberg 2007

Weippert, Manfred: *Jahwe und die anderen Götter.* Tübingen 1997

Wellhausen, Julius: *Israelitische und Jüdische Geschichte.* Berlin 1987

Zerbst, Uwe / van der Veen, Peter (Hrsg.): *Keine Posaunen vor Jericho? Beiträge zur Archäologie der Landnahme.* Studiengemeinschaft Wort und Wissen 2005

Zwickel, Wolfgang: *Einführung in die biblische Landes- und Altertumskunde.* Darmstadt 2002

Bildnachweis

akg-images, Berlin: Tafeln 2 unten, 4
Avinoam Danin, Jerusalem: Tafel 10 oben rechts
Heinz Höhne, Wiesbaden: Tafeln 10 oben links, 11, 15 oben
Helga Lippert, Wiesbaden: Tafeln 9, 14, 16
Keysersche Verlagsbuchhandlung GmbH, München: Tafel 8
taglicht media, Köln: Tafel 7 unten
Klaus Thermann, Hattersheim: Tafeln 3 unten, 6, 10 unten, 12, 13, 15 unten
Eberhard Thiem, Kaufbeuren: Tafeln 1, 2 oben, 3 oben, 5, 7 oben

PIPER

Alan Weisman

Die Welt ohne uns

Reise über eine unbevölkerte Erde. Aus dem Englischen von Hainer Kober. 384 Seiten. Piper Taschenbuch

Angenommen, die Menschheit verschwindet von einem Tag auf den anderen von unserem Planeten: Welche Spuren hinterlassen wir auf der Erde? Alan Weisman beschreibt, wie die Welt ohne uns der Auflösung anheimfällt, wie unsere Rohrleitungen zu einem Gebirge reinsten Eisens korrodieren, warum einige Bauwerke und Kirchen womöglich als letzte Überreste von Menschenhand stehen bleiben, wie Ratten und Schaben ohne uns zu kämpfen haben und dass Plastik und Radiowellen unsere langlebigsten Geschenke an den Planeten sein werden. Schon ein Jahr nach unserem Verschwinden werden Millionen Vögel mehr leben, weil die Warnlichter unserer Flughäfen erloschen sind. In 20 Jahren werden die großen Avenues in Manhattan zu Flüssen geworden sein. Unsere Häuser halten 50, vielleicht 100 Jahre. Großstädte in der Nähe von Flussdeltas, wie Hamburg, werden in 300 Jahren fortgewaschen. Und nach 500 Jahren wächst Urwald über unsere Stadtviertel.
Mehr dazu unter:
www.worldwithoutus.com

01/1656/02/R

Robert Fossier

Leben im Mittelalter

Aus dem Französischen von Michael Bayer, Enrico Heinemann und Reiner Pfleiderer. 496 Seiten mit 16 Seiten Farbbildteil. Gebunden

Sein Leben lang hat sich der große französische Historiker Robert Fossier mit dem Mittelalter beschäftigt. Jetzt legt er, als Höhepunkt seines Lebenswerks, ein unkonventionelles Buch über das Leben im Mittelalter vor.
»Ich rede von all dem, was sonst nicht zur Sprache kommt: vom Regen und dem Feuer, vom Wein und den alltäglichen Ritualen, vom Umgang mit der Natur und den Tieren, von der Hacke und der Ernte: also von all dem, was den Menschen im Mittelalter wirklich bewegt hat.«
Fossier zeigt uns ein Mittelalter, das alles andere ist als finster, und macht uns bekannt mit Menschen, die gar nicht so anders sind als wir, trotz des halben Jahrtausends, das uns von ihnen trennt.

01/1697/01/R

PIPER

Felix R. Paturi

Die großen Rätsel der Vorzeit

Legendäre Völker, versunkene Reiche, magische Symbole.
288 Seiten mit 60 Abbildungen. Piper Taschenbuch

Monumentale Steinbauten, unbekannte Völker, untergegangene Reiche und heilige Symbole: Felix R. Paturi begibt sich auf die Spuren der großen ungelösten Rätsel aus Vor- und Frühgeschichte der Menschheit. Dabei zeigt er, wie wir mit modernsten wissenschaftlichen Methoden den Geheimnissen früher Kulturen immer näher kommen – und wo bislang sicher geglaubte Erkenntnisse zu neuen, noch spannenderen Fragen führen.

»Felix Paturi nimmt seine Leser mit auf eine spannende Reise in die Vergangenheit. Er schickt sie auf die Spur des Königs Gilgamesch und erläutert archäologische Rätsel, die bis heute nicht geklärt sind.«
SZ Wissen

01/1797/01/R